프란치스코
하비에르

프란치스코 하비에르

글쓴이 김상근
펴낸이 정애주

편집 송승호 이현주 한미영 김기민 김준표 오은숙 유진실
미술 김진성 문정인 송하현 최혜영
제작 홍순흥 윤태웅
영업 오민택 차길환 국효숙 이진영 오형탁
관리 이남진 안기현
총무 정희자 마명진 김은오

펴낸날 2010. 2. 26. 초판 발행
       2010. 4. 30. 2쇄 발행

펴낸곳 주식회사 홍성사
1977. 8. 1. 등록 / 제 1-499호
121-897 서울시 마포구 합정동 369-43
TEL. 02) 333-5161 FAX. 02) 333-5165
http://www.hsbooks.com E-mail:hsbooks@hsbooks.com

ⓒ 김상근, 2010

ISBN 978-89-365-0819-7
값 14,000원   ※잘못된 책은 바꿔 드립니다.

아시아 선교의 개척자
프란치스코 하비에르

김상근 지음

차례

들어가는 말 6
인명 및 지명 표기법에 대한 일러두기 10

1부 파리에서의 만남

여전히 중세에 머물고 있는 나라 스페인 15 나바레 왕국의 귀족 20
하비에르 성채에서의 운명적인 만남 25 파리에서의 숙명적인 만남 27
몽마르트르 언덕의 7인 34 성지 순례를 위한 항구 베네치아 39
영원한 도시 로마 50 누가 인도로 갈 것인가? 54 눈물의 항구 리스본 59

2부 인도로 가는 길

인도로 가는 길 69 아프리카 모잠비크 항구에서 일어난 돌발 사건 73
진주해변의 집단 개종 82 부족한 인력을 위한 대책 85
진주해변으로 간 하비에르 89 파라바에 대한 이해와 오해 91
다시 고아에서 103 지역 분쟁에 휘말린 진주해변 105
유럽을 변화시킨 하비에르의 편지 109 만나르의 순교 사건 112
몰루카 제도의 놀라운 소식 121 성 도마의 유적을 찾아서 127

3부 말라카 해협으로

폭풍과 해적이 기다리는 말라카 해협으로 137　몰루카 제도에 소개된 복음 143
식인종의 섬 모로타이 153　하비에르의 기적 156
테르나테와 모로 섬에서 사역 159　다시 말라카를 향해서 162
말라카에서 만난 아시아의 백인 167　조지 알바레스가 보고한 일본의 상황 176
인도에서 일본인 안지로를 알게 되다 179
인도에서의 두 번째 체류와 하비에르의 활동 185

4부 일본을 향해

지팡구를 찾아서 213　동아시아의 중개무역 218
말라카에서 가고시마로 220　오해로 시작된 만남 234
가고시마에서 결정한 아시아 선교의 재배치 240
가고시마의 개종자들 243　가고시마를 떠나며 246
안지로의 최후 250　미야코로 가는 험난한 길 253
야마구치에서 사역 257　초라한 천황의 모습 262
오우치 요시다카와의 두 번째 만남 266
다이니치를 믿지 마시오! 272　후나이 성에서 온 초청장 278

5부 중국을 찾아서

지팡구를 떠나며 285　상천도에서 다시 만난 디오고 페레이라 288
마지막으로 인도를 돌아보다 292　아시아 선교의 종착지 중국을 향해 303
말라카에서의 시련 307　동아시아의 중심은 중국! 312　하비에르의 순교 318
복음을 전하는 자의 발은 썩지 않는다 322　늦게 도착한 이냐시오의 편지 327

나가는 말 329
프란치스코 하비에르 연표 341
프란치스코 하비에르에 대한 연구사와 연구 자료 347
주 351

들어가는 말

1999년이니 이미 지난 세기의 일인 셈이다. 당시 프린스턴 신학대학원에서 학위논문을 준비하고 있던 나는 어둠침침한 도서관에서 제법 많은 시간을 보냈다. 그때 나는 참고도서를 찾고, 그것을 정리하는 과정에서 상당히 무식한 방법을 사용했다. 쓰고 싶은 논문의 주제와 관련이 있는 참고도서를 서가에서 찾으면 아예 그 주변에 있는 책을 모조리 뒤지는 것이다. 귀국하면 구할 수 없는 책들이 허다했기 때문에 이왕이면 주제와 관련된 도서의 정보를 철저하게 수집하기 위해 시작한 일이었다. 시간이 많이 걸리긴 했지만 덕분에 나는 다양한 주제에 접근할 수 있는 제법 많은 분야의 정보를 모아 둘 수 있었다. 지금도 이때 모아 둔 전문 연구 정보들을 두루 활용하고 있다.

어느 날, 나는 도서관에서 게오르그 슈르하머(Georg Schurhammer)가 쓴 《프란치스코 하비에르, 그의 생애와 시대》라는 네 권짜리 전집을 발견했다.

권당 800~900쪽이 넘는 방대한 전문 연구 서적이었다. '아시아 선교의 아버지'로 칭송되는 프란치스코 하비에르에 대한 기초적인 정보를 찾으려고 서고를 뒤지다가 이 엄청난 분량의 연구서를 발견한 것이다. 이 전집은 독일인 저자가 평생을 바쳐 하비에르 한 사람을 연구한 결과물이다. 예수회 사제이기도 한 저자는 하비에르의 유해가 안치된 인도 고아(Gôa)의 봄 지저스 대성당(Bom Jesus Cathedral)에서 그를 오랫동안 괴롭혀 온 지병을 고침 받았다고 한다. 그 뒤 저자는 자신의 생명을 구해 준 수호 성자의 생애를 평생 동안 연구했다. 그 결과가 네 권의 전집으로 정리·출간된 것이다.

솔직히 나는 이 전집의 서문을 읽으면서 '별 신기한 연구 동기도 다 있네'라며 다소 냉소적인 생각을 했다. 자기 병을 고쳐 준 수호 성자의 생애를 평생 연구했으니, 하비에르의 생애에 대한 객관적인 규명은 기대하기 어려울 것이란 부정적인 선입관이 들기도 했다. 방대한 분량 중에서 필요한 부분(하비에르가 일본에서 하나님의 이름을 다이니치大日로 번역한 사실)만을 복사하고 책을 모두 도서관에 반납했다.

2004년 봄, 연세대학교 신과대학에 부임한 이래 나는 줄곧 16세기만 집중적으로 연구해 왔다. 이탈리아 출신의 예수회 선교사로 중국에 복음을 전한 마테오 리치(Matteo Ricci, 1552-1610)를 필두로, 어둠의 기법으로 불리는 테네브리즘(Tenebrism)이라는 명암법으로 서양 미술사에 돌풍을 일으키다 요절한 천재 화가 카라바조(Caravaggio, 1571-1610), 지중해의 아름다운 섬 크레타에서 태어나 베네치아와 로마에서 르네상스 미술의 정수를 배우고 스페인으로 건너가 시대를 앞선 그림을 그린 엘 그레꼬(El Greco, 1541-1614), 베네치아 출신으로 색채의 마술사로 불린 르네상스 최고의 화가 티치아노(Tiziano, 1490-1576), 그리고 회화, 조각, 건축이라는 3대 조형 예술을 통합시킴으로써 르네상스의 시대정신을 완성시킨 미켈란젤로(Michelangelo, 1475-1564)의 천재성에 대한 책을 집필했다. 아예 르네상스 시대의 위대한 미술 작품 중 100점을 추려서 그림과 조각에 얽힌 시대의 비밀을 풀어 보기도 했다.[1] 지난 몇 년간의 연구 결과를 돌아보며 결산해 보니 모두 16세기 남부 유럽에서 활동한 위인들에 대한 것이었다.

16세기는 르네상스가 정점에 달했고, 마르틴 루터와 존 칼빈의 종교개혁이 일어났으며, 가톨릭교회가 반(反)종교개혁의 박차를 가하던 시기였다. 이 복잡했던 시기에 대한 분석에서 빠져서는 안 될 부분이 있는데, 그것은 16세기부터 유럽과 아시아가 본격적인 만남을 시작했다는 것이다. 16세기 이전까지 유럽은 유럽대로, 아시아는 아시아대로 살아왔다. 그 이전에 시도된 몇 번의 만남(몽골 군대의 유럽 침략, 마르코 폴로의 아시아 순례, 정화의 인도양 정벌 등)은 유럽이나 아시아라는 타자(他者)에 대한 본격적인 이해를 추구하지 않았다. 기껏해야 상대방에 대한 관찰에 머물렀을 뿐이다.

16세기 중엽, 정확하게 말하면 1542년, 유럽과 아시아는 처음으로 서로를 이해하기 위한 만남의 순간을 가진다. 바로 이 책의 주인공 프란치스코 하비에르가 포르투갈 무역선을 타고 리스본을 떠나 인도의 고아 항구에 도착한 순간이다. 그는 인도에 도착한 1542년부터 중국 광동 성 해안의 상천도(上川島)에서 눈을 감은 1552년까지 처음으로 아시아를 만난 사람이다. 하비에르는 고아, 코친, 진주해변(Pearl Fishery Coast, 인도 동남부 해안), 실론(스리랑카), 말라카(말레이시아), 몰루카 제도(인도네시아), 가고시마, 히라도, 야마구치, 후나이(이상 일본), 상천도(중국) 등지에서 12년 동안 그리스도교 신앙을 아시아인들에게 전했다.

이 책은 이 인물에 대한 이야기다. 나는 역사적인 인물의 생애와 사상을 연구할 때, 그가 태어난 곳과 주로 활동했던 곳에서 출발하여 마지막 임종한 장소까지 다 둘러봐야 집필을 시작하는 습관이 있다. 이번에도 마찬가지였다. 이 책을 쓰기 위해 나는 하비에르가 태어난 곳에서부터 그의 시신이 모셔진 인도 고아까지 긴 순례의 여정을 마쳤다.

나는 이 책을 쓰면서 몇 번 눈물을 흘렸다. 하비에르가 로마에서 동료이자 스승이었던 이냐시오 로욜라와 이별하는 장면, 인도 코친에서 땅바닥에 꿇어 엎드린 채 이냐시오에게 편지를 쓰는 장면, 눈보라가 휘몰아치는 일본의 혹한을 견디며 야마구치에서 교토로 이동하는 장면, 그리고 상천도에서 그의 시신이 매장되는 장면에서 오랫동안 눈물을 흘렸다. 하비에르의 유해가 모셔진 인도 고아의 봄 지저스 대성당에서도 한참동안 눈물을 닦지 못했던 기억이 난다. 내가 흘린 그 눈물의 감동이 독자들에게 전해질 수 있다면 내게는 더없는 기쁨이 될 것이다. 프란치스코 하비에르가 임종한 지 450여 년이 지났지만, 아직도 그의 유해 앞에서 기적을 체험한 사람과 눈물을 흘리는 사람이 있다는 사실 하나만이라도 독자들에게 분명하게 전달되었으면 좋겠다.

2010년, 봄을 기다리는
연세대 교정에서
김상근

인명 및 지명 표기법에 대한 일러두기

프란치스코 하비에르는 스페인(나바레) 출신이지만 포르투갈의 지원과 통제를 받은 여러 아시아 국가에서 활동하였기 때문에 인명 및 지명에 혼돈이 예상된다. 또한 그의 연구 자료가 프랑스, 독일, 이탈리아, 영국, 미국 등에서 취합되면서 각 나라별 표기법이 뒤섞이게 되었다. 하비에르가 활동한 광범위한 지역과 다양한 국가(약 30개국)의 인명이나 지명도 또 다른 어려움을 초래하고 있다.

이 책에서는 서양어 철자의 경우 조셉 코스텔로에(M. Joseph Costelloe)가 편집한 《프란치스코 하비에르의 편지와 문서》(1992)에 사용된 용례를 따르기로 한다. 번역의 경우, 이미 보편적으로 받아들여지고 있는 표기(예를 들면 'John'을 요한으로 표기하는 것)는 그대로 사용하되, 표준 포르투갈어와 스페인어 발음을 기준으로 인명이나 지명을 표기하기로 한다. 포르투갈어와 스페인어의 한글 표기는 현지 발음을 존중했다. 하비에르의 이름 표기는 스페인 출신임을 감안하여 '프란치스코'로 옮겼다. 동명이인은 '프란시스꼬'라는 포르투갈어 표기로 통일했다. 외국어의 한글 표기 작업을 위해서 포르투갈어와 스페인어에 모두 능통한 카렌 아니자 페르난데스 핀헬(Karen Anisa Fernandes Pinhel)의 도움을 받았다. 카렌은 연세대학교 경영학과에 입학한 기니비사우(Guinea-Bissau)의 국가 장학생으로 5개 언어에 능통한 학생이다. 한국교회사연구소가 하비에르 연구를 위해 일부 연구비를 후원했음을 밝히고, 이에 감사를 드린다.

약어표(Abbreviations)

LLFX   Henry J. Coleridge, *The Life and Letters of St. Francis Xavier*, (Delhi: B. R. Publishing Co., 2006) Reprinted Edition

FXI   Georg Schurhammer, *Francis Xavier: His Life, His Time*, Vol. I, Europe, 1506-1541 (Rome: The Jesuit Historical Institute, 1973)

FXII   Georg Schurhammer, *Francis Xavier*, Vol. II, India

FXIII   Georg Schurhammer, *Francis Xavier*, Vol. III, Indonesia

FXIV   Georg Schurhammer, *Francis Xavier*, Vol. IV, Japan

LIFX   M. Joseph Costelloe, *The Letters and Instructions of Francis Xavier*

1부 파리에서의 만남

여전히 중세에 머물고 있는 나라 스페인

'태양의 나라'로 불리는 스페인은 타오르는 태양 때문이 아니라 그 태양 아래에 뜨악한 것이 더 많은 곳으로 유명하다. 정열의 춤 플라멩코가 스페인을 대표하는 국민 춤이라고 하지만, 몇 년 전 그라나다(Granada)에서 본 플라멩코 공연은 중세의 후미진 시대에나 어울림직한 슬픈 몸짓으로 보였다. 이런 표현이 가능하다면 스페인의 플라멩코는 가히 '중세스러운' 춤이다. 눈 화장을 너무 짙게 해서 슬퍼 보이는 여자 무용수의 우수에 젖은 춤사위는 중세스러운 슬픔의 곡조를 온몸으로 표현하고 있었다. 동원되는 악기도 가히 중세적이다. 현란하게 연주되는 기타 외에는 물통을 뒤집어엎은 것을 두드려 리듬을 맞추고, 나머지는 손나발로 입술을 모으고 크게 질러대는 목소리뿐이다.

스페인 최고의 전통으로 꼽는 꼬리다 디 토로스(Corrida de Toros), 즉 투우(鬪牛) 역시 중세스럽기는 마찬가지다. 투우 축제는 농업과 목축을 주로 했던 스페인에서 중세시대부터 풍요를 기원하며 신께 황소를 제물로 바친 의식에서 비롯되었다. 카포테(capote)라는 빨간 천을 이리저리 흔들며 소와 씨름하는 스페인 투우사들의 모습은 전통과 관광산업을 위해서는 의미가 있지만 매우 전근대적인, 그러니까 '중세스러운' 행위임에 틀림없다. 소를 찔러 죽여야 끝나는 축제라니!

  팜플로나의 산페르민(Los Sanfermines)도 소와 관련된 '중세스러운' 축제다. 세계적인 축제로 알려져 있지만 스페인의 중세적 특징을 대변하는 '소몰이(Encierro)' 대회다. 매년 7월 7일 이른 아침, 팜플로나의 산페르민 성당 종탑에서 종소리가 울리면 투우 경기에 참가할 소들이 좁은 골목길을 사람들과 내달리는 이 이상한 축제의 기원은 14세기까지 거슬러 올라간다. 팜플로나 골목길에서 소뿔에 부딪히거나 미쳐 날뛰는 소에게 짓밟혀 목숨을 잃는 사람들이 속출하는데도 매년 산페르민 축제는 스페인의 중세성을 대변하며 세계화 시대인 21세기에도 건재함을 과시한다.

  스페인의 중세성을 대표하는 인물 하면 역시 돈키호테라는 가공의 인물이다. 세르반테스의 소설 속 주인공이지만 돈키호테는 중세 기사도를 재현하겠다는 엉뚱한 발상을 하며 광기에 가까운 익살을 부린다. 르네상스와 종교개혁을 거치면서 유럽 대륙의 대부분이 근대로 진입하던 17세기 초반, 스페인 라만차(La Mancha)의 사나이 돈키호테는 여전히 중세에 머물고 있는 것이다.

  그렇다면 중세란 어둡고 어색한 무지와 야만의 시대였던가? 스페인이라는 나라가 여전히 '중세스러운' 나라라고 해서, 우리는 지금 스페인이 대표하는 중세성을 인류의 우매했던 시절로 평가절하해야 하는가? 말 그대로, 중세(中世)는 근대 이전의 어느 애매모호한 지점, 처음도 아니고 그렇다고

플라멩코를 추는 집시 무용수. 스페인 남부 그라나다에서.

해서 마지막 단계도 아닌 어정쩡한 중간 시대로 간주될 수 있는 것일까?

스페인의 중세성을 후진적인 시대의 부산물로 폄하하는 사람은 스페인을 잘 모르는 사람이다. 그리스의 철학 사조가 인류에게 생각하는 방법을 가르쳐 주었다면, 중세 스페인이야말로 유럽이 잊어버린 아리스토텔레스의 철학을 재발견하고 이를 개념화한 곳이다. 이미 8세기부터 이베리아 반도를 차지하고 있던 무슬림(무어) 철학자들이 중세 스페인에서 아리스토텔레스의 철학을 부흥·발전시켰다. 만약 아리스토텔레스의 철학이 스페인에서 보존·해석되지 않았다면 프랑스 파리 대학의 중세 철학도 발전하지 못했을 것이다. 중세 스콜라 신학을 대표하는 토마스 아퀴나스의 사상은 스페인의 무슬림 철학자들이 발전시킨 아리스토텔레스 사상에 대한 신학적 반응이라고 해도 과언이 아니다. 중세의 스페인이야말로 유럽의 기독교인들과 이슬람을 믿은 무어인들에 의해 인류의 소중한 철학 사상이 창달된 곳이다.

크리스토퍼 콜럼버스의 신대륙 발견(1492년)도 스페인의 후원에 의해 이뤄졌다. 흔히 신대륙 발견을 콜럼버스 개인의 업적으로 치부하지만, 사실 스페인 왕실의 파격적인 지원과 항해술과 지도제작술을 비롯한 스페인의 기술적 지원이 있었기에 가능한 것이었다. 물론 스페인의 중세적 세계관은 신대륙의 발견을 통해 심각하게 도전 받았다. 신대륙의 발견 이후 스페인이 고민한 것은 아메리카 원주민들의 정체였다.

스페인의 확고부동한 중세적 세계관에 따르면, 지구상에 존재하는 모든 인류는 하나님의 피조물이어야 하고, 예수 그리스도는 이 세상 모든 인류를 위해 구속의 보혈을 흘리셨다. 신대륙에서 속속 들어오는 흥미진진한 이야기들에 의하면, 아메리카 인디언들은 사람을 잡아먹기도 하고, 살아 있는 사람의 심장을 도려내는 제사를 지내기도 했다. 벌거벗은 채로 살면서도 남녀는 서로 부끄러운 줄 모르고, 남의 물건을 훔치면서도 아무런 죄책감을 느끼지 않는다고 했다. 과연 이들도 하나님의 창조 질서에 포함된 피조물일까? 예수 그리스도는 지금까지 한 번도 그 존재에 대해 들어 본 적이 없는 이 새로운 인종을 위해서도 십자가의 보혈을 흘리셨을까? 바로 중세적 세계관을 고수하고 있던 16세기의 스페인은 색다른 인간에 대한 이해를 새롭게 하고 있었다.

당시 다른 유럽 국가들은 내부 분열로 자기들끼리 싸움에 골몰하고 있었을 뿐이다. 신성로마제국은 종교적·정치적인 이유가 뒤섞이면서 독일이라는 나라의 탄생을 눈앞에 두고 있었고, 영국은 국왕 헨리 8세(1509-1547 재위)의 주도로 가톨릭교회로부터 종교적 독립을 시도하였으며, 프랑스는 중앙 집권 국가로서의 면모를 일신하면서, 때로는 스페인과 때로는 이탈리아의 도시 국가들과 전쟁과 화친을 거듭하고 있었다.

　16세기 유럽 각국이 내부의 갈등으로 사분오열하는 동안 스페인은 새로운 인간을 발견하고, 그 새로운 인간을 이해하기 위해 깊은 고민에 빠졌다. 독일의 마르틴 루터가 일으킨 종교개혁은 유럽 내부의 문제였다. 그러나 동시대의 스페인은 지구 반대편에서 새로운 인류를 만나게 된다. 이탈리아의 르네상스는 유럽을 근대로 이끌었다. 그러나 중세적 세계관을 가진 16세기의 스페인은 아프리카, 아시아, 라틴아메리카에서 새로운 인류를 만나면서 세계화의 시대를 활짝 열어젖혔다. 우리의 주인공은 바로 이 스페인이 주도한 세계화의 선봉에 선 인물이다. 프란치스코 하비에르는 중세 스페인의 세계관을 가지고 21세기의 세계화 시대를 가장 먼저 경험한 인물이라고 할 수 있다.

나바레 왕국의 귀족

복음을 들고 세계화의 첫걸음을 내디딘 프란치스코 하비에르(Francisco Xavier)는 1506년 4월 7일, 스페인 나바레(Navarre) 왕국의 상게싸(Sangüesa)에서 귀족 가문의 막내아들로 태어났다. 팜플로나에서 45킬로미터쯤 떨어진 이 도시는 중세 유럽 최고의 순례지 중 하나인 산티아고로 가는 길에 있는 작은 도시다.

하비에르가 태어난 나바레 왕국의 피레네 산맥 서쪽 지역은 전통적으로 '바스크(Basque)'란 이름으로 불려 왔다. 바스크 영토의 약 80퍼센트는 스페인에 속해 있고 나머지 지역은 프랑스 서남부에 속해 있었다. 바스크 독립운동이 지금도 계속되고 있는 사실에서 미루어 짐작할 수 있듯이 이 지역 사람들은 스페인과는 다른 독자적인 문화와 언어를 가지고 있으며, 독

스페인 북부 지방 나바레에 있는 하비에르 성채.

립심도 매우 강하다.

하비에르가 바스크 출신의 스페인 나바레 왕국 사람이란 사실을 기억하는 것은 그의 생애를 이해하는 데 큰 도움이 된다. 중세적 특질을 간직한 스페인 사람이면서도 독립심이 강하고 무뚝뚝하기까지 한 바스크 사람들의 엄격주의가 하비에르의 생애 전반에 확실히 드러나기 때문이다. 시련이 닥치면 말없이 고통을 감내하는 과묵함으로 바스크 사람들은 이미 명성이 자자했는데, 아마 그 대표적인 인물이 이 책의 주인공 하비에르일 것이다.

하비에르의 아버지 후안 디 하수(Juan de Jasso)는 출신은 한미했지만 당시 법학으로는 유럽 최고의 명문 대학인 볼로냐 대학을 졸업(1470년)하여 일찍부터 출세가도를 달린 사람이다. 그는 나바레 왕국의 국왕 쟝 달브레(Jean d'Albret) 3세 왕실의 고위 공직자로 발탁되어 재무장관과 내각 대표를 역임했다.

하비에르가 아버지의 성을 따르지 않은 것은 어머니 도나 마리아 디 아스필쿠에타(Donna Maria de Azpilcueta)가 시집오면서(1483년경) 갖고 온 막대한 지참금 때문이다. 어머니 도나 마리아는 하비에르 가문(House of Xavier)의 유일한 상속인이었고, 하비에르 성채를 포함한 막대한 유산을 선조로부터 물려받았다(1502년). 하비에르의 외할아버지, 즉 어머니 도나 마리아의 아버지인 마르틴 디 아스필쿠에타(Martin de Azpilcueta)가 사위 식구를 모두 하비에르 성채로 초청하여 거주하게 함으로써 하비에르는 프란치스코 디 하비에르(Francisco de Xavier)라는 이름을 갖게 되었다. 따라서 하비에르의 아버지 후안 디 하수는 '하비에르 성채의 영주(Lord of Xavier)'란 귀족명으로 불렸다. 하비에르는 3남 2녀의 막내아들로 태어났다. 그의 위로 누나 마달레나(Maddalena), 안나(Anna, 1492년생)와 형 미겔

하비에르 성 내부에 장식되어 있는 타일 그림.
포르투갈 국왕을 마지막으로 알현하고 인도로 떠나는 하비에르의 모습이 보인다.

(Miguel, 1495년생), 후안(Juan, 1497년생)이 있다.

하비에르가 중세의 기운이 감도는 하비에르 성채에서 어떤 유년기를 보냈는지는 기록이 없어 알 수 없다. 1635년의 화재로 하비에르 가문의 기록이 유실되었기 때문이다.[1] 그는 19세 때(1525년) 고향을 떠나 1536년까지 11년간 프랑스 파리 대학에서 유학생활을 했는데, 대학 시절 특별히 문제를 일으키거나 청년기의 방랑을 경험하지 않은 것으로 미루어 매우 신앙심 깊고 신중한 성격인 것으로 짐작된다.

하비에르 집안의 분위기가 종교적이었다는 것은 하비에르의 큰누나 마달레나의 행적에서도 나타난다. 마달레나는 이사벨라 여왕의 궁정으로 들어갔다가 간디아(Gandia)의 '가난한 클라라회' 수도원의 여수도원장으로 활동했다. 하비에르 집안의 신앙적인 전통을 엿볼 수 있는 대목이다.

아버지가 나바레 왕국의 고위 공직자라고 해서 하비에르가 어린 시절을 유복하게 보냈거나 귀족으로서 풍요로운 생활을 누린 것은 아닌 듯하다. 오히려 전쟁 때문에 유소년 시절을 궁핍 속에서 매우 힘들게 보냈던 것으로 보인다.

하비에르 가문의 시련은 나바레 왕국이 아라곤의 페르디난드 2세(Ferdinand II of Aragon)가 통치하던 카스티야 왕국으로 편입(1512년)되면서 시작되었다.² 그 발단은 교황 율리우스 2세(Julius II)가 프랑스를 공격하기로 하던 무렵으로 거슬러 올라간다.³ 당시 프랑스 국왕 루이 12세가 교황의 권위에 도전하자 율리우스 2세가 그를 파문하면서 갈등이 불거졌다. 이탈리아에서 모든 외세를 물리치고 군주 교황으로 등극하려던 야심가 율리우스 2세는 베네치아 공국, 영국, 스페인과 신성동맹(Holy League)을 맺고 프랑스를 함께 공격할 것을 결의했다. 이에 스페인의 페르디난드가 프랑스로 가는 길목인 나바레 왕국으로 진격함으로써 하비에르 가문에 일대 위기가 찾아온 것이다. 나바레 왕국은 스페인의 맹주인 카스티야 왕국의 페르디난드를 견제하고 동맹 관계를 유지해 온 프랑스를 보호하기 위해 항전을 결의했으나 1512년 7월 24일, 팜플로나 성문은 스페인 군대의 북진을 위해 활짝 열리고 말았다. 나바레 왕국이 무너진 것이다.⁴

나바레 왕국의 운명과 함께 아버지의 공직 생활도 끝나고, 하비에르 가문이 가업으로 경영하던 은행업과 목재 산업도 큰 타격을 받았다. 설상가상으로 나바레 왕국이 합병된 지 3년 만에 하비에르의 아버지가 세상을 떠났다(1515년 10월 16일). 이때 하비에르는 겨우 아홉 살 소년이었다.

나바레 왕국의 시련은 계속되었다. 1516년 1월 23일, 카스티야 왕국의 페르디난드 왕이 서거하자 독립을 위한 반란이 일어났고, 추기경 프란시스꼬 시메네즈 디 시스네호스(Francisco Ximénez de Cisneros, 1436-1517)가 이끄는 카스티야의 진압군은 나바레 왕국으로 출동하여 하비에르 성채를 공격했다.⁵ 나바레 독립의 꿈은 다시 무산되었고, 반란에 적극 가담한 하비에르 가문은 정치적으로 큰 타격을 입었다. 가족들이 겨우 거주할 수 있는 작은 공간 외에는 하비에르 성채가 대부분 파괴당하는 아픔도 겪어야 했다.[6] 어린 소년 하비에르는 가문의 성채가 무너져 내리는 광경을 직접 목격했다.

신성로마제국 황제이자 스페인의 새 국왕인 카를 5세가 등극(1517년)하자 또 다른 반란의 조짐이 나바레 왕국 영토에서 꿈틀거렸다. 나바레 왕국의 비운의 왕자 엔리케(Enrique)는 아버지가 남긴 왕국을 재건하기 위해 프랑스의 후원을 받으며 외교적인 노력을 기울이다가, 1520년부터 본격적으로 무장 봉기를 일으켰다. 마침 카를 5세가 스페인을 잠시 떠나면서 절호의 기회가 찾아왔다. 흩어져 있던 나바레 귀족과 스페인으로부터 독립을 바라는 옛 왕국의 시민들을 모아 대규모 군사 반란을 일으킨 것이다. 때를 맞추어 프랑스 군대가 참전을 선언하고 나바레 왕국과 연합전선을 구축하기 위해 피레네 산맥을 넘어 남하했다. 1만 2,000명의 보병과 800명의 창기병 그리고 29대의 대포를 이끌고 프랑스 군대가 국경을 넘은 것이다. 바스크 영토의 20퍼센트를 차지하던 프랑스로서는 나바레 왕국의 독립이 급성장해 가던 스페인 세력을 견제하는 지렛대 역할을 할 것으로 기대했다.

하비에르의 두 형 미겔과 후안은 이 반란에서 나바레 왕국의 지휘관으로 참여했다. 1521년 5월 24일, 팜플로나 성채에서 카스티야 정예군대와 나바레 반란군의 치열한 교전이 벌어졌다. 당시 10대 소년이던 하비에르는 스페인 군대와 프랑스·나바레 왕국의 연합군이 치른 전쟁을 직·간접적으로 경험했을 것이다.

하비에르 성채에서의 운명적인 만남

팜플로나 성채를 점거하고 있던 스페인 군대는 나바레 왕국과 프랑스 연합군의 반격이 시작되자 공성전(攻城戰)을 전개하며 극렬하게 저항했다. 나바레-프랑스 연합군의 장교 중에는 하비에르의 형과 사촌들이 선두에서 전투를 지휘하고 있었다. 그런데 반대편 팜플로나 성채의 스페인 지휘관 중에 이냐시오 로욜라(Ignatius de Loyola, 1491-1556)란 사람이 있었다.

하비에르와 같은 바스크 출신의 기사 로욜라는 장차 파리 몽마르트르 언덕의 작은 성당에서 하비에르와 함께 예수회(Society of Jesus)를 창립하게 되는 인물이다. 물론 당시 30세였던 이냐시오가 팜플로나 전투 중에 15세 소년이었던 하비에르를 만났을 가능성은 거의 없다. 당시 이냐시오는 프랑스 군대가 쏜 포탄에 다리를 크게 다친 상태로 체포되었다. 전투 중에 거의 목숨을 잃을 뻔했던 이냐시오는 프랑스 군대의 후송 조치로 하비에르 성채에서 치료를 받았다. 어떤 역사가들은 성채의 주인이었던 소년 하비에르가 부상당해 실려 온 적군 이냐시오를 만났을지도 모른다고 추론한다.

물론 두 사람의 만남을 증명할 역사적 자료는 없다. 그럼에도 하비에르 성채에서의 이 간접적인 만남은 장차 두 사람의 운명을 결정짓는 전조(前兆)와 같은 것이었다. 비록 가능성은 낮지만 하비에르의 형이 쏘도록 명령한 포탄을 맞고 이냐시오가 치명적인 부상을 입었을지도 모른다. 다리에 큰 부상을 입은 이냐시오는 2주 동안 하비에르 성채의 병상에서 친절한 보살핌 속에 치료를 받는다. 비록 적군으로 참전했지만, 같은 바스크 출신이기 때문에 하비에르 성채에서 치료해 주었을 것이다.

이 반란 사건으로 스페인과 신성로마제국에서 하비에르란 이름은 결코 환영받지 못하는, 정치적으로 몰락한 가문이 되고 말았다. 나바레 왕국은 잠시 독립을 쟁취했지만 두 달도 못 가서 다시 스페인에게 나라를 빼앗기고 말았다. 반란에 참여한 하비에르의 두 형과 사촌들은 망명을 떠나야 했고, 하비에르 가문의 모든 재산은 압류되어 스페인 왕실의 소유로 넘어갔다.

  소년 하비에르는 이런 전쟁과 궁핍의 거친 환경 속에서 자라났다. 그의 바스크적인 기질은 더욱 심화되었으며, 시련을 묵묵하게 견뎌내는 내성은 이 시기에 강화되었을 것이다. 체포되거나 망명을 떠나 저항 운동을 계속하던 형들과 사촌들이 모두 사면된 것은 1524년의 일이다. 그동안 막내아들 하비에르는 어머니 도나 마리아와 힘겹게 생활을 꾸려 가고 있었다. 정치적인 사면을 받고 형들이 고향으로 돌아오자 하비에르는 이제 자신이 떠날 때가 되었음을 깨닫는다. 그는 1525년 9월 초, 피레네 산맥을 넘어 프랑스의 수도 파리로 갔다. 고향을 떠나 영원히 돌아오지 못할 길을 향해 첫걸음을 내디딘 것이다.

파리에서의 숙명적인 만남

하비에르는 1525년 9월부터 1536년 9월까지 총 11년을 파리 대학의 상트 바흐브(Sainte-Barbe) 대학에서 공부했다. 그의 짧은 생애 중에서 성년이 되어 가장 긴 세월을 보낸 곳이 바로 파리였던 것이다. 당시 파리 대학은 50여 개의 단과대학(일종의 독립된 캠퍼스)이 따로 있었는데, 하비에르가 공부한 곳은 포르투갈 국왕 요한이 공식 후견자로 지명되어 재정을 후원하던 대학이었다. 자연스럽게 스페인과 포르투갈 출신의 학생들이 디오고 드 고베아(Diogo de Gouvea)가 학장으로 있던 상트 바흐브 대학으로 몰려들었다.[7] 물론 파리 대학은 토마스 아퀴나스가 활동하던 시기만큼은 아니지만 여전히 유럽 최고의 명성을 유지하고 있었다. 하비에르가 소속된 상트 바흐브 대학과 함께 종교개혁자 존 칼빈과 인문학자 에라스무스가 공부했던 꼴레쥐 드 몽테귀(Collège de Montaigu)는 그중에서도 탁월한 교수진과 우수한 학생으로 명성을 날리고 있었다. 같은 구역에 배치되어 있던 이 두 학교는 치열한 경쟁을 벌이며 파리 대학 전체의 학문을 주도하고 있었다.

당시 파리 대학의 재학생은 4,000여 명에 이르렀다. 이들은 새벽 4시에 일어나 10시까지 오전 수업을 수강하고 아침 겸 점심식사를 한 다음 오후 1시까지 그리스 철학자들의 책을 중심 교재로 한 인문학 교육을 받았다. 오후 시간은 각자 선택에 따라 공부할 수 있었고, 저녁식사가 제공되는 오후 6시까지 자율학습을 했다. 하비에르는 파리 대학에서의 생활을 즐긴 것으로 보인다. 그렇지 않았다면 한 대학에서 11년간이나 머물지 않았을 것이다. 하비에르는 달리기와 높이뛰기를 좋아하는 튼튼한 체력을 가진 바스크 귀족 청년으로 알려졌다.

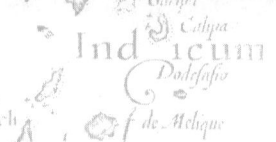

파리 대학의 단과대학이었던 상트 바흐브 대학의 조감도.

 세월이 한참 흐른 뒤 하비에르는 인도의 산토메(San Thome)에서 말라카(Malacca)로 떠나기 전에 동료 신부에게 파리 대학 시절에 대한 회고를 들려준 적이 있다. 1545년 8월 말의 일인데, 실제로 이 대화가 동료 신부에 의해 기록된 것은 1554년 12월의 일이다. 이 기록을 통해 우리는 하비에르의 파리 대학 시절을 짐작할 수 있다.
 "그(하비에르)는 자기 생애에 대해 내게 설명해 주었습니다. 태어나서부터 나와 대화를 나눈 그 시간까지, 친구들에 대한 이야기들, 태어난 부모님의 나라, 나이가 들어 파리로 간 이야기, 그리고 그곳에서 경험한 것들에 대한 이야기였습니다. 학창 시절을 회고하면서, 그는 교수들과 함께 거의 방탕에 가까운 생활을 했다고 했습니다. 교수가 주동이 되어 밤이면 대학을 빠져나갔고 그도 항상 따라 나갔다고 합니다. 그러나 교수와 친구들의 몸에 난 욕창을 보고서 경악했고, 다시는 그들과 어울리지 않았다고 했습니다. 그 교수가 욕정 때문에 생긴 병으로 1~2년 후에 죽고 난 다음부터는 두려움이 떠나지 않았다고 합니다. 그는 그때부터 경건하고 성실한 사람으로 변했습니다. 그래서 그는 나와 이야기를 나눈 그 순간까지 단 한 번도 여성과 죄악에 빠지지 않았다고 했습니다."[8]

10대 후반과 20대의 혈기왕성한 청년 하비에르가 파리 대학 시절 '욕정으로 생긴 병'에 걸린 교수의 죽음을 보고 충격을 받았다는 이야기는 당시 '프랑스 병'으로 불리던 매독의 창궐과 연관이 있다. 하비에르는 젊은 시절 불치병인 매독에 걸려 참혹하게 죽어 가는 교수의 모습을 보고 충격을 받았으며, 그때부터 금욕적인 생활을 한 것으로 보인다.

하비에르가 파리에서 제일 먼저 만난 친구는 같은 대학 기숙사의 룸메이트인 피에르 파브르(Pierre Favre)였다. 1506년 4월 13일에 태어난 파브르는 하비에르보다 6일이 젊은 동갑내기 친구였다. 사보이 출신인 그는 비록 가난한 알프스 지역의 농부의 아들로 태어났지만 아버지에게 '눈물을 흘리며 공부시켜 달라'고 간청하여 인생의 방향을 튼 인물이다. 그는 파리로 오기 전부터 이미 그리스와 로마 고전에 능통했으며, 지적 능력이 탁월한 소년이었다. 18세에 파리 대학에 입학한 파브르는 특별히 철학 수업에서 두각을 나타냈으며, 당시 상트 바흐브 대학에서 철학을 가르치던 후안 델 라 페냐(Juan de la Peña) 교수의 촉망받는 학생이었다.[9] 그는 하비에르와 방을 쓰게 된 것을 매우 자랑스럽게 생각한다는 글을 남겼다. 룸메이트 하비에르가 당시 파리 대학에서 인기 있는 학생이었음을 짐작케 하는 대목이다.

하비에르에게 또 다른 만남이 기다리고 있었다. 바로 고향 하비에르 성채에서 부상병 치료를 받았던 이냐시오 로욜라가 만학도로 파리 대학을 찾은 것이다. 이냐시오가 프랑스 파리에 도착한 것은 1528년 2월 2일로, 이미 30대의 장년이었다. 그는 심하게 발을 절었고, 지나친 고행과 금식으

파리 라틴 구역에 있는 상트 바흐브 대학의 최근 모습.

로 마치 당시 창궐하던 흑사병에 걸린 사람처럼 보였다. 이냐시오는 무일푼이어서 길거리 동냥으로 파리 생활을 시작했다. 파리 대학의 등록은 꿈도 꾸지 못할 상황이었다. 숙박비를 낼 형편이 못 되어 지금의 생드니(Saint-Denis) 성당이 있는 가난한 동네의 한 행려자 병원에서 신세를 지고 있었다.

보다 못한 이 병원 소속 사제가 이냐시오에게 한 가지 제안을 했다. 벨기에의 브뤼주(Bruges)와 앤트워프(Antwerp)에서 큰 사업을 벌이고 있는 스페인 출신의 무역상을 추천해 주면서, 이냐시오에게 그곳에 가서 학비와 생활비를 기부 받아 오라는 것이었다. 즉각 길을 떠난 이냐시오는 사제가 추천한 두 도시에서뿐만 아니라 영국 런던까지 가서 예상보다 많은 기부금을 거둬 왔다. 불구의 몸을 이끌고 간 힘겨운 여행이었지만, 사제의 추천을 받은 각 도시의 스페인 무역상들은 이냐시오에게 넉넉한 후원금을 희사했다. 이로써 거리 구걸을 면한 이냐시오는 파리로 돌아와서 기부금을 자신을 위해서만 사용하지 않았다. 그는 경제적인 어려움을 겪고 있던 파리 대학의 학생들에게 그 돈을 다시 기부하기 시작했다. 이냐시오는 상트 바흐브 대학의 학생들 사이에서 경제적인 도움이 필요한 학생들을 학교 주변에서 만나 돈을 주는 중년의 절름발이로 소문이 났다. 당시 중년 남자가 어린 청소년이나 대학생 청년 주변을 배회하는 것은 동성애자의 혐의를 뒤집어 쓸 수 있는 일이었다. 이냐시오의 관심은 자기 고향에서 유학 온 학생들에 대한 배려에서 시작되었지만 사람들은 그의 순수한 동기를 오해했다.

당시 이 대학의 학장이었던 디오고 디 고베아는 학교 주변을 배회하는 중년 남자의 소문을 듣고 은밀한 조사를 지시했다. 학장은 그 인물이 이냐시오라는 스페인 출신의 '신비주의자'란 사실을 확인한 다음 그를 붙잡아 학생들이 지켜보는 가운데 공개적인 체벌을 하기로 했다. 당시 프랑스의 대학은 문제를 일으킨 학생을 공개적으로 심문하고, 처벌이 필요하면 학장이 회초리로 때릴 수 있었다.

어느 날, 많은 학생이 한 곳에 모여들었다. 그중에는 하비에르와 파브르도 있었을 것이다. 공개적인 학생 체벌은 단조로운 일상이 반복되는 학교 생활에서 일종의 카타르시스를 경험할 수 있는 스펙터클의 현장이었다. 모두들 호기심 어린 눈으로 이냐시오와 학장의 심문 과정을 지켜보는데, 돌발적인 일이 생겼다. 이냐시오의 설명을 들은 학장은 즉각 공개 체벌을 취소하고 오히려 이 중년 남자를 정식 학생으로 받아들인다고 발표한 것이다. 단, 정규 수업을 위한 라틴어 실력이 부족하므로 인근 몽테귀 대학에서 라틴어 어학 시험에 통과하면 상트 바흐브 대학의 정규 학생으로 수강할 수 있다는 조건을 달았다.

이렇게 해서 1529년 가을, 스페인의 만학도 이냐시오가 파리 대학의 상트 바흐브 대학에 입학하게 되었다. 당시 하비에르는 인문학 석사 과정에서 한창 공부에 열중하고 있을 때였다. 학장은 문제의 만학도를 하비에르와 파브르가 쓰는 기숙사 방으로 배정했다. 당시 철학을 가르치던 후안 델라 페냐 교수로부터 인정받던 파브르가 만학도인 이냐시오에게 도움을 줄 수 있을 거라고 보았기 때문이다. 당시 파브르는 후안 델라 페냐를 대신하여 신입생들에게 철학을 강의했는데, 새로 대학에 들어온 이냐시오에게는 이 개인 교습이 필요했던 것이다. 이렇게 해서 예수회의 최초 멤버가 될 세 사람이 한 방을 쓰면서 깊은 우정을 나누게 된다. 물론 이런 우정의 교환이 처음부터 쉽게 생겨난 것은 아니었다.

같은 스페인 출신이면서 동향인 바스크 사람이지만 하비에르는 이냐시오를 경계하고 멀리했다. 하비에르는 나이 차이도 많이 나고, 출신 배경도 다른 이냐시오를 애써 무시하는 듯한 태도를 취했다. 인문학 석사 과정이 요구하는 학과 일정이 거의 막바지에 달하면서 시간이 부족했던 것도 또 다른 이유였다. 하비에르는 이냐시오와 룸메이트를 시작한 이듬해에 인문학 석사학위를 받았다. 총 100명의 졸업생 중 하비에르는 22등, 파브르는 24등으로 졸업했다. 당시는 파리 대학의 정규 석사학위만 있어도 유럽 어느 대학에서도 강의할 자격이 주어졌기 때문에 하비에르는 인근 보베(Beauvais) 대학에서 논리학과 형이상학, 아리스토텔레스의 물리학 등을 강의하기 시작했다. 대학을 졸업하고 신임 교수로서 강의를 시작했기 때문에 하비에르는 늘 시간이 부족했다. 하비에르는 다른 대학에서 강의하면서도 상트 바흐브 대학의 기숙사를 떠나지 않았다.

하비에르, 파브르, 이냐시오, 이들 세 사람이 한 방에서 지내던 1533년 초까지만 해도 하비에르는 이냐시오에게 여전히 냉담한 태도를 보였다.

하비에르의 동료이자 예수회의 실질적인 설립자인 이냐시오 로욜라의 모습.

자기 형들과 전투를 하다가 큰 부상을 당한 사람과 친해진다는 것은 쉬운 일이 아니었을 것이다. 하비에르는 이냐시오와의 관계보다 대학 강의에 더 많은 관심을 가졌다. 같은 시기에 학위를 마친 파브르가 고향 사보이를 방문하기 위해 파리를 떠나자, 하비에르와 이냐시오는 일곱 달을 둘이서만 생활하게 되었다.

파브르가 고향에서의 일을 정리하고 7개월 만에 파리로 돌아왔을 때, 그는 두 룸메이트 사이에 놀라운 변화가 일어난 것을 발견했다. 이냐시오를 냉담하게 대하던 하비에르가 바스크 출신의 동료 학생이자 나이 많은 선배 이냐시오에게 완전히 매료되어 있을 뿐만 아니라, 성자에 대한 존경심에 가까운 순종적인 모습을 보였기 때문이다. 수십 년이 지난 뒤, 이냐시오는 하비에르와 보낸 1533년의 7개월을 회고하면서, 하비에르야말로 그가 '주물렀던 어느 밀가루 반죽보다 더 딱딱했던' 인물이라고 평했다.

몽마르트르 언덕의 7인

이냐시오는 재능이 특출한 영적 리더였다. '주물렀던 어느 밀가루 반죽보다 더 딱딱하기만 했던' 하비에르의 경계심을 허물고 이냐시오는 우정이나 친분 이상의 관계를 나이 어린 친구와 나누게 된다. 이냐시오는 왕족이나 귀족 가문에 속한 상류층도 아니었고, 학식이나 외모가 뛰어난 사람도 아니었다. 오히려 그는 동료 학생들보다 한 세대를 앞선 아저씨뻘 되는 사람이고, 평생 다리를 저는 치명적인 신체 장애와 신장결석이라는 평생의 지병을 안고 살았던, 나이 많은 대머리 만학도에 불과했다. 그러나 자존심 강한 바스크의 젊은 귀족이자 명문 파리 대학에서 석사학위를 받은 하비에르는 이 초라해 보이는 중년 남자에게서 이 세상이 보여 주지 못하는 영적인 힘과 권위를 발견했다.

'딱딱했던 밀가루 반죽'이 이냐시오의 놀라운 영성 앞에서 녹아내린 뒤 이들 기숙사 룸메이트 세 명이 독특한 모임을 갖기 시작했다는 소문이 퍼져 나갔다. 많은 학생들이 이 모임에 관심을 갖기 시작했고, 스페인 알카라에서 이냐시오의 명성을 익히 들어 온 스페인 출신의 디에고 라이네스(Diego Lainez)와 알폰소 살메론(Alfonso Salmerón)이 세 사람의 모임에 참여하기 시작했다.

디에고 라이네스는 유대인 개종자 집안 출신으로, 신학 전반에 관한 탁월한 식견이 있었으며 초기 멤버 중에서 가장 학식이 뛰어난 사람으로 알려졌다. 장차 그는 트렌트 종교회의에 예수회 대표로 참석하여 반종교개혁의 신학적 기초를 다지는 역할을 하고, 이냐시오의 뒤를 이어 두 번째로 예수회 총장을 역임할 인물이다.

알폰소 살메론은 히브리어를 포함한 고대 언어에 특별한 재능이 있었으며, 설교가로 명성을 날렸다. 두 명의 스페인 출신이 새로 모임에 참여한 직후 포르투갈 출신의 시몽 로드리게스(Simão Rodrigues)가 참석하기 시작했다. 빈젤라(Vinzella)에서 태어난 그는 포르투갈 왕실의 재정 지원을 받은 이른바 국비 유학생이었으며, 이냐시오의 생애를 중심으로 한 예수회의 초기 역사에 대한 중요한 기록을 남겼다. 후에 로드리게스는 포르투갈 예수회의 관구장(Provincial)이 되어, 아시아 선교를 책임진 하비에르와 수많은 서신을 주고받는 사이가 된다. 예수회 최초 멤버 7인의 마지막 영광은 스페인 출신의 니콜라스 보바디야(Nicolas Bobadilla)에게 돌아갔다.

1534년 부활절, 남보다 늦게 파리 대학에 입학한 이냐시오가 드디어 인문학 석사학위를 취득했다. 그의 나이 43세, 중년에 접어든 이냐시오는 파리 대학을 졸업한 후 본격적으로 초기 멤버들과 '영신 수련(Spiritual Exercises)'에 들어갔다. 《영신 수련》은 이냐시오가 스페인 동부의 만레사 동굴에서 혼자 수도생활을 하면서 집필한, 개인의 신앙을 위한 수련 지침서다. 총 30일간 치밀하게 짜여진 일정과 영적 주제에 따라 명상과 고행을 수행하면서 하나님과의 관계를 재정립하게 해주는 영적인 교과서였다. 개인별로 진행된 '영신 수련'을 통해 이냐시오와 나머지 여섯 명의 초기 멤버들은 새로운 신앙의 공동체로 다시 태어났다.

1534년 8월 15일, 유명한 몽마르트르 서원을 통해 예수회가 태동하게 되었다. 지금이야 몽마르트르 언덕이 파리의 주요 관광지 가운데 하나이고 주변은 번화한 시가지(환락가)를 이루고 있지만, 16세기 중엽의 몽마르트르는 한적한 언덕 마을로, 왕립 수도원이 있고 언덕 아래에는 풍차가 돌아가는 영락없는 시골 마을이었다.

몽마르트르 언덕의 작은 성당. 1534년 8월 15일 몽마르트르 서원의 현장이다.

몽마르트르 언덕의 작은 성당에 모인 영적 지도자 이냐시오와 그를 따르는 여섯 명의 젊은이들은 예수 그리스도의 참 제자가 되어 위기의 세상을 신앙과 헌신으로 구하겠다는 결의를 다진다. 초기 멤버 중에서 가장 먼저 사제 서품을 받은 파브르의 집례로 성만찬을 나누면서 이들은 평생을 함께할 신앙의 동지로 남겠다는 맹세의 기도를 올렸다. 그들이 몽마르트르에서 함께 결의한 것은 예루살렘 성지 순례였다. 그리스도께서 친히 우리와 같은 육신의 삶을 살다가 골고다 언덕에서 십자가에 달리신 그 현장에서 자신들의 목숨을 바치겠다는 결의였다. 그들은 성지순례 서원의 기도를 올리며 참가자 모두 학업이 끝나면 베네치아에 함께 모여 예루살렘 성지로 가는 배에 오를 것을 결의했다.

하비에르는 초기 7인 멤버 중에서 마지막으로 영신 수련을 받았다. 1534년 9월에 실시한 하비에르의 영신 수련은 너무나 파격적이어서 다른 사람들의 뇌리에 뚜렷이 각인되었다. 사실 하비에르는 영신 수련 받기를 주저하면서 시간을 끌었다. 비록 제일 먼저 이냐시오와 영적 관계를 맺었고, 그와 룸메이트였으며, 누구보다 이냐시오의 영성과 리더십을 잘 알고 있었지만 영신 수련을 받은 후 자신의 삶과 미래가 완전히 달라질 것을 염려한 듯하다.

하지만 다른 멤버들이 모두 영신 수련을 마치고, 몽마르트르 서원을 통해 자신들의 미래를 결정하자 하비에르도 마침내 그동안 미루어 온 영신 수련을 받기로 결심한다. 하비에르는 영신 수련을 받으면서 금식과 고행을 자청했는데, 그 정도가 심해서 이냐시오와 동료들이 걱정할 정도였다. 그는 육신의 유혹을 물리치기 위해 노끈으로 가슴과 손을 꽁꽁 묶은 다음 꼼짝달싹조차 못하게 하는 고행을 자청했다. 달리기와 높이뛰기를 잘하던 그는 육신의 자랑이 허영에 불과하다는 것을 거듭 깨닫기 위해 온몸을 스스로 결박한 것이다. 얼마나 세게 몸을 묶었는지 호흡이 곤란할 정도였고, 피가 통하지 않아 저러다가는 팔을 절단해야 할지 모른다고 주위 사람들이 염려할 지경이었다. 수일 동안 고행을 멈추지 않아 노끈으로 단단히 묶인 팔이 검은색으로 변해 갔다. 그러나 하비에르는 침묵과 고통의 영신 수련을 이어갔고, 이냐시오는 그를 말리지 않았다. 지나치다 싶을 정도의 고행이 계속되었다.

하비에르의 영신 수련이 끝났을 때, 가장 기뻐한 사람은 이냐시오였다. 하비에르와 이냐시오는 뜨거운 포옹을 나누었다. 더 이상 이들은 선후배 혹은 바스크 출신의 동향인이 아니었다. 영적인 아버지와 그를 믿고 따르는 믿음의 아들이라는 특별한 관계가 형성된 것이다. 하비에르가 목숨을 걸고 고행을 거듭하는 동안 이냐시오는 옆에서 조용히 기도만 올렸다. 아시아 미지의 세계를 향해 목숨을 걸 새로운 영혼이 탄생하는 순간을 이냐시오는 조용히 지켜보았다.

영신 수련을 받은 하비에르가 이냐시오를 어떻게 생각하고 대우했는지는 그의 첫 편지로 확인할 수 있다. 이냐시오는 1535년 3월 25일 파리를 떠나 스페인을 방문했는데, 병약한 이냐시오에게 파리의 의사들이 '고향의 신선한 공기'를 마시면 상태가 나아질 거라고 조언했기 때문이다. 이냐시오는 고향 스페인을 방문하던 차에 동료들의 고향도 방문하기로 했다. 하비에르는 팜플로나 인근 오바노스(Obanos)에서 생활하던 자기 형 후안(Juan de Azpilcueta)에게 이냐시오에 대한 추천서를 보냈다. 형과 가문의 사람들에게 의례적인 인사를 한 후 하비에르는 이냐시오를 '가장 거룩한 사람'이라고 소개하면서 다음과 같이 썼다.

"그(이냐시오)가 가장 거룩한 사람이란 것을 형님께서 곧 아시게 될 것입니다. 그의 삶을 관통하는 정직함과 한 발자국을 내디딜 때마다 엿보이는 행동의 순수함을 곧 보시게 될 것입니다. 그가 이 편지를 들고 형님을 방문할 계획입니다. (중략) 존경하고 사랑하는 형님, 이냐시오 님같이 거룩하고 완벽하신 분을 제가 친구로 모시게 된 것을 하나님의 크신 은총이라 생각해 주시기 바랍니다. 형님께 이 편지로 분명히 말씀드립니다. 이 편지를 가지고 계신 이냐시오 님은 맹세컨대 제게 감당할 수 없는 크나큰 도움을 주셨으며, 그분께 돌려드려야 할 저의 감사는 제 생애를 통해 그 일부조차 갚을 길이 없고, 오히려 부족할 뿐이란 것입니다."[10]

성지 순례를 위한 항구 베네치아

이냐시오가 스페인으로 떠나자 나머지 멤버들은 몽마르트르에서 서원한 대로 파리를 떠날 준비를 했다. 출발 날짜는 1537년 1월 25일로 잡았다. 성지 순례를 위해 스페인을 방문하고 올 이냐시오와 베네치아에서 다시 만나 예루살렘으로 함께 이동하기로 했다. 일단 모든 멤버들의 정규 교육은 1536년 1월로 마쳤다. 공부를 계속해서 신학 박사학위를 취득할 수도 있었지만, 이제 그들에게는 학문의 영광보다 우선하는 것이 있었다. 예루살렘으로 가서 그리스도처럼 살다가 죽겠다는 서원을 지키는 것이 그들 생애의 최우선 목표가 된 것이다.

이들은 세 명의 멤버를 더 영입했다. 클라우드 르 제이(Claude Le Jay), 파스카스 브로에(Paschase Broët), 쟝 코듀흐(Jean Codure)가 새로 합류하여 초기 멤버는 이제 열 명으로 늘어났다. 르 제이와 브로에는 이미 사제

산 마르코 성당 옥상에서 찍은 베네치아 항구의 모습.
유럽의 성지 순례자들은 베네치아에서 배편을 이용하여 팔레스타인 지방으로 이동했다.

서품을 받은 터라 기존 멤버들에게 자주 미사를 드릴 수 있게 해주었다. 이들은 1536년 8월 15일, 전체 회합을 갖고 몽마르트르 서원의 의미와 각오를 되새기며 베네치아로 떠날 준비에 박차를 가했다.

파리를 떠나기 직전에 신성로마제국(스페인) 발신의 공식 서한이 하비에르에게 전달됐다. 나바레 왕국의 반란 사건(1521년)으로 그동안 미루어 오던 하비에르 가문의 명예 회복 건에 대한 최종 결정이 내려진 것이다. 이 서한은 팜플로나 법원장의 공증문으로 1536년 8월 4일 서명된 것이다. 공식 서한에는 명문 귀족(Hidalgo) 집안으로서 하비에르 가문의 정통성을 인정하는 스페인 정부의 공식 승인이 들어 있었다.

또 한 장의 서류가 같이 배달되었는데, 그것은 파리 대학에서 학업을 마친 하비에르를 팜플로나 대성당의 참사원으로 임명한다는 성직 청빙 서류였다. 이것은 스페인 가톨릭교회의 고위 성직에 해당하는 직책이지만 하비에르는 스페인 주교청의 초청을 정중하게 사양했다. 그에게는 몽마르트르의 동료들과 함께해야 할 더 중요한 영적 과제가 있었기 때문이다.

원래는 1537년 1월에 파리를 떠날 계획이었으나, 1536년 6월 프랑스와 스페인 간에 전쟁이 터지자 일행은 급히 계획을 변경했다. 양국의 전쟁으로 초기 예수회 멤버의 다수인 스페인 사람들에게 해가 미칠 수 있었기 때문에 하루빨리 프랑스를 벗어나야 했던 것이다.

1536년 11월 15일, 이들은 조용히 파리를 빠져나와 베네치아를 향한 순례에 오른다. 스페인(신성로마제국)과 프랑스의 전쟁 때문에 프랑스 남부 지역인 사보이나 프로방스를 통해 이탈리아의 베네치아로 가는 것은 위험했다. 일행 중 다수가 스페인 출신이어서 자칫하면 적국의 첩자로 간주될 수 있었다. 이들은 스페인 사람이란 사실을 가능한 한 숨기기 위해 성지 순례

하비에르가 베네치아에 체류할 동안 사역했던 '치료 불가능한 자를 위한 병원'은 현재 베네치아 미술학교로 사용되고 있다. 병원의 원래 모습은 그대로 남아 있다.

자의 복장을 하고, 파리 대학 출신임을 보여 주는 검은색의 큰 모자를 눌러 썼다. 이들은 파리에서 동쪽으로 일단 이동하여 지금의 독일 국경 지역과 스위스 지역을 지나 이탈리아의 베네치아로 우회하는 길을 택했다.

약 8주 동안의 육로 도보 순례를 통해 1537년 1월 6일 '세상의 다른 곳'으로 알려진 베네치아에 도착했다. 스페인에서 먼저 출발한 이냐시오는 이미 베네치아에 도착해 파리에서 올 몽마르트르의 동지들을 기다리고 있었다. 당시 이 육로 여행에 참여한 사람들은 하비에르의 행동에서 한 가지 이상한 점을 발견했다. 8주간의 여행 중 하비에르가 말하는 것을 거의 보지 못했던 것이다. 하비에르는 언제나 침묵을 지켰다.

막상 베네치아에 도착하여 예루살렘 성지 순례를 위한 배편을 알아보았지만 결과는 실망스러웠다. 매년 6월이 되어야 지중해 동부나 팔레스타인 지방으로 가는 배편이 있으니 꼼짝없이 베네치아에서 항해를 기다리며 여섯 달을 기다려야 했던 것이다. 이들은 순례선을 기다리는 동안 베네치아의 병원에서 환자들과 죽어 가는 사람들을 돌보았다. 당시 베네치아에는 '성 요한과 바울 병원(Ospedale di SS. Giovanni e Paolo)' 과 '치료 불가능한 자를 위한 병원(Ex Ospedale degli Incurabili)' 이 있었다. 하비에르는 죽어 가는 사람들을 수용한 '치료 불가능한 자를 위한 병원'을 선택했다.[11] 이 병원에서 함께 일종의 호스피스 같은 자선 봉사활동을 하던 시몽 로드리게스는 하비에르와 관련된 일화를 기록으로 남겨 놓았다.

"치료 불가능한 자를 위한 병원에는 한센병(문둥병)에 걸린 사람, 혹은 그렇게 보이는 환자가 있었는데, 그 사람은 몸에 심한 욕창이 번져 있었습니다. 내 친구(하비에르)가 하루는 그 사람 곁을 지나는데 '이보쇼. 부탁이 있는데, 내 등을 좀 긁어 주쇼'라고 말했습니다. 욕창이 온몸에 퍼진 그를 보면서 내 친구는 두려움과 구토를 동시에 느꼈습니다. 그러나 그는 전염될 지 모른다는 걱정과 부탁을 외면하려는 이기심을 극복하고 손톱으로 환자의 등을 긁어 주었을 뿐 아니라, 심한 욕창의 고름을 입으로 빨아냈습니다. 다음날 아침 그는 웃으면서 간밤에 꾼 꿈 이야기를 태연하게 했습니다. 자기 목구멍에 아직 한센병에 걸린 작은 사람이 붙어 있어서 아무리 기침을 하고 가래를 뱉어내도 그 작은 사람이 밖으로 나오지 않더라는 것이었습니다."[12]

하비에르와 함께 베네치아에서 팔레스타인으로 가는 순례선을 기다리던 라이네스는 이 시기에 하비에르가 꾼 또 다른 꿈 이야기를 기록으로 남겼다. 자신의 생애가 인도와 아시아와 이어질 줄 꿈에도 몰랐던 이 시기에 그는 '한 인도인을 어깨에 짊어지고 가는 꿈'을 꾼 것이다. 하비에르는 이 꿈 이야기를 라이네스에게 들려주면서 "그 인도인이 너무 무거워 겨우 어깨로 들어 올릴 수 있었다"고 말했다.

하비에르가 꾼 꿈을 야콥 포트마(Jakob Potma)가 독일의 민델하임(Mindelheim)에 있는 예수회 성당에 그린 벽화. 1694년 제작. 꿈에서 하비에르가 어깨에 멘 인디언을 아메리카 대륙의 인디언으로 잘못 그렸다.

베네치아에서 꾼 이 꿈 이야기는 하비에르의 생애를 기념하기 위해 많은 화가들이 그림으로 표현했다. 바티칸 궁전의 회랑에도 이 그림이 있는데, 하비에르가 건장한 인도인을 어깨에 메고 어디론가 부지런히 걸어가는 모습이다. 그런데 한 가지 흥미로운 것은, 대부분의 작품에서 하비에르가 어깨에 메고 있는 인도인이 아메리카 대륙의 인디언(American Indian)으로 그려져 있다는 것이다. 당시 유럽인들은 아시아 인도인(Asian Indian)에 대한 정확한 정보가 없었다. 그들은 아메리카 대륙을 인도로 생각했기 때문에 당연히 하비에르가 메고 있는 인도인을 아메리카 대륙의 인디언으로 그렸던 것이다.

베네치아에서 구호 활동에 참여하고 있던 일행은 이냐시오만 남겨 놓고 모두 로마 교황청을 방문하여 교황 바오로 3세(Paulo III, 1534-1549 재위)의 축복을 받기로 한다. 당시 예루살렘 성지 순례자들은 먼저 로마에서 교황의 축복을 받고 난 다음 성지 순례길에 오르곤 했다. 이냐시오가 일행과 합류하지 않은 까닭은 이냐시오에 대한 로마 교황청과 스페인 대사의 경계심 때문이었다. 그렇지 않아도 루터파를 위시한 종교개혁자들이 '무리를 작당하여' 문제를 일으키고 있는데, 10여 명의 파리 대학 석사들이 지도자를 앞세우고 로마에 나타나면 괜한 경계심만 불러올 수 있다는 판단 하에, 이냐시오는 베네치아에 홀로 남기로 한 것이다.

라베나, 안코나, 그리고 유명한 순례지인 로레토를 거쳐 로마를 방문한 하비에르 일행은 곧바로 교황청의 초청을 받고 4월 3일, 로마의 산탄젤로 성채에서 교황 바오로 3세를 알현하게 된다. 교황은 파리 대학 석사들의 성지 순례 계획을 축복하고 경비로 충당할 특별 교부금을 하사했다. 하지만 이미 무슬림의 손에 떨어진 예루살렘을 순례할 수 있을지 의문이라면서, 교황청은 이들이 로마에 남아 사제 서품도 받고, 또 원하는 대학에서 강의할 수 있게 해주겠다는 입장을 밝혔다. 그러나 하비에르 일행은 260 듀카트에 이르는 교부금에 감사하며 계획대로 성지 순례를 추진할 뜻을 밝히고 교황청에서 물러났다. 일행은 즉각 로마를 떠나 이냐시오가 기다리는 베네치아로 돌아갔다.

파브르를 포함한 세 명의 멤버만이 사제 서품을 받은 상태여서, 1537년 6월 24일은 예수회 초기 멤버들에게는 매우 중요한 날이다. 이냐시오와 하비에르를 포함한 초기 멤버들이 대부분 이날 사제 서품을 받았기 때문이다. 연령 미달인 알폰소 살메론만 빼고 모두 함께 사제 서품을 받았다. 이렇게 집단으로 사제 서품을 받던 그 순간까지도 초기 멤버들은 자신들이 새로운 수도회를 창설할 것이라는 생각을 품지 않았다. 다만 자기들의 모임을 정식으로 소개할 수 있는 단체 이름이 있으면 좋겠다는 의견을 나누었을 뿐이다.

이냐시오는 주위 사람들이 자신이 주도하고 있는 단체를 '이냐시오회'라고 부르는 데 부담을 느꼈다. 가톨릭교회의 수도회는 주로 창립자의 이름을 따서 '프란체스코회'나 '도미니코회', '베네딕토회' 등으로 부르는 전통이 있었다. 만약 그 모임을 '이냐시오회'라고 부르게 되면 새로운 수도회 창설을 계획한다는 것을 밝히는 셈이 된다. 이냐시오는 자기 이름을 딴 단체가 설립되는 것을 완강히 반대했다. 대신 만약 단체의 이름이 꼭 필요하다면 '예수의 이름'을 사용하는 것이 좋겠다고 생각했다. 그렇게 해서 이들의 단체 이름은 '예수회(Society of Jesus)'로 불리기 시작했다.

계획한 모든 일이 순조롭게만 진행되지 않는 것이 세상살이인 법. 베네치아에 모여서 배편을 알아보던 예수회 초기 멤버들은 오랫동안 준비해 온 예루살렘 성지 순례가 불가능하다는 결론을 내렸다. 1538년 1월 6일, 이냐시오를 포함한 모든 멤버들이 모여 이 현실을 받아들이기로 했다. 파리 대학에서 처음 모임을 시작할 때, 이들은 특정한 수도회를 새로 만들 것이라고는 생각하지 않았다. 예루살렘 성지 순례를 함께하고 평생 신앙의 동지로 살면서 그리스도를 본받는 삶을 살겠다는 것이 그들의 일관된 목표였다.

하지만 예루살렘으로 갈 수 없게 되자 그 순수했던 모임의 존재 이유가 없어져 버렸다. 그들은 각자 흩어져 고향으로 돌아가거나, 학업을 계속해서 신학박사 학위를 취득할 수도 있었다. 사제 서품을 받은 베네치아에 정착하여 새로운 성직자의 삶을 모색할 수도 있었다. 당시 베네치아는 매우 개방적인 도시여서 스페인 출신이 주축이 된 이 경건하고 학식이 높은 사람들의 모임을 뒷받침할 충분한 여력이 있었다. 그러나 이들은 자신들의 '예수회'를 계속 이어가기로 하고, 성지 순례를 위해 비축해 둔 신앙적 열정을 다른 곳으로 결집시킬 것을 결의했다.

일단 이냐시오와 파브르 그리고 디에고 라이네스만 로마로 가서 조직적인 신규 수도회 활동 가능성을 타진해 보기로 하고, 나머지 멤버들은 두 명씩 짝을 이루어 북부 이탈리아의 대도시를 돌면서 더 많은 회원을 모집하기로 했다. 이냐시오는 여기서 매우 중요한 자신의 입장을 나머지 멤버들에게 설명했다. 그것은 대도시로 가서 그 도시의 최고 권력과 지성 그리고 재력을 갖춘 사람에게 먼저 예수회를 소개한다는 것이었다. 대도시 우선 정책과 이른바 '위에서 아래로' 내려가는 선교 방식은 예수회의 초기 성립 과정에서 이냐시오가 확립한 대원칙이다. 이러한 예수회의 독특한 입장은 많은 사람들에게 회자되어 일종의 시처럼 알려졌다.

> Bernadus valles, montes Benedictus amabat,
> Oppida Franciscus, magnas Ignatius urbes.

> 버나드는 계곡에 머물기를 원했고,
> 베네딕토는 산속을 선호했으며,
> 프란체스코는 작은 마을을 좋아했지만,
> 이냐시오는 큰 도시를 가장 원했다네.

하비에르는 '대도시의 원칙'에 따라 볼로냐로 배정되었다. 볼로냐는 하비에르의 부친 후안 디 하수가 법학박사 학위를 받은 유서 깊은 대학 도시였다. 한때 아버지가 유학했던 도시에서 감개무량했을 아들의 모습을 짐작할 수 있다. 보바디야와 함께 볼로냐로 파송된 하비에르는 이냐시오가

정한 원칙에 따라 도시의 중심부로 나아갔다. 당시 볼로냐에는 미켈란젤로가 청동으로 제작한 거대한 '교황 율리우스 2세의 기마상'이 성 베드로 성당 입구에 전시되어 있었다. 볼로냐는 가톨릭교회의 대표적인 수도회인 성 도미니코 수도회의 창립자 성 도미니코의 영묘가 모셔진 유서 깊은 성당이 있는 곳이기도 하다.

하비에르는 미켈란젤로의 '촛불을 든 천사'의 조각이 전시되어 있는 성 도미니코 성당과 수도원에서 격정적인 설교를 했다. 이탈리아어가 서툴러 유창한 설교는 아니었지만, 하비에르의 신실한 삶과 신앙의 태도를 잘 알고 있던 사람들은 어눌하지만 열정적인 그 설교에 큰 감동을 받았다. 하비에르의 설교를 경청했던 한 유력한 가문의 부인이 하비에르를 산타 루치아 성당의 대주교에게 추천했고, 하비에르는 볼로냐 유력 가문의 초청을 받아들였다. 대도시의 유력한 가문 사람들에게 '위에서 아래로' 접촉하라는 이냐시오의 결정을 따른 것이다. 볼로냐 사람들은 명설교가 하비에르에 대한 인상을 이렇게 기록했다.

"그는 말이 없는 사람이었습니다. 그러나 한번 입을 열면, 그의 말은 사람들의 가슴을 후벼 팠습니다. 수난절 미사 때 그는 설교 도중에 많이 울었습니다. 성 금요일 날, 산타 루치아 성당에서 미사를 드리는 동안 그는 '죽음을 기억하라'라는 주제로 한 시간 넘게 격정적인 설교를 했습니다. 얼마나 열정에 사로잡혔던지, 미사를 집전하던 사제가 그의 가운을 잡아 당기며 진정시켰어야 할 정도였습니다. 그는 미사 도중에 종종 이렇게 정신을 잃을 정도로 몰두했습니다. 미사를 드린 다음 그는 종일 고해성사를 받았고, 병원의 환자를 돌아보았으며, 감옥에 갇힌 자를 위로하고, 광장에 서서 복음을 전했습니다. 그는 교육받지 못한 어린이들에게 간단한 기독

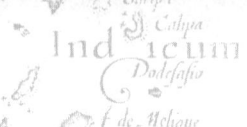

볼로냐의 성 도미니코 수도원 내부. 미켈란젤로의 천사 조각상이 전시된 성 도미니코의 영묘가 있는 곳이다. 하비에르는 이 수도원에서 열정적인 설교를 했다.

교 교리를 가르치는 데 열심이었습니다. 그는 만성적인 질병에 시달리고 있었지만 한 번도 새벽 미사에 빠지지 않았으며, 맡겨진 성직에 게으름을 피우지 않았습니다."[13]

  볼로냐 사람들의 증언에서 우리는 하비에르에 대해 중요한 두 가지 정보를 얻게 된다. 먼저 그는 말이 없는 사람이었다는 것이다. 바스크 출신 귀족답게 그는 과묵하고, 말보다는 행동을 우선시하던 사람이었다. 하비에르의 이러한 특징은 파리에서 베네치아로 순례를 떠난 동료들도 증언한 적이 있다. 이후에도 많은 사람이 하비에르의 이런 특징을 기록으로 남겨 놓았다.

  또 중요한 사실은 하비에르가 질병에 시달리고 있었다는 것이다. 하비에르는 볼로냐에서 사역을 시작할 때부터 사일열(四日熱)이라는 학질 증상으로 고통을 받았는데, 말라리아에 감염된 것으로 보인다.

어떤 의미에서 그는 볼로냐에서 그의 미래를 결정짓는 모든 일을 경험했는지도 모른다. 그는 볼로냐에서 처음으로 길거리에서 복음을 전하는 전도자의 삶을 시작했고, 이런 삶의 양식은 그가 세상을 떠날 때까지 계속되었다. 그가 고통을 받았던 말라리아는 보통 선교사들이 걸리는 '선교사병'으로 알려져 있다. 방역 시설이 잘 되어 있지 않고, 불결한 환경에서 모기가 전염시키는 말라리아란 병을 그는 이미 이탈리아의 대도시 볼로냐에서 걸린 것이다. 그는 일찍부터 낯선 땅에서 복음을 전하는 선교사의 삶을 살다가, 이른 나이에 고질병으로 세상을 등져야 할 운명에 처한 사람이었는지도 모른다. 그 모든 가능성은 이미 볼로냐에서 암시되었던 것이다.

영원한 도시 로마

1538년 4월 21일, 보바디야와 함께 볼로냐에서 활동하던 하비에르는 말라리아로 쇠약해진 몸을 이끌고 로마에 도착했다. 북부 이탈리아의 대도시로 흩어졌던 예수회 회원들이 속속 로마로 모여들었는데, 볼로냐 팀이 가장 늦게 도착했다. 보바디야는 볼로냐에서 병에 걸린 동료 하비에르가 로마에 도착하기 전에 운명할 거라며 걱정했다. 볼로냐에서 로마까지는 비교적 가까운 거리인데도 환자에게는 이마저 너무 힘든 여정이었던 것이다. 그러나 이냐시오와 나머지 동료들을 다시 만날 수 있다는 기대 때문이었는지 하비에르는 끈질긴 걸음으로 로마에 겨우 도착할 수 있었다.

로마에 도착한 하비에르에게 맡겨진 임무는 프랑스 출신 거주민들이 모여 생활하는 생 루이 데 프랑세(Saint-Louis-des-Français) 성당에서 사제의 보좌로서 어린이들의 신앙을 지도하는 일이었다. 사실 로마에 모인 예수회 초기 회원들은 영원한 도시(Eternal City)에서 숨죽이는 세월을 보내야 했다. 종교개혁자들의 새로운 '파괴적인' 주장이 가톨릭교회의 권위에 도전하고 교회의 일치를 위협하는 시기였기 때문에 로마에서 새로운 종교 단체가 특정한 운동을 일으키거나 사람들의 관심을 불러일으키는 것은 위험했다.

이미 이냐시오의 독특한 외모와 장애 그리고 카리스마 넘치는 영적 지도력은 많은 로마인의 관심을 끌기에 충분했다. '가톨릭교회의 모습을 하고 있지만 실은 루터파 이단자들'이란 소문이 돌고 있기에 기존 수도회도 예수회와 이냐시오에 대한 경계심을 늦추지 않았다. 이미 수세기 전에 설립된 베네딕토회(6세기), 아우구스티누스회(13세기), 프란체스코회(13세기),

도미니코 수도회(13세기)의 지도자들은 의심의 눈초리로 이냐시오와 예수회의 활동을 지켜보고 있었다. 심지어 파리 대학 시절 이냐시오의 모임에 가입을 자청했다가 문제를 일으켜 축출됐던 미겔 란디바르(Miguel Landivar)는 이냐시오를 살해할 계획까지 세웠다. 그는 교황청과 추기경단에게 은밀하게 투서하면서 이냐시오와 예수회가 루터주의를 추종하는 이단이라고 음해했다.

이냐시오와 예수회는 로마에 모인 뒤부터 약 7개월 동안 이단 혐의로 로마 이단재판소의 조사를 받기도 했다. 볼로냐에서 활동하던 하비에르에 대한 투서 내용도 포함되었기 때문에 이 문제에 대한 개별적인 조사도 진행되었다. 그러나 볼로냐에서 보내 온 공식 서한에는 하비에르가 루터파 이단이 아니며, 오히려 이단 척결을 위해 노력하는 인물이라는 우호적인 견해가 보고되었다. 파리 대학, 베네치아 그리고 초기 회원들이 흩어졌던 북이탈리아 여러 도시에서 온 보고서에도 모두 예수회 회원들에 대해 우호적인 평가가 내려져 있었다. 결국 1538년 11월 18일 로마 재판소는 예수회가 루터파 이단이란 혐의에서 완전히 자유롭다는 결론을 내렸다. 이 시기가 고통스러운 것만은 아니었다. 처음으로 이탈리아 출신의 피에트로 코다조(Pietro Codazzo)가 예수회 회원으로 가입했기 때문이다. 스페인 출신의 주도로 시작된 예수회는 서서히 모든 유럽 국가 출신의 사제들로 채워지고 있었다.

이단 혐의는 벗어났으나 예수회 조직 자체의 목표가 불확실하다는 점이 모든 회원들의 마음을 무겁게 했다. 처음 몽마르트르 언덕에서 서원을 올렸을 때 내건 목표는 예루살렘 성지 순례였다. 그러나 현실적으로 그것이 불가능해졌기 때문에 '왜 예수회라는 종교 집단이 이냐시오를 중심으로 존재해야 하는가?'라는 질문에 답해야 했다. 그것은 장차 예수회의 정체성을 결정하는 중요한 문제이기도 했다.

1539년 사순절 기간 동안 이냐시오와 초기 회원들은 모두 모여 회의를 열었다. 예수회 조직의 목표와 존재 이유가 정립되어야 할 중요한 모임이었다. 4월 15일 시작된 이 회의는 3일 동안 계속되었다. 그들은 함께 머리를 맞대고 고민을 거듭했다. 파리 대학과 몽마르트르 언덕에서 시작된 이 작은 신앙 공동체를 정식 수도회로 격상시킬 것인지, 만약 그렇다면 모든 회원이 그 수도회에 가입하기를 원하는지를 서로 묻는 시간이었다. 때로 거친 목소리가 문 밖으로 새어나오기도 했다.

1539년 4월 19일, 예수회는 가톨릭교회의 공식 수도회로 탄생하게 된다. 오랜 논의와 격론에 가까운 토론을 거치면서 이냐시오와 초기 회원들은 만장일치로 의견을 종합했다. 예수회의 첫 번째 모임은 '이 세상 모든 것에 역사하시는 하나님의 거룩한 뜻을 실현하기 위해 절대 복종의 의무를 지킨다'는 새로운 서원을 결정했다. 성지 순례나 특정한 사역을 어떻게 하겠다는 것을 서원한 것이 아니라 '이 세상 모든 것에 역사하시는 하나님의 거룩한 뜻'을 이루기 위해 '절대 복종'이라는, '어떻게'의 결의를 새롭게 다진 것이다. 이미 무엇을 하겠다는 것이 정해졌기 때문에, 그것을 이루기 위해 '어떻게' 하겠다는 서원을 만장일치로 세운 것이다.

예수회의 설립 정신과 새로운 서원은 1539년 8월, 이냐시오에 의해 다섯 항목으로 정리되었다. 이 다섯 가지의 새로운 정신 가운데 포함된 예수회 총장(General)을 투표로 선출하되 '총장은 종신직'이란 항목과 '교황의 명령에 절대 복종한다'는 항목은 지금까지 가톨릭교회에 존재하던 어떤 수도회도 실천하지 못하던 파격적인 내용이었다. 특별히 예수회 회원이라면 반드시 서원해야 하는 '네 번째 서원(The Fourth Vow)'은 '교황께서 명령하시는 임무는 아무리 힘들고 위험한 사역이라 할지라도 반드시 따른다'는 항목으로, 충격적인 내용이었다. 예수회는 상급자에 대한 절대 순종이라는 원칙을 이때부터 세웠다. 예수회가 마치 군사 조직처럼 보인 이유도 바로 이 '네 번째 서원' 때문이다.

예수회의 설립 정신이 정식 문서로 채택되자 교황청은 새로운 수도회의 등장을 열렬히 환영했다. 종교개혁자들의 도전에 직면하여 어려운 시기를 보내던 교황청으로서는 교황의 명령에 절대 복종을 수도회의 존재 이유로 밝히고 있는 '파리 대학 출신의 엘리트 그룹'을 환영할 수밖에 없었다.

당시 교황 바오로 3세의 측근이었던 가스파로 콘타리니(Gasparo Contarini, 1483-1542) 추기경은 이냐시오와의 친분도 깊었지만 무엇보다 새로운 수도회의 정신을 높이 평가했다. 추기경은 이냐시오에게 빠른 시일 내로 교황의 수도회 설립 승인 교서가 내려질 것이라고 알려 주었다. 그러나 정식 문서로 된 수도회의 설립 승인 교서는 쉽게 내려지지 않았다. 종신직을 갖게 될 예수회 총장에게 너무 많은 힘이 실린다는 비판도 많았다. 교황에 대한 절대 복종도 문제가 될 수 있는 조항이었다. 지나친 절대 복종은 보통 사람의 신심을 맹종으로 이끌 수 있을뿐더러 자칫 수도회 간에 과도한 충성 경쟁을 불러일으킬 위험도 있었기 때문이다. 물론 이러한 조심스런 견해는 이미 가톨릭교회의 주도권을 쥐고 있던 기존의 프란체스코회나 도미니코 수도회의 견제에 따른 것이었을 것이다. 교황 바오로 3세는 1539년 9월 3일, 예수회의 설립을 구두로 승인했으나, 정식 교서의 발부는 계속 지연되고 있었다.[14]

누가 인도로 갈 것인가?

교황의 교서로 예수회의 공식 설립 허가가 내려지진 않았지만 교황의 명령에 대한 절대 복종의 원칙은 이미 예수회 조직 내부에서 원칙으로 지켜지고 있었다. 종교개혁으로 유럽이 분열되어 있는데다 신성로마제국으로부터 독립하려는 독일 선제후들의 정치적 움직임과 영국 에드워드 8세가 강력하게 추진하던 영국 교회의 독립 시도는 교황의 마음을 다급하게 했다. 스스로 절대 복종을 서원하는 엘리트 집단인 새 수도회에 교황은 중요한 임무를 맡기고자 했다.

결국 이냐시오와 하비에르를 제외한 초기 회원 모두에게 교황의 특별한 지시가 내려지고, 이들은 모두 로마를 떠나 시에나, 나폴리, 칼라브리아, 아일랜드 등에 흩어지게 된다. 이들에게는 '종교개혁을 일으킨 이단'으로부터 유럽과 가톨릭교회를 구하라는 교황 바오로 3세의 특별 명령이 내려졌다.

이냐시오는 예수회의 최고 리더였기 때문에 총장 자격으로 로마에 체류했다. 하지만 하비에르에게 아무런 임무가 맡겨지지 않은 것은 볼로냐에서 걸린 말라리아 때문일 것이다. 병으로 거동이 불편했던 하비에르는 이냐시오의 초대 비서직을 맡아 각종 문서를 관리하는 일로 예수회 업무를 도왔다.

한편 포르투갈의 국왕 요한 3세(1521-1557 재위)는 자국 무역선이 아프리카, 아시아, 브라질을 오가며 막대한 수익을 올리는 것에 만족하지 못하고 있었다. 그는 이웃 국가이자 교역의 경쟁자인 스페인의 국왕과 함께 가톨릭 신앙의 수호자 자리를 놓고 경쟁을 벌이던 야심만만한 통치자였다. 신앙심이 깊은 그는 자국 무역선을 통해 확대되고 있는 이방인과의 만남이

루벤스가 일 예수(Il Gesú) 성당을 위해 그린
이냐시오 로욜라의 초상화.
1620-1622년 작품. 유채로 그렸다.
223.5×138.4cm.

포르투갈에게 전 세계로 복음을 전하라는 하나님의 선하신 명령이라고 믿었다. 그는 리스본을 떠나는 모든 포르투갈 무역선에 가톨릭교회 수도사들이 동승할 것을 법으로 정했고, 더 많은 수도사들을 전 세계에 파송하기를 원했다. 당시 포르투갈의 인구는 200만 명을 넘지 않았다. 그중에서 배를 탈 수 있는 젊은 남자 선원과 세계 각국에 흩어진 무역 거점 도시를 통치할 많은 행정요원이 필요했다. 따라서 부족한 포르투갈 출신의 수도사나 사제만으로는 자국 사람들을 돌보기도 부족한 형편이었다.

결국 요한 3세는 로마에 주재하던 포르투갈 대사인 뻬드로 마스카렌하스(Pedro Mascarenhas)에게 공식 서한을 보내 소문으로 들리는 예수회 회원 중에서 우수한 선교사 인력을 포르투갈 선교에 투입할 수 있도록 교황께 부탁해 보라고 지시했다. 요한 3세는 이미 파리 대학의 학장이던 디오고 디 고베아(Diogo de Gouvea)로부터 이냐시오를 중심으로 한 예수회 회원들의 자질과 학식에 대해 추천 받은 바 있었다. 로마 주재 포르투갈 대사는 1540년 3월 10일에 회신한 서한에서 "교황께서 이냐시오와 예수회 회원들에 대해 수천 번 칭찬의 말씀을 아끼지 않으셨고, 포르투갈이 계획하는 아시아 선교에 적임자"라고 언급하셨다는 보고를 올렸다. 이로써 포르투갈 국왕 요한 3세는 예수회를 아시아 선교의 적임자로 굳게 믿게 되었다.

한편 포르투갈 국왕의 청원을 받아들인 교황 바오로 3세는 이냐시오에게 적임자 두 명을 포르투갈의 아시아 선교 책임자로 파송할 것을 지시했다. 교황의 명령에 절대 복종을 조직의 기본 정신으로 삼았던 예수회의 대표 이냐시오는 나폴리에 파견되어 있던 니콜라스 보바디야(Nicolás Bobadilla)를 곧바로 소환하고, 병 때문에 잠시 로마에 머물고 있던 시몽 로드리게스와 함께 아시아 선교의 책임을 맡겼다. 교황과 이냐시오로부터 아시아라는 새로운 임지를 받은 시몽 로드리게스는 5월 5일 리스본을 향해 떠나지만, 나폴리에서 로마에 도착한 니콜라스 보바디야는 다시 중병에 걸려 리스본으로 이동하기가 거의 불가능했다. 두 명의 사제를 아시아 선교사로 파송하라는 교황의 지시를 따르기 위해 이냐시오는 다른 선택을 해야 했다. 이제 로마에 남아 있는 사람은 자신과 하비에르뿐이었다. 그렇다고 예수회의 총장이 떠날 수는 없는 노릇이었다. 시몽 로드리게스가 이미 로마를 떠났으니 그와 동행할 나머지 한 명을 빨리 선택해야 했다. 이냐시오는 5월 14일, 비서인 하비에르를 불러 이렇게 말한다.

"하비에르 신부님. 잘 알다시피 교황 성하의 지시가 있었으니 우리 둘 중의 한 명은 인도로 가야 합니다. 우리는 니콜라스 보바디야를 지명했지만 그는 병 때문에 도저히 갈 수 없는 형편입니다. 포르투갈 대사는 그가

안드레아 포조(Andrea Pozzo)의
스타일로 그린 작가 미상의 그림.
이냐시오로부터 아시아 선교를 지시 받은
하비에르의 모습이 보인다.
바로크 화가였던 포조는 로마의
성 이냐시오(Sant' Ignazio) 성당의
천장화를 그리기도 했다.

나을 때까지 기다릴 수 있는 입장이 아니라고 알려 왔습니다. 그럼 신부님께서 이 일을 맡으십시오."

이냐시오와 하비에르의 이날 대화를 옆에게 목격하고 기록을 남긴 사람의 증언에 따르면, 하비에르는 이냐시오에게 단 두 마디 답변만 하고 바로 로마를 떠났다고 한다. 하비에르가 한 말은 스페인어로 "Pues, sus! héme aquí"였다. 말라리아에 걸려 거동이 불편한데도 포르투갈의 무역선을 타고 아시아로 떠나라는 명령을 받은 하비에르는 다른 아무런 질문 없이, 그대로 명령을 받아들인 것이다.

하비에르가 이냐시오에게 대답한 이 두 마디 말은 우리말로 의미를 전하기가 매우 어려운 표현이다. 할리우드에서 만든 군대 영화를 보면, 상관이 부하 군인에게 명령을 내리면 "Aye, aye, Sir!" 하고 큰 소리로 대답하는 것을 볼 수 있다. 상관의 명령을 기필코 수행하겠다는 결의에 찬 함성으로 생각하면 되겠다. 하비에르가 이냐시오에게 한 말은 "얼마나 아시아에 가 있어야 합니까?"라든가 "나도 몸이 아픈데 좀더 요양을 한 뒤에 떠나면 안 되겠습니까?" 하는 식의 주저하는 답변이 아니었다. 그는 더 고통스러운 질병과 안전을 보장하지 못하는 긴 항해, 그리고 무서운 풍토병이 기다리고 있는 아시아라는 미지의 대륙으로 떠나면서 아무런 질문이나 이견을 달지 않았다. 그의 간단한 대답은 "제가 여기 있습니다"였다.

  하비에르는 이냐시오의 명령을 받고 곧바로 로마를 떠났다. 이미 리스본으로 떠난 시몽 로드리게스를 따라잡아야 했기 때문이다. 하비에르는 즉각 오래된 바지 두 벌과 수도복 한 벌을 구해서 해어진 곳을 수선한 다음 로마를 떠났다. 인도로 함께 갈 이탈리아 출신 교구사제이자, 1540년 초 예수회에 입회한 파울로 데 카메리노(Paulo de Camerino)도 짐을 꾸렸고, 포르투갈 대사도 함께 길을 나섰다.

눈물의 항구 리스본

하비에르는 로마를 떠나기 전에 세 통의 짧은 비밀 의견서를 작성하여 봉인했다. 첫 번째 의견서는 예수회가 교황청의 정식 설립 허가를 받고 새로운 수도회칙(Rule)을 공표하기 전에, 두 번째 의견서는 예수회의 총장 선거가 실시될 때, 그리고 마지막 세 번째 의견서는 이냐시오가 예수회 총장으로 선출되었을 때 개봉해서 자기 의견을 반영해 달라는 주도면밀한 조치를 취해 놓았다. 첫 번째 의견서에서 하비에르는 장차 교황청의 설립 허가를 받게 될 경우, 예수회의 수도회칙이 결정될 때 무조건 예수회의 원안에 동의한다는 위임장이 들어 있었다. 두 번째 의견서는 예수회 총장 선거에서 자신은 이냐시오에게 표를 던진다는 것, 그리고 세 번째 의견서는 이냐시오에게 자신의 절대 복종을 다시 한 번 다짐하는 결의를 담고 있었다.[15]

로마를 떠난 하비에르는 포르투갈 대사와 육로로 리스본을 향했다. 로마에서 볼로냐를 거쳐 북이탈리아의 파르마(Parma)에 도착한 다음, 스페인 북부를 가로질러 리스본으로 가는 여정이었다. 하비에르가 파르마를 경유한 이유는 그곳에서 사역하고 있던 동료 라이네스와 파브르를 만나기 위해서였다. 그러나 이들이 사역하던 병원에 도착했을 때 이미 파브르는 파르마를 떠난 뒤였다. 그는 파리 대학 룸메이트였던 파브르를 만나지 못하는 것을 못내 아쉬워하며 발걸음을 재촉했다.

하비에르는 고향 나바레 왕국의 옛 영토를 스쳐 지나가면서 자신이 태어나고 자란 하비에르 성채를 멀리서 바라보며 스페인과 작별 인사를 나누었다. 하비에르는 성채가 바라보이는 작은 바위산에 올라 다시 못 볼 고향에 대한 향수를 달랬는데, 지금도 이 지역 사람들은 이 바위산을 '작별의 바위(La Peña del Adios)'라고 부른다. 하비에르는 이냐시오 로욜라의 고향인 로욜라 성도 잠시 방문했다. 이냐시오의 조카인 로욜라 성의 영주는 하비에르 일행을 환대했다. 하비에르는 예수회의 초대 총장 이냐시오의 고향을 공식 방문한 첫 순례자가 되었다.

  하비에르 일행이 리스본에 도착한 것은 1540년 7월 말이다. 포르투갈의 수도 리스본은 타호 강이 대서양과 만나는 만(灣)에 세워진 도시로, 바다에서 내륙의 강 쪽으로 11킬로미터가량 떨어져 있다. 리스본의 경치는 하비에르에게 큰 인상을 남겼다. 그는 인도 고아에 도착했을 때, 포르투갈의 아시아 수도 격인 고아의 경치가 리스본과 비슷하다고 느꼈다. 고아의 만도비 강은 리스본의 타호 강과 강 폭이 거의 비슷한데다, 큰 바다를 끼고 있는 모습도 닮았다. 그래서 그는 고아를 '아시아의 리스본'이라고 불렀다.

포르투갈의 항구 도시이자 수도 리스본의 옛 지도.

하비에르는 리스본에 이미 도착해 있던 시몽 로드리게스와 반갑게 해후했다. 시몽 로드리게스는 리스본에 온 직후 말라리아에 걸려 몹시 고생하고 있었지만 옛 동료의 방문에 원기를 회복했다. 하지만 그런 몸으로는 1년도 넘게 걸릴 고된 인도 항로를 견뎌낼 수 없을 것 같았다. 하비에르는 시몽 로드리게스의 상태를 교황청과 이냐시오에게 보고하고, 자기 혼자 떠나겠다는 입장을 밝힌다. 대신 파리 대학을 졸업한 엘리트 선교사가 인도로 떠난다는 말을 듣고 무작정 찾아온 프란시스꼬 만실랴스(Francisco Mansilhas)와 로마에서부터 동행했던 파울로 데 카메리노를 대동하기로 했다. 아직 사제 서품을 받지 않은 만실랴스는 장차 하비에르와 동고동락하며 인도의 진주해변을 책임지는 사제로 활동하게 된다. 이로써 인도 예수회 선교의 트리오(Trio)가 구성된 것이다. 하비에르는 스페인 출신, 만실랴스는 포르투갈 출신, 그리고 파울로는 이탈리아 출신이다.

인도로 가는 무역선의 출항은 이듬해 봄까지 기다려야 했다. 하비에르는 리스본의 병원과 감옥에서 병자들과 죄수들을 위로하며 1540년의 가을과 겨울을 보냈다. 하비에르의 지칠 줄 모르는 사역과 헌신적인 섬김의 자세는 포르투갈 사람들에게 큰 감동을 주었고, 리스본 왕실 사람들은 이런 인재를 인도 선교에 투입하는 것은 인적 손실이라고 생각했다. 하비에르와 같은 인물은 포르투갈에 남아서 사역하는 것이 국익에 더 도움이 될 거라고 주장하는 사람들이 점점 늘어났다.

당시 명문 코임브라 대학의 교수였던 하비에르의 삼촌 마르띤 디 아스필쿠에타(Martin de Azpilcueta)는 포르투갈 국왕에게 새로운 제안을 했다.[16] 하비에르를 코임브라 대학에서 자신과 함께 가르치도록 해주면 자신이 은퇴한 뒤 하비에르와 인도로 가서 선교사로 여생을 마치겠다는 청원이었다. 그러나 하비에르는 삼촌의 제안과 호의에 감사한다면서 나이 든 노학자가 섬길 곳은 코임브라 대학이며 젊은 자신은 미지의 아시아로 가야 한다고 설득했다.[17]

한편 같은 해 9월 27일, 마침내 교황 바오로 3세는 약속했던 교황의 교서를 정식 문서로 발표하여 예수회의 설립을 공식으로 인정했다. '레기미니 밀리탄티스 에클레시아에(Regimini militantis Ecclesiae)'로 명명된 이 교서가 발표될 당시, 예수회는 빠른 속도로 조직이 확장되고 있었다.[18] 그러나 당시 리스본에서 인도행 무역선의 출항을 기다리던 하비에르는 이 기쁜 소식을 전해 듣지 못했다. 예수회가 공식 설립 허가를 받은 지 2년이 지난 뒤에야 하비에르는 인도에서 이 소식을 전해 들었다.

당시 포르투갈 왕 요한 3세는 인도를 대리 통치하던 총독을 3년마다 교체했는데, 1541년 봄 인도로 떠날 배에 새 총독이 승선할 예정이었다. 새로 임명된 총독은 마르띤 알폰소 디 소자(Martin Alfonso de Sousa, 1500-1564)였다. 프랑스 군대를 격파하고 브라질을 포르투갈의 영토로 편입시킨 역전(歷戰)의 장수 알폰소 디 소자는 이제 대서양을 떠나 인도양을 접수하기 위해 인도로 파견된 것이다. 그는 1541년 항해 이전에 이미 인도 정벌에 나선 경험이 있기 때문에 그곳의 정치적 사정에 대해 비교적 많은 정보를 가지고 있었다. 하비에르는 알폰소 디 소자의 경험과 정보를 신뢰한다는 편지를 이냐시오에게 보냈다. 그러나 브라질의 초대 총독을 지냈으며 인도 정벌 경험이 있는 알폰소 디 소자도 앞으로 만나게 될 아시아의 '이방인'과 '이교도'들에 대해서는 충분한 지식이 없었다.

포르투갈 상인들은 이미 40여 년 전에 인도 땅을 처음 밟았지만, 그곳에서 후추가 대량 생산된다는 것과 그 후추 값이 유럽에서는 거의 금값에 해당한다는 사실 외에는 별다른 관심도, 정보도 없었다. 당시 뉴델리와 아그라를 중심으로 인도를 실질적으로 통치하던 북부의 무굴 제국이나 남인도의 힌두 왕국들에 대한 정보도 전무하다시피 했다. 이런 정보가 없어서 누구보다 답답했던 사람이 바로 하비에르였다. 장차 미지의 선교지에서 만나게 될 새로운 선교 대상에 대해 그는 아무런 지식이 없었던 것이다. 그는 이 문제를 이냐시오에게 하소연하면서 그와 다시 만나지 못하게 될 것이란 인간적인 안타까움을 실어 아래와 같은 편지를 보냈다.

"사랑의 하나님과 그분을 위한 미래의 사역을 위해 이냐시오 신부님께 간청드립니다. 우리가 앞으로 만나게 될 이교도를 어떻게 이해하고 접근해야 하는지에 대해 신부님의 의견을 상세히 말씀해 주시기 바랍니다. 기도하는 마음으로 거듭 간청하오니, 우리가 어떤 식으로 이교도들에 대한 사역을 이끌어가야 하는지를 그 절차와 함께 설명해 주시기 바랍니다. 우리는 간절한 마음으로 당신의 의견을 기다립니다. 부디 긴 항해를 견뎌야 할 우리를 위해 기도해 주시고, 처음으로 이교도를 만나 수행해야 할 엄청난 일에 비해 우리의 능력이 미미하며 아는 것도 없다는 것을 기억해 주시기 바랍니다. 저는 살아생전에 다시 신부님을 만나 보게 되리라고 생각지 않습니다. 하늘나라에서 신부님과 다시 만나게 될 것을 하나님께 기도드립니다. 우리 가운데 누가 먼저 하늘나라에 가게 되면, 하나님께 간절히 간구하여 다시 한 번 친구로 이 땅에 내려와 이 귀한 사역을 같이하게 되기를……."[19]

어느덧 인도로 떠날 선단이 꾸려졌다. 하비에르가 타고 갈 배는 산티아고(Santiago) 호로 정해졌다. 항해가 임박하자 요한 3세는 코임브라에 예수회 대학을 설치하는 문제를 하비에르와 의논했고, 신하 중의 한 명을 천거

1497년 7월 바스꼬 다 가마가 리스본을 떠나는 장면.

하여 하비에르 일행이 항해 중에 필요한 모든 물건을 준비해 주라고 지시했다. 그 신하는 여러 가지 편의 제공을 제안했지만 하비에르는 그리스도의 종으로 부름 받은 자신에게 그런 사치스러운 물건은 필요치 않다며 정중히 사양했다.

그 신하는 거듭 사양하는 하비에르에게 시종 한 명을 데려가라고 추천했다. 이는 교황과 국왕의 특별한 사명을 받아 아시아 선교지로 부임하는 하비에르를 귀족으로 대우하겠다는 성의 표시인 동시에, 시종을 부리는 것으로 귀족의 신분과 위세를 드러낼 수 있도록 조치한 것이다. 그러나 하비에르는 요한 3세가 선물로 내린 시종을 돌려보내며, 직접 허드렛일을 하면서 다른 사람의 불쌍한 영혼을 위해 수고를 아끼지 않는다면 사람들은 귀족에게 보이는 것보다 더 큰 존경심을 받게 될 것이라고 말했다. 국왕은 하비에르가 인도로 떠나기 직전에 그를 마지막으로 접견하고 로마에서 온 편지 네 통을 전했다. 그 중의 한 통은 교황청에서 보낸 것으로, 하비에르를 아시아의 교황대사(Papl Nuncio)로 임명한다는 내용이었다. 예수회가 공식적으로 설립 허가를 받았다는 것을 모른 채 리스본을 떠난 하비에르는 교황대사 자격으로 아시아로 떠난 것이다. 하비에르, 파울로 데 카메리노 그리고 프란시스꼬 만실랴스는 산티아고 호를 타고 리스본 항구를 떠날 마지막 준비를 했다.

16세기에 리스본 항구를 떠나 아프리카 항로를 따라 미지의 아시아로 출항한다는 것은 장례식을 미리 치르고 가족을 떠나는 것이나 다름없었다. 포르투갈의 국민 시인 루이스 바스 디 까모이스(Luiz Vaz de Camões, 1524-1580)가 쓴 '오스 루지아다스(Os Lusiadas)'는 바스꼬 다 가마(Vasco da Gama, 1460-1524)의 1497년 항해를 기념하기 위한 장편의 서사시이지만, 정작 저자 까모이스는 하비에르가 리스본을 떠날 즈음 항구를 떠나는

하비에르가 아시아를 향해 항해를 떠났던 리스본의 벨렘 성.

사람들과 사랑하는 가장이나 아들 혹은 남편을 떠나보내는 가족들의 이별 장면을 목격하고 쓴 것이다. 그래서 까모이스의 아래 구절은 하비에르가 리스본 항구를 떠나던 장면을 비슷하게 묘사한 것으로 짐작된다.

"이미 우리는 수많은 사람을 잃었다네.
사라진 그들을 찾기 위해 돌아다니던
미로와 같은 헛된 수색들을 기억하지
해안가는 여인들의 곡하는 소리에 슬픔으로 잦아들고
음산한 낮은 음성으로 내뱉는 남자들의 한숨 소리도 들려 오네.
떠나는 그들을 끔찍하게 사랑하는 새색시들, 모친들 그리고 여동생들은
처절한 절망 속에 마지막 눈길을 던지네…….
노인들은 무엇이 땅바닥에 떨어져 있는 듯 고갤 들지 못하네.
갓 태어난 어린 아기들은 아장아장 걸음을 떼면서
통곡하며 눈물 흘리고 있는 그들을 따라가네.
슬픔 속의 탄식은 크게 터져 나오고
둘러싼 산들이 이들의 탄식 소리를 조용히 메아리치네.
마치 인간들의 슬픔을 위로하려는 듯
황금색으로 빛나는 수많은 모래알처럼
수많은 눈물방울들이 벨렘 성으로 떨어지네."[20]

2부 인도로 가는 길

인도로 가는 길

1541년 4월 7일, 하비에르 일행을 태운 산티아고 호는 리스본 여인들이 흘린 눈물방울이 벨렘 성 바닥을 적시기 전에 리스본 항구를 미끄러지듯이 벗어났다. 드디어 아시아를 향한 항해가 시작된 것이다. 살아생전에 다시는 이 항구로 돌아오지 못할 것이란 사실을 하비에르는 잘 알고 있었다. 함께 떠나기로 했던 시몽 로드리게스는 리스본에 남아 떠나는 하비에르를 눈물로 지켜보았다.[1] 말라리아가 덮쳐 인도로 가는 먼 항해를 감당할 체력이 없었거니와, 시몽 로드리게스만이라도 남아야 한다는 포르투갈 국왕의 강력한 요청을 거절할 수 없었다. 시몽 로드리게스는 포르투갈에 남아 아시아 선교를 위해 적임자를 선발하고 파견하는 등 하비에르의 선교를 배후에서 돕기로 했다.

하비에르는 홀로 배 선미에 서서, 시야에서 사라져 가는 리스본 항구와 시몽 로드리게스를 착잡한 마음으로 지켜보았을 것이다. 리스본 항구를

바스꼬 다 가마의 인도 발견 항로 지도.
바스꼬 다 가마는 1497년 7월에 리스본을 출발하여 아프리카 남단 희망봉을 거쳐(1497년 11월), 이듬해 5월에 인도 캘리컷에 도착했다. 하비에르도 바스꼬 다 가마의 항로를 따라 인도로 이동했다.

떠난다는 것은 유럽과 기독교 왕국을 벗어나 이교도의 땅, 곧 미지의 세계로 들어가는 것을 의미했다. 아프리카나 아시아에 대한 정보는 전무하다시피 했다. 그곳에는 어떤 종류의 사람들이 살고 있는지, 그들이 사용하는 언어는 무엇인지, 아시아의 원주민들이 믿고 있는 신성한 존재는 무엇인지, 아무것도 알지 못했다. 그런 미지의 세계를 향해 산티아고 호는 물살을 헤치며 나아가고 있었다.

하비에르가 탄 산티아고 호는 인도의 새 총독으로 부임한 알폰소 디 소자가 지휘하는 다섯 척의 선단에 포함되어 있었다. 하비에르의 기록에 의하면 이 선단에는 약 700명의 선원, 무역상, 군인, 그리고 죄수들이 동승했다. 아프리카 동부 해안의 모잠비크로 추방되는 포르투갈 죄수들도 같은 배에 타고 있었기 때문에 대규모 선단이 꾸려진 것이다. 당시 포르투갈의 장거리 항해 선박에는 여성이 승선할 수 없다는 불문율이 있었다. 포르투갈은 고질적인 인력난을 해소하기 위해 군인이나 상인들이 아시아의 현지 여성들과 결혼해 새로운 노동 인구를 창출하는 것이 아시아 지배를 위한 한 해결책이라고 보았다. 인도를 향한 산티아고 호에는 남자들만 좁은 공간에서 서로 부딪치다 보니 크고 작은 시비와 싸움이 끊이지 않았다.

하비에르가 산티아고 호에서 이냐시오에게 보낸 편지에는 "부디 인도로 갈 우리에게 편지를 쓰실 때는 읽는 데 8일 이상 걸릴 수 있도록 길고 자세하게 모든 상황을 설명해 달라"면서 초기 회원 모두의 일거수일투족을 알려달라는 부탁도 덧붙여 있다. 이냐시오와 예수회 초기 회원들과의 우정을 벌써부터 그리워하며, 36세의 하비에르는 산티아고 호의 선창에서 눈물을 삼켰을 것이다.

배가 출발하고 며칠 동안 하비에르는 매우 고통스러운 시간을 보냈다. 계속된 뱃멀미로 거의 인사불성이 될 지경이었다. 겨우 기운을 되찾고 흔들리는 항해에 익숙해진 하비에르는 선원들, 군인들, 유배지로 떠나는 죄수들을 돌보고, 미사를 올리며 고해성사를 받는 거룩한 사역을 전개했다. 당시 함께 승선한 선단의 주치의 꼬스메 사라이바(Cosme Saraiva)는 하비에르가 얼마나 헌신적으로 사역을 감당했는지를 상세히 증언하고 있다. 이 증언은 1556년 고아에서 포르투갈 왕에게 보고된 내용이다.

"저는 포르투갈에서 출발한 배에 하비에르 신부님과 동승했습니다. 그는 사람들에게 신앙에 대해 지도를 하면서 언제나 시간을 내어 자비로운 선행을 베풀었습니다. 그는 여유가 있는 여행객들에게 동냥을 하거나 그들에게서 기부를 받아 가난한 사람과 병든 사람들을 돌보아 주었습니다. 특별히 아픈 사람들과 죽어 가는 사람들에게 정성을 쏟았습니다. 그는 병자를 돌보고 고해성사를 받을 때 늘 웃음을 띠고 즐거운 표정으로 임했으며, 피곤해 하는 모습을 보이지 않았습니다. 모든 사람들이 그를 성자라고 생각했고, 저도 그렇게 믿었습니다.

  겨울을 나기 위해 모잠비크 항구에 선단이 정박했습니다. 배에 있던 모든 환자들을 그가 정성껏 돌보았기에, 40명 남짓한 사람들만 목숨을 잃었습니다. 모든 사람들이 이를 기적이라고 믿었으며, 헌신적이고 자비로운 하비에르 신부님을 '우리에게 보내 주신 하나님의 은총'이라고 입을 모아 말했습니다. 너무 무리해서 일하여 그는 병이 들기도 했습니다. 병든 그가 걱정되어 제 선실에 모시기도 했습니다. 아홉 번이나 피를 토해 냈으며, 사흘 동안이나 의식이 없었던 적도 있습니다. 의식이 오락가락하는 중에도 그는 알아들을 수 없는 신음 소리를 냈는데, 하나님께 드리는 기도처럼 들렸습니다. 겨우 의식이 돌아왔을 때 그는 다시 침상에서 일어나 전에 하던 대로 배에 타고 있는 사람들을 섬기고 돌보는 일에 매진했습니다."[2]

  산티아고 호에 탔던 다른 사람들의 증언도 몸을 아끼지 않는 하비에르의 헌신적인 섬김의 자세를 칭송했다. 제일 많이 반복되는 평가는 그가 늘 '알레그레(alregre)'했다는 것이다. '즐겁고 활기찬 모습, 열정적인 기쁨에 사로잡혀 있는 모습' 이란 뜻이다. 하비에르는 1년 29일간 계속된 거친 항해에서 늘 상냥하고 친절한 모습으로 사람들에게 깊은 인상을 남겼다.

아프리카 모잠비크 항구에서 일어난 돌발 사건

아프리카 항로는 결코 쉽지 않은 여정이었다. 기니(Guinea) 해변을 지날 때는 갑자기 바람이 숨을 멈춘 것처럼 잠잠해져서 약 40일 동안 배가 꼼짝도 못하게 되었다. 겨우 바람이 불어 해안에 닻을 내리니, 아프리카 동해안의 중간 기착지인 모잠비크 항구였다. 1541년 8월의 일이다. 선단의 인솔 책임자이자 인도의 새 총독으로 임명된 알폰소 디 소자는 모잠비크에서 겨울을 나기 위해 장기간 체류할 것이라 발표했다.

다음 해 2월까지 모잠비크에 정박해 있는 동안 하비에르는 환자를 돌보는 데 전념했다. 당시 모잠비크는 '포르투갈 사람들의 무덤'이라고 불렸는데, 워낙 힘들고 거친 항해로 많은 선원들이 배에서 병에 걸리기 일쑤였고, 임종을 맞이한 이들은 결국 모잠비크의 아프리카 땅에 매장되었기 때문이다. 자연히 모잠비크에는 포르투갈 사람들을 치료하는 큰 병원과 공동묘지가 세워졌고, 하비에르는 이곳에서 병든 사람들과 죽어 가는 사람들을 위한 사역을 펼쳤다. 하비에르와 일행은 모잠비크의 병원에서 환자들을 돌보며 겨울을 날 계획이었다.

그러던 1541년 2월, 돌발 상황이 발생했다. 인도 고아의 현직 포르투갈 총독이 급파한 쿨랑(Coulam) 호가 모잠비크 항구에 갑자기 나타난 것이다. 당시 인도 총독 슈테봉 다 가마(Estevão da Gama, 1540-1542 통치)는 희망봉과 인도 항로의 개척자 바스꼬 다 가마의 둘째 아들이었다. 예정되어 있던 포르투갈 선단이 인도에 도착하지 않자 슈테봉 총독은 자신의 조카를 지휘관으로 임명하고, 모잠비크 항구로 가서 상황을 조사하라는 지시를 내린 것이다.

사실 슈테봉 다 가마 총독은 포르투갈에서 오는 향신료 대금을 마련하는 것이 급했다. 그 돈이 있어야 인도의 우기(雨期)에 코친 등에서 인도 상인들로부터 향신료를 매입할 수 있기 때문이었다. 총독은 조카에게 은밀한 지시를 내렸다. 만약 새로 부임하는 총독이 모잠비크에서 겨울을 나고 있으면 그를 체포하여 감옥에 가두고 포르투갈에서 보낸 향신료 대금을 확보하여 조속히 인도로 돌아오라는 지시였다.

이런 은밀한 목적으로 출항한 쿨랑 호에 총독 슈테봉 다 가마를 배신하는 첩자가 숨어 있었다. 평소 슈테봉 총독에게 불만이 많았던 그는 쿨랑 호의 은밀한 계획을 미리 알폰소 디 소자 신임 총독에게 고해바쳤다. 신임 총독은 쿨랑 호의 선장과 자신의 배에 타고 있던 슈테봉 총독의 동생이자 바스꼬 다 가마의 넷째 아들인 알바로 디 아따이드 다 가마(Alvaro de Ataide da Gama)를 전격 체포했다. 그리고 포르투갈 국왕의 임명을 받고 인도로 가는 자신을 체포하려 한 행동은 국가 반역에 해당한다고 선포했다.

알폰소 디 소자 신임 총독은 이 사건에 대한 포르투갈 국왕의 정치적 선택을 고려하지 않을 수 없었다. 만약 국왕이 슈테봉 다 가마 총독을 지지한다면 자신의 정치적 생명은 끝난 것과 마찬가지였기 때문이다. 본국과의 여러 정보 채널을 통해 가마(Gama) 가문의 반란 사건을 국왕이 매우 불쾌하게 여기고 있다는 사실을 확인한 신임 총독은 모잠비크로 급파된 쿨랑 호를 다시 타고 급히 인도로 떠날 준비를 서둘렀다. 국왕의 명령을 거역하고 반란을 일으킨 슈테봉 다 가마 현직 총독을 체포하기 위해서였다.

선단 전체를 갑자기 움직일 수 없었기 때문에 기동성이 높은 전함이자 음모자들이 타고 왔던 쿨랑 호만을 일종의 체포 선발대로 결성하여 먼저 모잠비크를 출발하기로 하고, 알폰소 디 소자는 하비에르에게 동승을 요구했다. 아시아 선교 책임자로 임명되었지만 아프리카에서 약 6개월 동안이나 지체하고 있던 하비에르로서는 선발대 동행에 찬성할 수밖에 없었다. 산티아고 호에 동승했던 만실랴스와 파울로는 모잠비크에 남아서 환자들을 돌보도록 했다.

　1542년 5월 6일, 모잠비크를 급히 떠난 쿨랑 호는 케냐의 멜린다(Melinda)와 아덴(Aden) 만의 소코트라(Socotra)를 거쳐 인도의 고아에 도착했다. 하비에르는 멜린다에서 바스꼬 다 가마가 오래전에 세워 놓은 탐험 기념 기둥과 그 위에 장식된 십자가상을 보면서 크게 기뻐했지만 무슬림 세력이 강성하여 그리스도인들이 박해를 받고 있다는 사실에 충격을 받았다. 소코트라에서는 시리아어를 사용하는 성 도마 그리스도인(St. Thomas Christians)들을 만나서 세례를 주기도 했다.[3] 하비에르는 이곳에서 좀더 정박해 있으면서 불쌍한 사람들을 돌보려 했지만 신임 총독은 고아로 가

아프리카 케냐의 해안 도시 멜린다에 세워진 탐험 기념 기둥. 상단에 작은 십자가가 세워져 있다.

2부 인도로 가는 길　75

던 항해를 서둘렀다. 쿨랑 호에 동승했던 안또니오 디 소자(Antinio de Sousa)는 모잠비크에서 인도 고아로 항해하던 하비에르의 모습을 이렇게 증언했다.

"저는 하비에르 신부님과 모잠비크 항에서부터 동행했습니다. 그분은 항해하는 동안 어떤 경미한 죄도 범하지 않았습니다. 언제나 선하고 자비로운 행동으로 환자들을 돌보고, 어디서나 말씀을 선포하고 가르쳤으며, 고해를 듣고 성찬을 집례하셨습니다. 그는 언제나 이방인들에게 복음을 전했습니다. 언제나 하나님의 일을 하는 데 열심이었는데, 제가 본 어떤 사람보다 헌신적이었습니다. 그는 이 세상 어떤 사람보다 겸손하고 소탈했으며, 수수하게 차려입고, 다른 사람에 대한 편견을 갖지 않았습니다."[4]

신임 총독과 하비에르가 탄 쿨랑 호는 어느새 인도 서해안에 있는 만도비(Mandovi) 강의 어귀로 접어들었다. 지금은 고아가 인도 내륙에 붙어 있지만, 16세기 당시에는 북쪽의 만도비 강과 남쪽의 주아리 강 사이에 있는 큰 섬이었다. 쿨랑 호는 만도비 강 어귀에서 4~5킬로미터가량 더 내륙 쪽으로 들어갔다. 하비에르는 이 강가에 있는 아름다운 도시 고아가 타호 강가에 있는 리스본과 지리적으로 유사하다고 생각했다. 실제로 당시 포르투갈 사람들은 만도비 강을 '아시아의 타호 강'이라고 불렀고, 고아를 '아시아의 리스본'으로 불렀다.

하비에르는 고아 곳곳에 우뚝 솟아 있는 성당과 수도회 건물을 보고 큰 감동을 받았다. 이미 40여 년 전부터 유럽인이 왕래하기 시작했고, 프란체스코 수도회의 활동이 두드러졌던 고아는 '아시아의 예루살렘'으로 불릴 만한 도시였다. 하비에르는 도착 즉시 교황대사(Papal Nuncio) 자격으로 고아의 주교에게 문안을 드렸다. 당시 주교는 프란체스코 수도회 소속의 주

'아시아의 리스본'으로 불리던 고아의 옛 모습. 1503년에 그린 지도다.

아옹 디 알부케르케(João de Albuquerque)였다.[5] 하비에르는 가지고 간 교황대사의 임명장을 보여 주면서, 알부케르케 주교가 허락하는 범위 내에서만 자신의 사역을 펼치겠다고 겸손하게 머리를 숙였다.

하비에르가 고아에서 제일 먼저 사역에 나선 곳은 '로사리오의 우리들의 성모(Notre Dame du Rosary)' 병원이었다. 그는 병들어 죽어 가는 사람들을 돌보고, 그들에게 성례를 베풀었으며, 종부성사를 했다. 당시 고아 병원의 책임자 루이스 아따이드(Luis Ataide)는 "환자들이 작은 신음 소리만 내도 마룻바닥에서 잠을 자던 하비에르는 벌떡 일어나 고통 받는 사람들을 돌보았으며" 그 밖에 다른 도움이 필요한 사람에게 언제나 친절하게 봉사를 아끼지 않았다고 증언했다.

당시 고아에서 운영되던 세 곳의 감옥도 하비에르가 자주 방문하던 사역 장소였다. 참혹하고 열악한 환경에 처한 죄수들을 하비에르는 늘 자비로운 웃음으로 대하며 그들에게 위로의 강론을 펼쳤다. 하비에르는 1542년 9월 20일에 쓴 편지에서 고아에서 전개되는 자신의 사역에 대해 설명했다.

"저는 이곳, 고아의 병원에 숙소를 잡았습니다. 저는 환자들의 고해를 듣고, 가능하면 자주 성찬식을 베풉니다. 열 곳 정도 흩어진 곳에서 고해와 성찬을 베풀기 때문에 제가 한번 가면 많은 사람들이 모여듭니다. 환자를 위한 시간이 끝나면 건강한 사람들의 고해를 받고, 저를 찾아온 사람들을 남은 오전 시간에 면담합니다. 오후 시간이면 감옥으로 가서 죄수들의 고해를 듣습니다. 그들에게 설교하면서, 고해할 때 유념할 것을 가르칩니다. 감옥에서의 일이 끝나면 성당으로 돌아가 어린이들에게 교리를 가르칩니다. 기도와 신조 그리고 십계명을 가르치는데, 300명이 넘는 아이들이 모여듭니다."[6]

하비에르는 고아에 도착한 후 곧 인도 원주민들에 대한 선교 활동에 큰 관심을 보였다. 그는 만도비 강둑을 따라 마을을 이루고 있는 원주민들의 거주지로 들어갔다. 그러나 하비에르가 원주민들에게 할 수 있는 선교 방식은 극히 제한적이었다. 그들이 사용하는 언어를 단 한 마디도 이해할 수 없었기 때문이다. 궁여지책으로 하비에르는 종(鐘)을 이용했다. 딸랑거리는 종을 들고 마을을 돌아다니면 신기한 구경거리라도 난 줄 알고 아이들이 몰려들게 마련이다. 그는 이렇게 종을 흔들며 마을 아이들을 한곳으로 모아다가 자기가 할 수 있는 최선의 방식으로 선교를 시도했다. 모여든 동네 꼬마들 앞에 서서 우선 공중에 십자가 성호를 긋고, 대충 원주민의 발음대로 번역한 주기도문과 십계명을 더듬거리며 읽어 준다. 물론 완벽한 의미 전달은 상상할 수도 없다. 그리고 간단히 따라 부를 수 있는 곡조에 맞춰 교리 내용을 노래로 설명했다. 노래를 좋아하는 인도 어린이들은 무슨 뜻인지도 모르면서 이 노래를 따라 불렀다. 하나님의 기적적인 섭리를 기대하는 하비에르의 기도가 더 뜨거워질 수밖에 없었다. 하비에르에 대한 초기 기록을 남긴 역사가 마누엘 테이셰이라(Manuel Teixeira)는 하비에르의 초기 선교 방식에 대해 상세하게 설명했다.

"하비에르는 종을 흔들면서 좁은 골목과 마을 어귀를 돌아다녔습니다. 동네 아이들과 마을 사람들에게 새로운 가르침을 받으라고 호소하며 목소리를 높였습니다. 고아에서 이런 광경은 처음 보는 것이었습니다. 많은 사람들이 하비에르 주변에 몰려들었고, 이 무리들이 첫 교회가 되었습니다. 그는 간단한 교리에 음조를 붙여 아이들이 따라 부르기 쉽게 만들었습니다. 그가 선창하면 어린이들이 따라 불렀습니다. 이런 방식을 택한 이유는 아이들이 잘 기억할 수 있게 하기 위해서였습니다. 그는 기본적인 교리를 아주 간단한 용어로 알아듣기 쉽게 설명했습니다. 물론 사용되는 용어의 수는 제한되었습니다. 이 선교 방식은 지금까지 인도 전역에서 쓰이고 있습니다. 이때 사용된 간단한 곡조는 인도의 남녀노소가 지금도 기억하고 있으며, 그들이 길을 걸을 때나, 어부들이 배 위에서 고기를 잡을 때나, 들판에서 농사일을 할 때 흥얼거리며 따라 할 정도입니다."[7]

하비에르는 인도에 도착한 후 첫 5개월간은 고아에서 활동했다. 포르투갈 관할 영지에서는 병원과 감옥을 찾아다니며 어려운 처지에 놓인 사람들을 섬겼고, 원주민을 위해서는 새로운 선교 방식으로 언어의 한계를 넘어설 수 있는 사역의 모델을 찾고자 노력했다.

고아의 새 총독 알폰소 디 소자는 고아에서 이제 막 정착하기 시작한 하비에르에게 새로운 임지에서 사역을 계속해 달라고 부탁했다.[8] 고아에는 이미 다른 수도회에서 파견 온 선교사들이 많이 있으므로, 실질적으로 선교사가 필요한 지역인 인도 동남부 진주해변에서 허물어져 가는 교회를 다시 세워 달라는 부탁이었다.

인도에 도착한 지 불과 몇 달밖에 지나지 않았지만 하비에르는 지독한 향수병에 시달린 듯하다. 함께 리스본을 떠난 파울로 데 카메리노와 만실

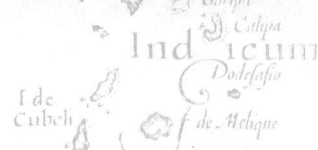

인도 고아에서 원주민들에게 복음을 전하는 하비에르의 모습.
고아의 봄 지저스 대성당에 전시되어 있는 그림이다.

랴스는 아직 모잠비크의 병원에 남아 있었기 때문에, 하비에르는 더 외로울 수밖에 없었을 것이다. 자기가 몸담고 있던 신생 수도회가 로마 교황청으로부터 공식적인 설립 허가를 받았는지도 모르는 상태였기에, 다른 수도회 신부들의 견제와 의심도 견디기 힘들었다. 이냐시오와 로마의 예수회 동료들에게 편지를 쓰는 것이 그가 외로움을 달랠 수 있는 유일한 길이었다.

"주님의 사랑 가운데서 간곡히 부탁드립니다. 이냐시오 신부님 그리고 동지 회원 여러분, 우리 예수회에 소속된 모든 회원들의 이야기를 하나도 빠짐없이 담아 제게 길고 상세한 편지를 보내 주시기 바랍니다. 저는 살아생전에 여러분을 다시 보게 될 희망이 거의 없습니다. 그저 먼지 낀 오래된 거울처럼 여러분이 보내 주시는 편지를 읽으며 어렴풋이 여러분을 다시 만나게 될 것입니다. 제발 기억해 주십시오. 여러분이 쓰신 편지가 지쳐 있는 제게 새로운 힘이 되고, 여러분이 쓰신 편지 때문에 제가 새로운 희망을 발견하게 된다는 것을 말입니다. 하나님의 존귀하신 이름과 영광을 위해 부디 간청하오니, 이 땅의 이교도들과 무슬림들에게 어떤 식으로 접근하고 어떤 식으로 복음을 전해야 하는지에 대해 상세하고도 명확하게 설명해 주시기 바랍니다.

저는 이제 (진주해변의) 그들에게 갑니다. 그들에게 어떤 방식으로 거룩하신 주님의 복음을 전하고 어떤 방식으로 그들을 개종시켜야 할지, 이냐시오 신부님께서 제게 그 방법을 일러 주셨으면 합니다. 제가 무엇을 하지 말아야 하고, 무엇을 잘못하고 있다면 어떻게 그 잘못된 방법을 바꾸어야 하는지에 대해서도 지도해 주시길 바랍니다. 비록 부러진 갈대 하나가 될지 모르지만 주님의 은혜와 거룩하신 교회의 전통으로 이교도들의 땅에 복음이 심어질 것으로 믿습니다. 뒤를 돌아보며 주저하는 사람들에게 많은 혼란이 있는 것이 사실입니다. 저는 흙과 재처럼 보잘것없는 사람입니다. 같이 일할 동역자들이 없는 것이 저를 더욱 절망하게 합니다. 만약 이 광대한 하나님의 포도밭에서 저와 사역할 뜻이 있는 분이 있다면, 결단코 저는 그분들의 노예가 되어 섬길 것을 약속드립니다."[9]

진주해변의 집단 개종

인도 최남단의 코모린 곶(Cape Comorin)에서 시작되는 동남부 해안은 예부터 진주가 많이 채집되어 진주해변(Pearl Fishery Coast)으로 불린다. 《동방견문록》을 쓴 마르코 폴로도 이 지역에서 나는 진주에 많은 관심을 가지고 자세한 기록을 남겼다.

"이 왕국에서는 매우 크고 아름다운 진주가 나오는데, 진주들이 어떻게 발견되고 채취되는지에 대해 말해 보겠다. 이 바다에는 육지와 섬 사이에 만(灣)이 있다. 그 만의 수심은 기껏해야 10~12보 정도밖에 안 되는데, 어떤 곳은 2보가 채 안 된다. 이 만에서 진주를 다음과 같이 채취한다. 사람들은 큰 배와 작은 배를 타고 4월에서 5월 중순 사이에 이 만에 있는 베탈라(Bettala)라는 지점으로 들어간다. 바다로 60마일쯤 들어가 닻을 내린 뒤 작은 거룻배로 옮겨 탄다. 그리고 그들은 다음과 같이 진주잡이를 한다. 여러 상인들이 조합을 만들어 많은 사람을 고용하는데, 4월에서 5월 중순까지, 즉 진주잡이가 계속될 때까지 얼마를 주고 그들을 사는 것이다. (중략) 그렇게 해서 상인들이 고용한 사람들이 거룻배에서 내려 물속으로 들어가는데, 4~5보나 12보까지 잠수해서 참을 만할 때까지 물속에 머문다. 그들은 바다 바닥에서 흔히 굴이라고 부르는 조개를 찾아내는데, 이 굴 안에는 크고 작은 각종 진주가 있다. 굴은 이 조개들의 살 속에 있다. 이런 식으로 채취하는 조개는 양이 얼마나 많은지 말로 다 할 수 없을 정도다. 이 바다에서 채집되는 진주는 전 세계로 수출된다."[10]

마르코 폴로의 기록에 등장하는 '상인들이 고용한 사람'이 바로 이 지역에서 대대로 진주를 채집하던 카스트인 파라바(Paravas)다. 카스트 제도로 유지되는 인도 사회에서 이들은 최하위층을 형성하던 사회적 약자로서 일종의 불가촉천민(Untouchable)에 해당한다. 이들은 하비에르가 인도에 도착하기도 전에 이미 그리스도교로 집단 개종했다.[11] 1536~1537년의 일이니 하비에르가 이 지역에 도착하기 5~6년 전이다.

데칸 고원 너머, 인도 북부 지역을 통치하던 무굴 제국은 막대한 이권이 개입되어 있는 인도 동남부 해안의 진주 채취와 가공 산업에 눈독을 들이고 있었다. 무굴 제국의 패권과 군사력의 지원을 받고 있던 그 지역의 무슬림 라자(Raja)는 힌두교를 믿는 파라바들에게서 진주 채집의 권리를 빼앗고자 했다. 위기를 느낀 이 지역의 진주잡이 어부들은 코친에 진을 치고 있던 포르투갈 군대를 찾아가 보호를 요청한다. 만약 포르투갈 군대가 무슬림 라자의 약탈을 막아 주면 30여 개의 파라바 마을 전체가 그리스도교로 개종할 것이며, 진주 채집에 따른 이익에 대해 포르투갈 국왕에게 적절한 세금도 바칠 수 있다고 했다. 그러자 포르투갈 군대가 함선을 이끌고 이 지역으로 출동하여 무슬림 군대를 몰아내고 파라바들의 진주 채집을 보호하게 되었다.

당시 코친에서 활동하던 프란체스코 수도회 신부들은 30여 개의 파라바 마을을 돌아다니며 집단 세례식을 베풀었다. 타밀어를 사용하던 파라바들과 언어 소통이 불가능했던 프란체스코 수도회 신부들은 형식적인 세례를 베풀어야 했다. 사람들을 모아 놓고 라틴어로 몇 마디를 읊은 다음 주민들의 머리 위에 물을 뿌리는 것이 세례식의 전부였다. 이 형식적인 세례식은 1536년부터 이듬해까지 계속되었다.

파라바들이 집단으로 개종하고 그리스도인이 되었지만 그들은 유럽 사제들의 관심과 기억 속에서 곧 잊혀졌다. 워낙 극심한 사제의 인력난에 시달리다 보니 프란체스코 수도회 사제들은 더 이상 파라바 거주지에서 사역을 펼쳐 나갈 수 없었다. 이 지역에는 교회도 설립되지 않았고, 유럽에서 온 사제는 한 명도 거주하지 않았다. 코친이나 고아 지역에 주재하던 포르투갈 상인들을 위한 사역에도 손길이 모자라는 형편이었기 때문이다.

부족한 인력을 위한 대책

진주해변을 향해 출발하면서 쓴 1542년 9월 20일자 편지에서 하비에르는 인도 선교를 위해 결국 현지인들을 훈련시켜 선교사로 활용할 수밖에 없다는 결론을 로마에 보고한다.[12] 세례를 베풀고도 신앙을 돌보지 못하는 인도 현지 교회의 현실을 관찰한 하비에르는 상당한 수의 사제들이 유럽에서 투입되지 않는 이상, 인도에서 개종한 현지인을 사제로 활용할 수밖에 없다는 결론에 이른다. 약간의 신앙적 훈련만 받으면 당장 복음 사역에 투입할 수 있는 원주민 인력도 있다는 희망적인 분석도 곁들인다. 그들은 바로 코친을 중심으로 인도 남부 케랄라 지역에서 이미 오래전부터 활동하던 성 도마 그리스도인(St. Thomas Christians)들이다.

15세기 말 인도에 처음 도착한 포르투갈인은 미지의 땅에 이미 십자가를 내건 그리스도교 교회와 교인들이 존재한다는 것을 발견하고 큰 충격을 받았다. 동, 서양 교회의 가장 극적인 만남 중의 하나가 바로 포르투갈의 가톨릭교회와 인도 남부의 성 도마 교회의 조우였을 것이다. 그리스도교는 유럽인들의 종교로만 알고 있었는데, 이미 오래전부터 인도인들이 그리스도교를 믿고 있었다니 놀라지 않을 수 없었다. 더욱 놀라운 것은, 그리스도의 첫 열두 제자 가운데 한 사람인 '의심 많은' 도마(Apostle Thomas)가 기원후 1세기에 복음을 인도로 전해 주었다는 사실이다. 현지인들의 믿기 힘든 이 증언은, 그리스도교 신앙의 기원에 대한 새로운 해석을 가능하게 하는 놀라운 사실이었다. 하비에르는 이 성 도마 그리스도인들을 활용하여 인도 현지의 사제 부족 현상을 극복할 수 있을 거라고 판단했다.

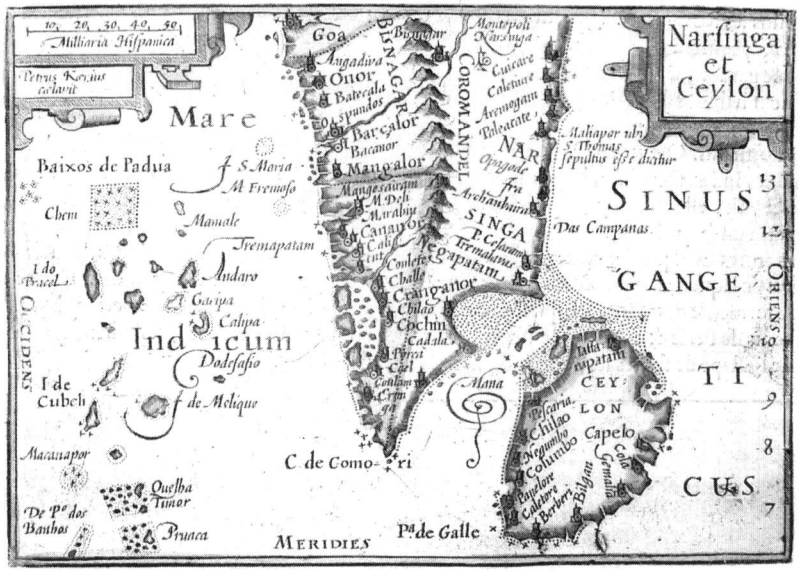

진주해변과 실론을 포함한 남부 인도의 옛 지도. 베르티우스가 1600년에 출간한 《작게 그린 세계 지도 (Tabularum geographicarum contractarum)》의 일부다.

    물론 성 도마 교회의 교리적 정통성을 확신하지 못한 고아의 가톨릭교회는 다른 해결책을 모색하고 있었다. 하비에르가 고아에 도착하기 약 1년 전 교구사제였던 디오고 디 보르바(Diogo de Borba)는 인도 현지인들에게 베푸는 형식적인 세례에 신학적으로 문제가 있다고 보았다. 토마스 아퀴나스의 가르침에 의하면, 모든 세례자는 최소한 6개월의 세례자 교육을 받아야 하지만 인도의 현실상 적어도 40일은 세례 교육을 의무화해야 한다고 그는 생각했다. 고심을 거듭하던 디오고 디 보르바는 전임 인도 총독의 재정 지원을 받아 인도 원주민들이 세례자 교육을 받을 수 있는 학교를 세웠다. 디오고 디 보르바는 이 세례자 학교가 장차 인도의 현지 신학교로 성장하여 결국 원주민 출신의 사제가 인도 선교를 담당하는 날이 올 것으로 믿었다.

이 세례자 예비 학교의 이름은 '거룩한 신앙의 우애회(Confraternity of Holy Faith)'였다. 인도의 각 지역에서 토속 언어를 사용하는 청소년들이 모여들었고, 심지어 모잠비크에서 온 흑인 소년도 학생으로 받아들였다. 문제는 이들을 가르칠 수 있는 적절하게 훈련받은 교사가 부족하다는 것이었다. 디오고 디 보르바는 이 문제를 하비에르와 상의했고, 하비에르는 다시 이냐시오에게 서한을 보내 현지인 선교사 양성을 위해 학생을 가르칠 수 있는 교사를 보내 달라고 청원했다.

"자비로우신 주님께서 여기 고아 사람 몇 명을 움직여 사역을 위한 대학을 세웠습니다. 무엇보다 가장 필요하고, 매일 그 중요성이 커지고 있는 것이 바로 대학의 존재입니다. 주님의 은혜로 대학을 위한 건물이 신축되었으며, 이를 통해 많은 사람들이 개종하고 새로운 교리를 배우게 될 것입니다. 총독 각하께서 친히 이 일의 성공을 위해 노력하고 있습니다.

대학 건물의 일부로 신축된 새로운 교회는 소르본에 있는 대학 교회보다 두 배나 큰 규모입니다. 이미 수백 명의 학생들을 가르칠 수 있는 재정적인 후원금도 답지했습니다. 향후 6년간 약 300명의 각기 다른 언어를 사용하는 다양한 인종의 원주민들을 신자로 만들 수 있을 것입니다. (중략) 총독 각하께서 국왕께 청원서를 올릴 계획입니다. 국왕께서 친히 교황 성하께 청원하셔서 예수회 신부들을 고아의 대학으로 보내 달라고 부탁하실 것입니다. 총독 각하는 이냐시오 신부님께도 청원서를 보내실 계획입니다. 총독께서 바라시는 것은 이냐시오 신부님께서 직접 모든 예수회 회원들에게 서한을 보내셔서 고아의 대학에서 사역할 수 있는 자원자를 가능한 한 많이 모아 달라는 것입니다."[13]

이 대학은 수호 성자인 성 바울의 이름을 따 '성바울 신학교'로 개명하고 아시아 원주민들을 위한 신학 교육과 선교사 교육을 위한 요람으로 성장했다. 장차 일본인 안지로가 신학 교육을 받게 되는 곳도 바로 이곳이다. 이 신학교는 예수회 인도 선교의 중심지가 되었다. 성바울 신학교 교장이 인도 선교 전체를 관할하는 책임자로 임명되었고, 아프리카 희망봉에서 인도네시아의 몰루카 제도에 이르는 광대한 지역에서 활동할 사제를 양성하는 일을 책임지게 되었다.

진주해변으로 간 하비에르

1542년 9월 말, 하비에르는 고아를 떠나 코친을 거쳐 진주해변으로 이동했다. 진주해변의 수비대장 꼬스메 디 빠이바(Cosme de Paiva)의 함선을 타고 인도의 최남단 해안으로 간 것이다. '진주해변'이라는 이름이 낭만적으로 들리지만 현실은 그렇지 못했다. 하비에르가 사역하던 진주해변은 코모린 곶에서 북쪽으로 80킬로미터 정도에 이르는 척박하기 이를 데 없는 오지였다.

이 지역의 파라바들은 스리랑카(당시 실론)와 인도 동남부 해안 사이에서 기본적인 안전 도구도 없이 잠수하여 진주조개를 채취하는 것으로 생계를 이어가던 최하위층 카스트였다. 이들이 가장 무서워하는 것은 해안까지 출몰하는 상어 떼의 공격이다. 실제로 이 지역을 돌아본 마르코 폴로는 파라바들이 채취한 조개의 20분의 1을 주술사에게 바치고, 주술사는 파라바들이 바닷물 속에서 작업하는 동안 상어를 몰아내는 주문을 외운다는 기록을 남겼다.[14]

이들은 수년 전에 프란체스코 수도회의 사제들이 알아들을 수 없는 라틴어를 읊으며 허공으로 물을 뿌려 세례를 베풀 때 모두 머리를 숙인 사람들이다. 그러나 파라바 개종자들은 그리스도교 신앙에 대해 아는 것이 없었다. 프란체스코 수도회 사제들이 고아와 코친으로 귀환하자 파라바들도 옛날 모습으로 돌아갔다. 파라바들의 집단 개종을 주도한 사람은 인도 고아의 주교대리(Vicar)인 미겔 바스(Miguel Vaz)였다. 이 사람은 하비에르가 인도에서 가장 신뢰하는 포르투갈 고위 성직자 중 한 명이었다. 총독을 통해 하비에르에게 진주해변 선교를 부탁한 사람도 미겔 바스로 추정된다.[15]

파라바들에게 형식적인 집단 세례가 주어진 지 5~6년이 지나 하비에르는 진주해변으로 파송되었다. 고아의 성바울 신학교에서 세례자 교육을 마친 세 명의 파라바 청년들과 함께 하비에르는 무너진 교회의 기초를 다시 세우기 시작했다. 진주해변의 사역을 위해 그는 먼저 1542년 10월부터 1543년 2월까지 투티코린(Tuticorin)에 자리를 잡았다. 하비에르는 당시의 상황을 이렇게 보고했다.

"포르투갈 사람은 단 한 명도 이 지역에 거주하고 있지 않습니다. 워낙 척박한 땅이라 모두 떠나 버렸습니다. 이곳의 (파라바) 그리스도인들은 8년 전(실제로는 6년 정도)에 세례를 받았습니다만, 그동안 담당 사제가 없어 미사를 올리지도 못했고 아무런 신앙적인 훈련도 받지 못했습니다. 자신들이 그리스도인이란 사실만 기억하고 있을 뿐입니다. 저는 진주해변에 도착하자마자 여러 마을을 돌아다니며 성만찬을 베풀었고, 그동안 태어나서 자란 아이들에게는 세례를 베풀었습니다. 너무 많은 어린이들과 어른들이 몰려와서 저는 음식 먹을 시간이나 잠잘 시간도 없을 지경입니다. 사람들은 저와 함께 기도하기를 원했고, 저는 이것이 바로 하나님 나라가 우리에게 임한 것이라고 생각했습니다. 만약 그들의 청을 받아들이지 않는다면 그것은 죄를 짓는 것입니다. 그래서 저는 성부·성자·성령의 이름으로 그들의 고해를 듣고, 기도하는 법을 가르쳤습니다. 그들은 머리가 좋아서 쉽고 빨리 새로운 것을 배웠습니다. 만약 누군가가 효과적으로 이들을 가르칠 수만 있다면 파라바들은 훌륭한 그리스도인이 될 거라고 확신합니다."[16]

파라바에 대한 이해와 오해

하비에르는 진주해변에서 파라바 선교의 미래에 큰 기대를 걸었다. 인도에 도착한 첫 해 동안 고아와 코친에서 펼친 활동은 현지인에 대한 선교보다 포르투갈 상인들을 위한 사역이 우선했던 것이 사실이다. 그러나 진주해변에는 포르투갈인이 한 명도 없었기 때문에, 그의 사역은 파라바 카스트에게만 집중될 수 있었다. 하비에르는 파라바들이 '훌륭한 그리스도인'이 될 거라고 확신했으며, 이들이 5~6년 전에 명목상이나마 세례를 받고 그리스도인이 된 것은 하나님의 놀라우신 예비였다고 굳게 믿었다.

하지만 1542년 10월부터 진주해변에서 복음을 전하기 시작한 하비에르는 곧 현실이 그렇게 녹록치 않다는 것을 깨닫는다. 무엇보다 인구 3만 명에 이르는 30여 개의 개종자 마을을 혼자 담당한다는 것이 거의 불가능했다. 진주해변의 사제 인력 부족 현상은 개인의 헌신과 노력으로 감당할 수 있는 범위를 넘어섰다는 사실을 깨달은 것이다. 언어 문제도 하비에르에게 최대의 걸림돌이었다. 성바울 신학교에서 교육을 받은 파라바 출신의 통역사 세 명과 함께 다니면서 기본적인 그리스도교 신앙을 설교하고 가르쳤지만, 통역의 명확성이나 의미 전달 효과에 늘 미심쩍어 했다. 하비에르는 통역들이 번역한 타밀어 신조를 발음대로 외워서 설교했지만, 중국어처럼 단어의 성조에 따라 다르게 해석되는 까닭에 그의 발음은 파라바들에게 웃음거리가 되곤 했다.

그나마 진주해변에서 첫 번째 개종이 일어난 것이 하비에르에게는 큰 위안이었다. 진주해변의 어느 마을에서 하비에르는 출산을 앞둔 병든 산모를 우연히 만났다. 하비에르는 그 여인에 대한 동정심에서 자신이 인도에 있다는 것도 잊고 라틴어로 "주 예수 그리스도의 이름으로 명하노니 나음을 받으라"고 큰 소리로 외쳤다. 뒤따라오던 통역사가 이를 통역해 주고, 계속해서 하비에르가 신앙에 대한 가르침을 주자 그 여인과 가족이 믿기로 결단했다. 하비에르는 산모와 가족에게 세례를 베풀고, 출산할 때까지 기다렸다가 태어난 아기에게도 세례를 베풀었다. 하비에르는 진주해변에서 일어난 이 첫 번째 개종에 대해 이냐시오에게 상세히 보고했다.[17]

하비에르에게 가장 심각한 문제는 일부 파라바들이 믿고 있던 힌두교와 그들이 예배의 대상으로 삼던 각종 신상(神像)의 존재였다. 세례를 받고 이미 명목상이나마 그리스도인이 된 파라바들은 여전히 정체를 알 수 없는 힌두교의 신상 앞에서 경배를 계속하고 있었는데, 이것이 하비에르에게는 참을 수 없는 신성모독으로 보였다. 하비에르는 16세기 스페인 가톨릭 귀족이 대체로 느끼던 이교도에 대한 반감이 있었다. 다른 종교, 아니 그리스도를 믿지 않는 사람들에 대한 이러한 적대적인 감정은 하비에르의 개인적인 성품이 아니라 당대 스페인 사람이 가진 보편적 감정이었다고 보는 것이 옳다.

스페인이 차지하고 있던 유럽 남서부의 반도 이베리아(Iberia)는 이미 7세기부터 이슬람 영토로 편입되었다. '한 손에는 쿠란을, 다른 한 손에는 칼을'로 대변되는 이슬람의 군사적이며 공격적인 이미지는 유럽인의 오해에서 비롯된 것일 수 있다. 그러나 최소한 이베리아 반도에서 이슬람 이교도들은 스페인 사람들의 땅을 빼앗은 침략자들이었으며, 무려 700년이 넘게 스페인 가톨릭교회를 억압한 원수였다. 흔히 십자군 운동 하면 예루살렘을 중심으로 한 성지 회복 운동을 떠올리지만, 사실 이베리아 반도에서 줄기차게 진행된 리꽁끼쉬따(Reconquista, 국토회복운동) 역시 유럽 앞마당까지 밀고 들어온 이슬람 세력을 축출하기 위한 투쟁의 연속이었다. 자연스럽게 하비에르는 무슬림 이교도들에게 반감을 가질 수밖에 없었고, 인도에 도착한 뒤 이슬람을 믿는 무굴 왕조가 인도를 통치한다는 사실을 알고 이런 반감이 더욱 커졌다.

중세 유럽인들은 이교도(Heretics)와 이방인(Gentile)을 구별했다. 그리스도교를 믿던 유럽인들은 유일신(Monotheism)의 존재를 믿는지 여부에 따라 이교도와 이방인을 분리 취급했다. 유일신의 존재를 믿는 유대교와 이슬람은 '이교도'에 속한다. 이들은 유일신의 존재를 믿음으로써 이성적 판단을 할 수 있는 내적인 능력을 타고났음에도 잘못된 신앙으로 빠졌기 때문에 '이교도'였던 것이다.

반면 '이방인'은 유일신의 존재를 믿지 않거나, 신을 인식하는 능력을 타고났는지조차 확인할 수 없는 종류의 사람이다. 이들은 주로 열등한 문화권에 사는 '노예로 태어나 유럽인들에게 봉사해야 할' 인종이었다.

하비에르는 인도 생활이 길어지면서 그곳에 이교도와 이방인이 공존한다는 것을 알게 되었다. 인도라는 나라를 실질적으로 통치하고 있던 무굴 왕조는 '이교도'이고, 힌두교나 불교를 믿으며 알 수 없는 여러 신상을 숭배하는 일반적인 '힌두인'들은 모두 '이방인'이었던 것이다. 하비에르는 인도의 이방인들이 유일신의 존재를 알지 못한다고 생각했다. 왜냐하면 유일신을 믿는 그리스도교, 유대교, 이슬람은 모두 절대자를 어떤 형상으로 구체화하는 것을 늘 반대해 온 데 반해, 진주해변의 일부 인도인들은 정체를 알 수 없는 수많은 신상을 만들고 그것들 앞에서 경배했기 때문이다.

지금도 그렇지만 당시 인도에서 가장 많은 사람들의 사랑과 경배의 대상이 된 신의 모습은 링가(Linga), 하누만(Hanuman) 그리고 가네쉬(Ganesh)

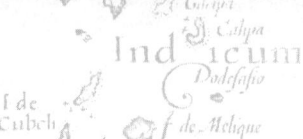

뭄바이 도심에 있는 힌두교도들의 종교 의식.

등으로 표현되었다. 지역에 따라 여러 가지 형태의 여신(Goddess)을 섬기는 사람들도 있었다. 링가는 쉬바(Shiva) 신의 현신으로, 남성의 성기를 형상화한 것이다. 힌두교 3대 신의 하나로 간주되는 쉬바가 남성의 성기로 표현되고, 이것이 보통 인도 사람들의 경배 대상이 되는 것에 대해서는 자세한 종교학적 논의가 필요할 것이다. 그러나 여기서 중요한 것은 하비에르가 이러한 인도의 신(神) 체계에 대해 아무런 정보가 없었을 뿐 아니라, 그것에 대해 알고 싶어 하지도 않았다는 점이다. 하비에르의 뒤를 이어 인도에서 활동한 예수회 선교사들은 이 복잡한 문제를 단순한 거부감으로 폄하하지 않았다.[18] 그러나 인도 종교에 전혀 관심이 없었고, 당시 보통 스페인 사람들처럼 무슬림 이교도에 반감을 느끼며 이방인을 경멸하던 하비에르는 우상숭배를 무조건 철폐할 것을 주창했다. 다음 인용한 편지에서 힌두교와 '우상숭배를 통해 사욕을 채우는' 브라만 카스트에 대한 하비에르의 반감을 확인할 수 있다.

"브라만(원문에는 Bragmanes)이라 부르는 카스트가 있습니다. 이들은 이 방 종교의 핵심이라고 할 수 있으며, 우상으로 가득한 사원을 운영하고 있습니다. 그들은 이 세상에서 가장 덜 떨어진 존재들입니다. 그들은 진리가 무엇인지도 모르는 존재들이지만 무식하고 가난한 사람들을 기만하는 데는 감쪽같은 거짓말을 잘도 꾸며댑니다. 그들은 사람들에게 우상을 위해 더 많은 음식과 물건을 바쳐야 한다고 말하지만 실은 자기 배를 채우기 위함입니다. 만약 사람들이 많은 것을 바치지 않으면 신이 죽음이나 질병 혹은 귀신을 보낼 것이라고 겁을 줍니다. 그들은 저를 무척 싫어하는데, 제가 늘 진리에 대해 말함으로써 그들의 잘못이 드러나기 때문입니다. 저는 개인적으로 (사원을) 방문하면, 그들이 섬기는 돌로 된 우상들은 모두 가짜이며, 사람들이 속아 넘어가는 것이라고 솔직하게 말하곤 했습니다. 그들이 알고 있는 모든 것을 합해도 저 한 사람이 알고 있는 것에 비교할 수 없다는 것도 솔직하게 인정했습니다. 그들은 제게 뇌물을 바쳐 입을 막으려 했지만 저는 그것을 거부했습니다. 그들은 오직 한 분의 신이 존재하는 것을 알고 있으며, 그 신에게 저를 위해 기도할 것이라고 말하기도 했습니다. 저는 대답해 주었습니다. 그들의 잘못을 분명하게 지적했으며, 불쌍한 사람들에게 끼치는 그들의 해악에 대해서도 확실하게 지적했습니다. 저는 브라만과 함께 있는 것이 잘못된 것이라고 사람들에게 지칠 때까지 말했습니다. 덕분에 많은 사람들이 잘못된 믿음에서 벗어나 신앙의 길로 들어섰습니다. 그러나 여기로 옮겨 온 후 단 한 명의 젊은 청년 브라만이 그리스도인으로 개종했을 뿐입니다."[19]

하비에르는 진주해변에서 처음으로 힌두교 사원을 방문하게 된다. 투티코린에서 남쪽으로 30킬로미터쯤 떨어진 티루첸두르(Tiruchendur)란 마을에 있는 사원이다. 하비에르의 이 방문은 유럽인이 힌두교 사원을 방문한 최초의 사건으로 평가될 만하다. 동·서양의 종교적 만남이 처음으로 시도된 이날의 기록은 1544년 1월 15일 편지에 언급되어 있다.

"그리스도인들의 마을을 돌아가며 방문하면서 저는 많은 파고다(Pagoda, 塔)가 있는 곳을 지나가게 되었습니다. 그중에 한 곳은 무려 200여 명의 브라만들이 거주하고 있었습니다. 많은 브라만들이 저를 만나러 찾아왔고, 저는 그들에게 질문을 던졌습니다. '당신들이 믿는 신들과 우상들은 구원을 받기 위해 무엇을 하라고 요구하십니까?' 제 질문에 답하기 위해 그들은 먼저 자기들끼리 많은 토론을 했습니다. 80세쯤 된 늙은 노인이 '당신이 믿는 신은 무엇을 요구하십니까?'라며 제게 오히려 물어 보았습니다. 저는 그들의 계략을 너무나 잘 알기 때문에 먼저 대답하기를 거부했습니다. 그들이 먼저 답변해야만 그들의 무식함이 드러날 것이기 때문입니다. 그는 결국 이렇게 답했습니다. 그들의 신은 인간에게 두 가지를 지키면 천국에 갈 수 있다고 약속했으며, 그것은 소를 죽이지 말고 오히려 신으로 모실 것, 그리고 사원을 관리하는 브라만들에게 예물을 바치라는 것이었습니다. 저는 이 말을 듣고 충격에 가까운 슬픔에 빠질 수밖에 없었습니다. 저는 어떻게든 이들을 장악한 악령의 사슬을 벗겨 내야 했습니다. 저는 자리에서 벌떡 일어나, 브라만들에게 다가가서 내 말을 분명히 들으라고 소리쳤습니다. 저는 큰 목소리로 사도신경과 십계명을 그들의 언어로 외쳤습니다. 그리고 천국과 지옥에 대해 역시 타밀어로 설교를 했습니다. 누가 천국에 가고 누가 지옥에 가게 될 것인지에 대해 분명하게 설명했습니다.

제가 설교를 마치자 브라만들이 자리에서 모두 일어나 저를 따뜻하게 포옹하면서, 그리스도교의 하나님이 진짜 유일하신 신이라고 말했습니다. 십계명의 계율은 모두 합리적이라고도 했습니다. 그들은 사람이 죽으면 인간의 영혼도 동물처럼 몸과 함께 죽는 것인지 물었습니다. 저는 하나님의 도우심으로 그들에게 우리 영혼이 불멸함을 밝힐 수 있었습니다. 그들은 영혼이 불멸하다는 저의 설명에 매우 만족하며 기뻐했습니다. 이렇게 단순한 사람들과 논증할 때는 스콜라 철학의 기법을 사용하지 않는 것이 좋습니다.

그들은 또 다른 질문을 했는데, 그것은 육체가 죽고 나면 영혼은 어디로 가는지에 대한 것이었습니다. 또 만약 어떤 사람이 꿈속에서 다른 사람들과 어느 장소에 있다면, 잠자고 있던 그 사람의 영혼은 꿈속의 사람에게로

인도 반쯤의 한 힌두 사원에서 신상에 절하고 있는 힌두교도의 모습.

간 것인지, 아니면 잠자고 있는 사람의 몸에 그대로 머물러 있는 것인지에 대해서도 물었습니다. [때로 저는 꿈속에서 제가 혼자 있는 것이 아니라, 여러분과 함께 있는 꿈을 실제로 꿉니다] 하나님의 피부색에 대해서도 물었습니다. 여러 인종은 각기 피부색이 다른데, 하나님은 피부가 검은색이 아닌지 질문했습니다. 그들은 피부색이 검고, 실제로 검은색을 좋아하기 때문에 하나님도 검은색일 거라고 생각했습니다. 실제로 그들의 우상은 대부분 검은색입니다. 그들은 이 검은색 우상에게 기름을 부어 경배하는데, 악취가 정말 지독합니다. 생긴 것도 정말 한심할 정도로 추하게 생겼습니다. 그들은 제 설명을 다 듣고 나서 만족스러운 표정을 지었습니다. 그래서 저는 이제 진리를 깨닫게 되었으니 모두 그리스도인이 되라고 말했습니다. 그러나 그들은 삶의 방식을 그리스도교 식으로 바꾸면 세상이 자신들을 어떻게 보겠냐며 제 말을 받아들이지 않았습니다. 이러한 태도는 늘 보아 온 것이고, 심지어 이미 그리스도교 신자가 된 사람들도 종종 이런 태도를 취합니다. 그들은 개종함으로써 지금까지의 경제 수단이 상실될 것을 우려하여 제 권고를 받아들이지 않았습니다."[20]

하비에르와 힌두교 사원의 브라만 사이에서 일어난 만남과 종교적 대화는 16세기 중엽 동·서양의 문화적 만남이 얼마나 서로에 대한 오해를 불러일으켰는지를 잘 보여 준다. 하비에르는 유럽 그리스도교의 전통과 신학 체계 안에서 브라만들에게 접근했고, 반대로 브라만들은 자신들의 종교적 이해의 틀 안에서 하비에르와 종교적 대화를 나누었다. 물론 이 사건을 기록한 사람은 하비에르뿐이고 그가 바로 토론의 당사자여서 당시에 있었던 토론의 전모를 객관적으로 재구성하기는 힘들다. 그러나 분명한 것은 처음으로 유럽과 아시아가 진지하게 서로를 모색하는 기회를 가졌다는 것이고, 서로에 대해 무지했기 때문에 각자의 입장에서 상대방을 이해할 수밖에 없었다는 것이다.

하비에르의 만남은 계속된다. 카나라(Kanara) 지역의 한 애쉬람(Ashram, 힌두교의 은둔 수도처)에서 하비에르는 한 '브라만 은둔 수행자'를 우연히 만나게 되는데, 이 사람과 나눈 대화도 제법 상세히 기록해 놓았다. 힌두교의 종교·사회적 윤리는 일정한 학업을 마치고 가정을 이룬 다음 적절한 삶의 경륜이 쌓였을 때 숲 속에서의 명상 기간을 요구한다. 특별히 브라만 카스트의 경우 이러한 삶의 단계(Ashrama Dharma)가 강력하게 요구되는데, 인생의 마지막 네 번째 단계가 바로 산야시(Sannyasi)의 삶이다.

산야시는 대개 노인이 된 브라만(혹은 크샤트리아와 바이샤가 포함된 상위 세 계급의 카스트)이 가정과 직장을 모두 버리고 방랑 혹은 은둔하면서 전적으로 구도자의 삶을 사는 사람을 말한다. 하비에르는 이름을 밝히지 않은 이 산야시와의 종교적 만남을 상세한 기록으로 남겼다. 티루첸두르의 힌두교 사원에서 토론을 나눈 브라만 카스트에 대해 하비에르는 적대감을 숨기지 않았다. 그러나 카나라의 산야시에게 하비에르는 일종의 존경심을 보이며, 힌두교의 원래 모습이 유일신교와 유사할 수 있다는 놀라운 가능성까지 암시한다.

"그(산야시)는 제게 아주 비밀스러운 것을 말해 주겠다고 했습니다. 이 비밀은 반드시 비밀로 지켜져야 하는데, 스승(구루)이 제자에게 이 비밀을 전수할 때 다른 사람에게 절대로 알려서는 안 된다는 것을 맹세로 받는다고 합니다. 우리가 서로 친해지자, 그는 숨겨 온 비밀이 무엇인지를 제게 알려 주었습니다. 그것은 오직 유일하신 하나님이 실제로 존재하시고, 그분이 천지를 창조하셨으며, 지금은 천국에 계시다는 것입니다. 원래 이 유일하신 신을 경배해야 하며, 지금 섬기고 있는 우상은 모두 마귀라는 내용도 있었습니다."[21]

하비에르는 이 산야시와의 대화를 통해 인도의 종교인 힌두교의 원래 모습은 유일신교에 가까웠을 것이란 결론에 이른다. 산야시는 이 비밀의 내용을 기록한 성스러운 힌두교 경전이 있다고 했으며, 하비에르는 그 경전의 가르침이 십계명의 내용과 흡사하다는 설명을 듣고 흥분을 감추지 못했다.

"그것은 정말 믿을 수 없을 만큼 놀라운 일이었습니다. 이 사람들 가운데 현자들은 실제로 안식일을 지키고 있으며, 이런 기도를 수차례 반복한다고 합니다. 옴 키리 나라이나 노마(Om cirii naraina noma)! 이 기도를 번역하면 '내가 주를 경배합니다. 오, 하나님, 은혜와 자비를 영원히 베푸소서'입니다."[22]

물론 하비에르가 편지에 기록한 힌두 현자들의 기도는 지금도 비쉬누(Vishnu)를 믿는 힌두교도들이 드리는 기도인 "옴 스리 나라야나 나마(Om Sri Narayana Namah)!"를 들리는 대로 대충 표기한 것이다. 여기서 태초의 음성인 옴(Om)은 절대자의 비밀스러운 이름(소리)을 뜻하고, 스리(Sri)는 '거룩한'이란 뜻이며, 나라야나(Narayana)는 비쉬누 신의 다른 이름을, 그리고 나마(Namah)는 '경배'를 뜻한다. 결국 "오, 거룩하신 비쉬누시여, 경배 받으소서"란 뜻으로 해석할 수 있다. 하비에르는 '피부색이 검은' 신을 섬기던 티루첸두르의 브라만에게는 매우 부정적인 평가를 내린 반면, 비쉬누 신을 섬기던 은둔자 산야시에게는 우호적인 태도를 보였다. 비쉬누라는 절대자를 믿는 힌두교의 종교 현상에서 유일신교의 가능성을 발견했기 때문이다.[23]

하비에르와 산야시의 대화는 점점 더 흥미롭게 전개된다. 비쉬누 신앙을 가진 산야시는 자기 비밀을 먼저 털어놓았으니 하비에르에게도 숨겨 놓은 비밀을 털어놓으라고 요구했다. 선택된 일부 극소수 현자들만 알고 있는 그리스도교의 신비를 솔직하게 말해 달라고 산야시가 부탁하자 하비에르는 산야시의 논리를 뒤집으려는 듯 인상적인 대답을 한다.

"저는 그의 부탁을 뒤집었습니다. 만약 당신이 내가 말하는 비밀을 숨기지 않고 만천하에 드러낸다면 그 비밀을 알려 주겠다고 했습니다. 만약 당신이 우리 그리스도교의 비밀을 숨기고자 한다면, 나는 당신에게 그것을 말해 줄 필요가 없다고 강조했습니다. 그러자 그는 그리스도교의 비밀을 숨기지 않겠다고 약속했습니다. 저는 아주 기분이 좋아졌고, 그에게 자신 있는 목소리로 우리 신앙의 비밀을 알려 주었습니다. 그 비밀은 '하나님을 믿고 세례를 받으면 구원을 받는다' 는 것이었습니다. 그는 제 말을 받아 적었으며, 사도신경과 십계명도 자세한 해석을 곁들여 받아 적었습니다. 그

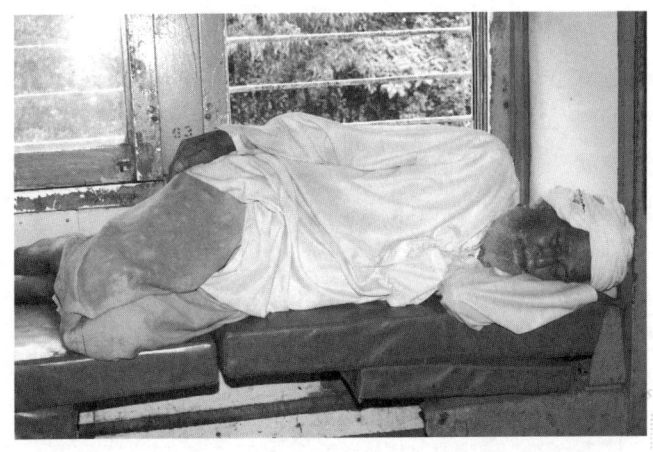

뭄바이에서 고아로 가는 기차에서 만난 힌두 산야시.
장시간의 기차 여행에 지쳤는지 난간에서 잠이 들었다.

는 언젠가 꿈을 꾸었는데, 세례를 받고 저와 복음을 전하며 다니는 내용이었다고 했습니다. 그는 간청했습니다. 자기가 개종한 것을 비밀로 해 달라고 말입니다. 그러나 저는 그 부탁을 거절할 수밖에 없었습니다. 저는 그가 언젠가는 이런 (비밀로 해 달라는) 조건을 물리치고 스스로 그리스도교인이 될 것이라고 믿습니다. 저는 다른 무지한 사람들에게 세상에는 오직 한 분의 절대자가 계시며, 창조주가 있음을 알려 주는 것이 어떻겠냐고 그에게 제안했습니다. 그러나 그는 비밀을 지키기로 한 맹세를 어길 수 없으며, 만약 그렇게 하면 마귀가 자기를 죽일 것이라면서 주저했습니다."[24]

  티루첸두르에서 만난 브라만에게는 거의 혐오에 가까운 부정적인 평가를 내렸던 하비에르는 초월적 신앙의 가능성을 인정하던 카나라의 산야시를 만나서는 우호적인 설득을 시도했다. 비쉬누 신앙의 초월성을 간파하고 이를 그리스도교의 교리와 연결하고자 한 하비에르의 접근 방식은 종교 간의 대화를 선교의 한 방식으로 택한 20세기의 이론보다 400여 년이 앞선 것이었다.

다시 고아에서

하비에르는 진주해변에서 펼치던 선교 활동을 잠시 중단하고 1543년 10월 말, 고아로 귀환했다. 더 많은 유럽 선교사들이 인도로 파송되지 않으면 자신의 진주해변 선교와 아시아 선교 전체가 더 이상 진전을 보지 못하리라 판단했고, 아시아 선교를 책임진 사람으로서 이 문제를 고아의 주교와 총독 그리고 포르투갈의 시몽 로드리게스 관구장과 로마의 이냐시오에게 알려야 한다는 생각에서였다.

하비에르는 뜻밖에 고아에서 모잠비크에서 헤어졌던 프란시스꼬 만실랴스와 파울로 데 카메리노를 다시 만났다. 리스본 항구에서 함께 출발했던 아시아 선교의 삼총사가 다시 뭉친 것이다. 또한 예수회가 교황 바오로 3세로부터 공식적으로 설립 허가(1540년 9월 27일)를 받았으며, 이냐시오

교황 바오로 3세가 이냐시오 로욜라에게
예수회 설립을 공인(1540년 9월 27일)하는 장면.
뒤에 서 있는 사람은 교황의 손자
알레산드로 파르네제 추기경이다.
무명 화가가 그린 작품으로,
로마의 일 예수 성당에 전시되어 있다.

로욜라가 예수회의 초대 총장으로 취임(1541년 4월 19일)했다는 반가운 소식을 전해 들었다. 하비에르는 이 시기에 고아에서 종신 서원을 했다. 상급자에게 절대 복종을 서원함으로써 예수회 특유의 이른바 '네 번째 서원'을 한 사제가 된 것이다.

하비에르는 1543년 12월, 고아를 떠나 코친으로 돌아간다. 성바울 신학교에서 학생들을 돌보는 일은[25] 파울로 데 카메리노에게 맡기고 함께 사역할 프란시스꼬 만실랴스와 진주해변으로 돌아온 것이다. 성바울 신학교를 졸업한 말라바르 출신의 인도 청년 프란시스꼬 코엘료(Francisco Coelho)도 통역으로 동행했다. 프란시스꼬 코엘료는 진주해변에서 사역하며 그리스도교 교리를 말라바르어로 번역하는 일을 맡았다. 스페인 출신의 교구 사제인 후안 데 리자노(Juan de Lizano)도 하비에르 일행과 동행했다.

지역 분쟁에 휘말린 진주해변

고아에서 코친을 거쳐 다시 진주해변으로 돌아온 하비에르가 1544년 초부터 본격적으로 인도 현지인들과 접촉해 가는 동안 인도 남동부 해안에서는 정치 세력이 서로 충돌하면서 군사적인 긴장감이 점점 높아지고 있었다. 이 지역을 15세기부터 통치하던 마하라자(Maharaja, 영주)인 이니퀴트리베림(Iniquitriberim)과 16세기 초반에 새로운 지역 맹주로 급성장한 신흥 라자 베툼 페루말(Vettum Perumal)의 세력이 충돌한 것이다. 이 두 라자(Raja)가 진주해변 지역의 실질적인 통치권을 놓고 각축을 벌이고 있을 때, 제3 세력이라고 할 수 있는 풀라스(Pulas) 사람들이 끼어들었다. 이들은 남인도 사회의 상위 카스트에 속한다. 풀라스 카스트들은 신흥 세력인 베툼 페루말 편에 서서 오래된 통치 가문인 이니퀴트리베림에게 맞서는 정치적 선택을 했다. 지역 통치권과 카스트의 자존심을 건 두 세력의 충돌이 가시화해갈 무렵, 또 다른 정치적 변수가 떠오르고 있었다. 그 외부적 변수는 인도 남부 전역을 장악하던 비자야나가르(Vijayanagar) 왕국의 국왕 툴루바 사다쉬바(Tuluva Sadasiva)가 호전적인 바다가스(Badagas)족을 출동시켜 개종한 인도 그리스도인들의 거주지를 공격하면서 시작되었다.[26]

1544년 7월에 감행된 바다가스족의 공격은 코모린 곶에 집단 거주하던 파라바 그리스도인들을 파국으로 몰아넣었고, 많은 사람들이 바다가스의 공격을 피해 인근 섬이나 실론으로 피난을 떠나야 했다. 비자야나가르의 공격은 복잡한 정치·경제적인 동기에서 빚어졌다. 일단 주된 공격의 대상이 된 파라바들의 재개종이 명목상의 동기였지만, 실은 진주해변에서 채취되는 진주에 대한 세금을 둘러싼 무슬림과 포르투갈의 세력 다툼에 적극

개입하겠다는 의도를 표출한 것이었다. 또 이 지역의 해상권을 장악하고 파라바로부터 '정치적 보호'라는 명목으로 막대한 세금을 챙겨 가던 포르투 갈 해군에 대한 견제도 한몫했다. 바다가스의 침공은 가뜩이나 팽팽한 무력 충돌의 긴장감이 감돌던 인도 동남부를 대규모 전쟁 지역으로 비화시킬 수 있었다. 이 지역의 패권을 노리던 이니퀴트리베림과 베툼 페루말은 바다가스족의 침공을 조심스럽게 지켜보면서, 각자의 이해득실을 따지고 있었다. 그러나 당시 인도 동남부를 책임지던 포르투갈의 해군 수비대장 꼬스메 디 빠이바(Cosme de Paiva)는 오히려 이 군사적인 긴장 관계를 반기는 눈치였다. 포르투갈 상인들은 페르시아 지역에서 아랍산 말(馬)을 구입하여 인도인들에게 되파는 중개무역을 하고 있었는데, 인도 남부에서 전쟁 가능성이 높아질수록 군대에서 쓸 말에 대한 수요가 늘어나기 때문이었다.

하비에르는 이 복잡한 정치적 긴장 상태에서 원칙에 충실한 입장을 취했다. 그는 이미 오래전부터 이 지역을 실질적으로 통치해 온 이니퀴트리베림 가문이 적법한 통치자라고 보았다. 그래서 이니퀴트리베림과의 정치적 협상이 지역의 평화 유지를 위해 시급하다고 판단했다. 하비에르는 일단 바다가스족의 공격으로 곤경에 처한 파라바 그리스도인들에게 구호 활동을 펼쳤다. 그는 약 20톤에 이르는 긴급 구호물자를 싣고 현장으로 달려가서 죽음의 문턱에 있던 파라바 그리스도인들을 도왔다.[27] 목숨을 지키기 위해 황급히 고향을 떠날 수밖에 없었던 파라바인들의 참혹한 모습도 기록으로 남겼다. 길거리에서 해산하는 여인이 있었지만 모두 피난 가던 처지라 아무도 산모와 아기를 돌보지 않았다는 기록도 있다.[28]

하비에르는 진주해변에서 여러 정치 세력들이 서로의 이해득실을 따지며 무력으로 충돌하는 것을 반대했고, 특별히 포르투갈 해군 장교 꼬스메 디 빠이바가 의도적으로 군사적인 충돌을 유도하고 있다고 비판했다. 하비에르는 인도 총독인 알폰소 디 소자의 전폭적인 지지를 받았기 때문에, 수비대장 꼬스메 디 빠이바도 하비에르의 눈치를 볼 수밖에 없었다.

하비에르와 파라바 그리스도인들에게 비교적 관대했던 이니퀴트리베림은 1544년 9월, 하비에르를 자신의 궁정으로 초청했다. 지역의 긴박한 문제를 해결하기 위해 하비에르의 조언을 듣기 위함이었는데, 이니퀴트리베림으로서는 군사력이 막강한 인도 총독 알폰소 디 소자의 지원이 필요했고, 하비에르가 총독과 좋은 관계를 유지하고 있는 것을 알고 있었기 때문에 그를 궁중으로 초청한 것이다. 이니퀴트리베림은 초청장에서 자신이 통치하는 지역에서 인도 그리스도인들이 개종의 자유와 종교의 평등권을 보장받을 것이라고 강조했다.

그러나 이니퀴트리베림의 초청을 받았을 때, 또 다른 돌발 상황이 벌어졌다. 하비에르의 눈치를 보고 있던 수비대장 꼬스메 디 빠이바가 이니퀴트리베림의 조카가 거느리고 있던 세 신하들을 체포하여 감옥에 가두어 버린 것이다.[29] 하비에르는 꼬스메 디 빠이바의 이런 돌발 행동에 격한 반응을 보였다. 9월 11일에 쓴 편지는 하비에르가 꼬스메 디 빠이바의 무모한 행동 때문에 자신이 얼마나 근심하고 분노하고 있는지를 잘 보여 준다.

"이 사건의 전모를 샅샅이 조사한 다음, 수사님(이 편지의 수신인인 만실랴스)은 해군장교(꼬스메 디 빠이바)께 직접 편지를 보내십시오. 지위 고하를 막론하고 푸나이카얄(Punnaikayal)에서 포르투갈 군인을 보시면, 내 이름을 대시고, 무조건 그 인도인들을 즉각 석방하라고 명령하십시오. 만약 그 인도인들이 잘못이 있다면 왕자(이니퀴트리베림의 조카)께서 직접 죄를 물으실 것입니다. 가뜩이나 분쟁이 극심한 지역에서, 장교가 이런 문제를 일으키다니, 믿

인도 서남부 지방을 당시 포르투갈 사람들은 말라바르로 불렀다.
고아와 코친 그리고 코모린 곶으로 연결되는 지역으로, 향신료 거래를 위한 거점 지역이었다.

을 수가 없습니다. 이런 문제들 때문에 우리 선교 사역에 큰 지장을 받고 있습니다. 만약 그 인도인들이 즉각 석방되지 않는다면 나는 이니퀴트리베림을 만나러 갈 수 없습니다. (중략) 해군 장교에게 수사님께서 직접 편지를 보내시되, 내가 이 문제 때문에 얼마나 근심하고 있는지 강조하시기 바랍니다. 이런 악행을 일삼으며 뻔뻔스럽기까지 한 그 사람에게 나는 도저히 직접 편지를 쓸 마음이 내키지 않습니다. (중략) 이 일 때문에 내가 겪는 고통은 도저히 글로 다 표현할 수 없습니다. 부디 하나님께서 도와주셔서 이런 멍청한 인간들에게도 인내할 수 있게 해주시기를 간절히 바랄 뿐입니다."[30]

하비에르는 이 편지를 보낸 다음 서둘러 이니퀴트리베림의 궁정으로 갔다. 그는 영주로부터 지극한 환대를 받았다. 두 사람은 인도 동남부 지역의 평화를 위해 최대한의 노력을 기울이자고 약속했고, 이니퀴트리베림은 이 약속에 대한 보답으로 코모린 곶 지역에서 복음 전파의 자유를 허락하며, 원하는 지역에 교회를 설립할 수 있게 해주겠다고 약속했다.

유럽을 변화시킨 하비에르의 편지

이런 우여곡절과 함께 진주해변에서 전개된 하비에르의 아시아 선교는 16세기 중엽 유럽 가톨릭교회에 큰 영향을 미쳤다. 미지의 아시아 대륙에 집단으로 개종한 그리스도인들이 마을을 이루고 있으며, 그곳에서 헌신적으로 복음을 전하는 예수회 선교사에 대한 관심은 새로 태동한 예수회에 대한 소문과 함께 빠른 속도로 퍼져 갔다. 하비에르의 편지는 이러한 소문과 관심이 전 유럽으로 확산되는 데 결정적인 역할을 했다. 그 중에서 가장 큰 영향력을 발휘했던 편지는 하비에르가 1544년 1월 15일에 쓴 편지였다.[31] 하비에르가 코친에 머물면서 진주해변의 선교 사역을 소개한 이 편지는 초기 예수회의 선교 방식과 첫 번째 인도 개종자에 대한 기록, 앞에서 소개한 브라만과의 대화, 더 많은 선교사들이 필요하다는 절박한 호소 등이 담겨 있다.[32] 총 4,400자로 된 이 편지는 예수회 본부의 결정에 따라 작은 책자로 인쇄되었고, 이 편지의 라틴어 번역본은 유럽 각국으로 보내졌다. 하비에르의 편지는 특히 유럽 각국의 대학과 신학교에 전해졌는데, 이 감동적인 글은 수많은 유럽의 대학생들이 예수회를 통해 선교사로 자원하는 결정적인 동기를 제공했다. 여기서는 긴 편지의 한 부분만 소개한다.

"수많은 사람들이 구원을 받고도 그리스도인이 될 수 있는 기회를 얻지 못하는 이곳의 사정을 아십니까? 그들을 가르칠 수 있도록 훈련받은 사람이 없기 때문입니다. 저는 지금이라도 당장 유럽의 여러 대학으로 달려가고 싶습니다. 파리로 가서, 소르본의 대학으로 가서 미친 사람처럼 울부짖고 싶습니다. 그곳의 학생들은 실제로 삶에 응용할 수 있는 것보다 훨씬 많은 것을 배우고 있습니다. 그렇게 배움에 열중하고 있는 학생들에게 저는 울부짖고 싶습니다. 당신들이 그렇게 시간을 낭비하고 있는 동안 얼마나 더 많은 사람들이 천국으로 들어갈 기회를 얻지 못하고 지옥의 나락으로 떨어져야 하는지! 대학에서 공부하는 동안 그들은 하나님께서 주신 재능을 언젠가는 사용해야 한다는 것을 배웁니다. 하나님의 뜻을 실천으로 옮겨야 한다는 것도, 실행에 옮겨야 한다는 것도 배웁니다. 개인적 특징을 넘어서 언젠가는 '주님, 제가 여기 있습니다. 제가 어떻게 당신의 뜻을 따라야 합니까'라고 하나님께 고백하는 시간이 올 것입니다. '주님, 당신이 원하는 곳으로 저를 보내소서. 당신께서 원하신다면 인도라도 좋습니다'라고 고백하는 시간이 올 것입니다. (중략) 그러나 아쉽게도 수많은 대학생들이 자신의 학업과 취득한 학위를 통해 더 높은 자리에 올라가기 위해, 더 풍요로운 혜택을 누리기 위해, 주교의 자리에 오르기 위해 시간을 잘못 사용하고 있는 것 같아 저는 두렵습니다. 그들은 그런 것을 다 얻은 다음에야 하나님의 일을 감당하겠다고 말합니다. 그래서 그들은 이기적인 판단에 따라 자신의 미래를 결정할 뿐입니다. 그들은 하나님께서 품고 계신 원대한 뜻이 자신의 뜻과 같지 않다고 믿고 있으며, 그들의 운명을 전적으로 하나님께 맡기기를 거부합니다. 저는 파리에 있는 나의 동료들에게 간곡한 편지를 씁니다. 단 몇 명이라도 이곳에서 사제의 임무를 수행해 준다면 수많은 인도의 영혼이 주님께 돌아올 수 있다는 것을! 이곳에서는 수많은 사람들이 내게 세례를 받기 위해 구름 떼처럼 몰려듭니다. 저는 그들에게 매일 세례를 베풀지만, 너무 많은 사람들에게 세례를 주다 보니 팔이 떨어져 나갈 듯 아프고, 아예 마비가 되어 아무런 감각이 없을 때가 많습니다. 그들에게 사도신경을 외워 주느라 목이 쉬어 말이 나오지 않습니다."[33]

고아의 봄 지저스 대성당 입구에 전시되어 있는 하비에르 기념상.

유럽의 대학생들이 출세를 위하여 시간을 허비하는 동안 인도에서는 수많은 사람들이 지옥의 나락으로 떨어지고 있다는 하비에르의 절박한 호소는 많은 사람들에게 깊은 감동을 주었다. 몰려드는 개종자들에게 세례를 베풀기 위해 '팔이 떨어져 나갈 것' 같고 사도신경을 외워 주느라 '목이 쉬어 말이 나오지 않는' 현장의 안타까운 상황을 전해 들었을 때, 수많은 젊은이들이 아시아 선교를 향한 하나님의 음성을 들은 것이다.

만나르의 순교 사건

하비에르의 진주해변 선교는 극심한 인력난과 포르투갈 장교의 탐욕으로 어려움을 겪고 있었다. 목이 쉬고 세례를 베풀기 위해 치켜든 손이 마비될 정도였지만, 진주해변의 선교를 위한 추가 선교사 파송은 여전히 지연되고 있었다. 하비에르는 유럽의 명문 대학에서 공부하는 사제 후보생들이 인도의 영적 추수밭에서 일꾼이 되어 주길 원했지만, 유럽에서 돌아오는 배에는 기대한 만큼의 젊은 선교사들을 찾아볼 수 없었다. 꼬스메 디 빠이바 같은 포르투갈 장교들은 선교에 도움을 주기보다는 오히려 하비에르를 곤경에 빠뜨릴 뿐이었다. 파라바들에게서 부당한 세금을 징수할 뿐 아니라 아예 파라바들이 채집한 진주를 모두 압수해서 인도의 보석 상인들에게 팔아넘기고, 쥐꼬리만 한 임금을 진주 조개잡이 어부들에게 던져 준다는 나쁜 소문이 돌고 있었다. 인도 선교 문제는 인도 내부의 문제가 아니라 유럽인의 문제로 보일 정도였다. 본토에 있는 유럽인들은 인도의 상황에 무관심했고, 인도에 있는 유럽인들은 탐욕과 수탈에만 관심을 가질 뿐이었다.

진주해변을 중심으로 한 인도 남동부 선교에 또 다른 돌발 변수가 생겼다. 엎친 데 덮친 격이었다. 파라바 카스트처럼 어업으로 생계를 이어가던 카레아스(Careas) 카스트에게 닥친 비극이었다. 이 카레아스족은 진주해변의 파라바처럼 불가촉천민으로 분류되는 카스트로, 인도 내륙의 동남부 끝과 실론(1972년부터 스리랑카로 불림)의 서부 해안에서 집단 거주하고 있었다. 인도 쪽은 베달라이(Vedalai), 실론 쪽은 만나르(Mannar) 섬이 이들의 중심 거주지였다. 카레아스족은 비록 소수지만 파라바처럼 포르투갈의 군사적 보호를 받기 위해 집단으로 개종한 사람들인데 이들에게 비극이 닥친 것이다.

진주해변에서 인력난에 시달리던 하비에르는 고아 출신의 현지인을 훈련시켜 카레아스족을 위한 사역을 맡도록 지시했다. 이름이 밝혀지지 않은 이 인도인은 실론 서북부 여러 지역을 돌아다니면서 700여 명에게 세례를 베푸는 등 열심히 선교 활동을 전개하여 하비에르에게 큰 기쁨을 주었다. 하비에르는 실론 선교에 큰 뜻을 품고 있었고, 성공적인 카레아스족 선교가 실론 전체로 확대되기를 희망했다. 하비에르는 실론 섬을 이상적인 선교지로 보았는데, 그 이유는 그곳에 '무슬림들이나 유대인들이 거주하지 않기 때문'이었다. 1550년 이미 실론에 상륙한 포르투갈 상인들은 이곳에서 생산되던 계피에 눈독을 들이고 있었다. 당시 계피는 향신료의 한 종류로, 유럽에서 매우 비싼 가격에 거래되던 아시아의 특산물이었다.

16세기 중엽의 실론은 세 지역으로 분할 통치되고 있었다. 지금도 이 지역은 인종과 언어, 종교 문제로 스리랑카의 심각한 정치적 분열을 초래하고 있다. 인도 쪽에서 보았을 때 실론 섬의 북쪽 지방은 타밀어를 사용하는 지역으로, 인도 남부 문화와 힌두교의 영향력이 강하고 자프나(Jaffna)가 그 수도 격에 해당한다. 남쪽 지역은 싱할리스(Sinhalese)인이 주류를 이루었는데, 동서가 지형적으로 분리되어 있었다. 서쪽은 코테(Kotte, 지금의 콜롬보)를 중심으로 한 세력이 형성되어 있고, 동쪽으로는 칸디(Kandy)를 중심으로 또 다른 싱할리스인이 부족을 이루고 있었다. 그리스도교로 개종한 카레아스 카스트들은 북쪽 자프나에서부터 인도 쪽으로 작은 섬으로 연결된 만나르 섬에 집단 거주하고 있었다.

힌두교를 믿던 부족인 북부 자프나 왕국은 체카라사 세카란(Chekarasa

Sekaran) 왕이 통치했는데, 세카란은 포르투갈의 외교 문서에 산킬리(Sankily)란 약칭으로 불리던 인물이다. 산킬리는 적법한 왕위 계승자인 형을 강제 축출하고 자프나의 힌두 왕국을 차지했다. 동생의 반란으로 왕좌를 빼앗긴 형은 인도로 망명했다가 우연히 진주해변에서 사역 중이던 만실랴스 수사를 만나게 된다. 고국으로 돌아가 빼앗긴 왕좌를 되찾으려고 혈안이 되어 있던 그는 만실랴스에게 산킬리가 만나르 지역에 집단 거주하고 있는 그리스도인들을 몰살시키려 한다고 알려 준다. 이 사실은 즉각 하비에르에게 보고되었고, 하비에르는 이 문제를 해결하기 위해 동분서주했다.

권력을 빼앗긴 형은 만약 포르투갈 군대가 자프나 왕국을 공격하여 자신의 왕위를 회복시켜 준다면 실론 주민 전체를 그리스도교로 개종시키겠다고 약속했다. 하비에르는 이 약속을 실론 전체를 기독교화할 수 있는 전화위복의 기회라고 생각했다. 빼앗긴 왕국의 수복을 노리던 형은 육로로 고아까지 가서, 포르투갈 군대가 도움을 주면 동생으로부터 권좌를 회복한 뒤 포르투갈의 봉신(封臣) 국가가 되겠다고 약속했다. 이제 실론의 정치적인 문제는 아시아에서 더 많은 교두보를 확보하려던 포르투갈의 국가적인 관심으로 확대되었다.

이 시기에 하비에르는 이니퀴트리베림의 궁정에서 돌아와 진주해변의 큰 도시인 마나파드(Manapad)에 머물고 있었다. 우선 실론 사태를 정확하게 파악하는 것이 급선무였다. 하비에르는 급히 사람을 보내 만나르 인근에 거주하는 카레아스족들의 안전을 먼저 확인하도록 지시했다. 사태 수습을 위해서는 현황 파악이 급선무였다. 그러나 돌아온 보고는 비극적인 것이었다. 약 5,000명에 이르는 산킬리의 군대가 이미 만나르 지역을 공격하여, 그곳에 집단 거주하던 그리스도교 개종자 600여 명이 몰살당했다는 보고였다. 실론 지역에서 처음으로 대규모 집단 순교 사건이 발생한 것이다. 1544년의 이 비극적인 사건을 '만나르의 순교'라고 부른다.

하비에르는 바다가스족들의 공격을 받았던 파라바 개종자들의 슬픔이 채 가시기도 전에 다시 산킬리가 만나르 지역에서 카레아스 개종자들을 학살했다는 사실에 격분했다. 이제 막 그리스도교의 뿌리를 내리려던 진주해변과 실론에서 대규모 박해 사건이 연달아 일어나 선교의 희미한 불꽃이 꺼져 가고 있었기 때문이다. 그는 급히 포르투갈 군대에 전갈을 보내 산킬리에게 응분의 대가를 지불하라고 요청했다. 실론에서 발생한 600명에 이르는 대규모 순교 사건에 미온적으로 대처할 경우, 다른 지역에서도 이와 유사한 사건이 발생할 가능성이 높다고 판단했기 때문이다. 그러나 하비에르는 산킬리에 대한 직접적인 피의 보복을 요구하진 않았다. 일단 자프나 왕국을 정복하고 적법한 왕위 계승자에게 통치권을 넘겨준 다음, 산킬리를 체포 구금하여 참회하도록 강제해야 한다는 제안을 올렸다.

600여 명의 그리스도인들이 만나르에서 떼죽음을 당하자 하비에르는 큰 절망에 빠졌다. 만약 카레아스 그리스도인들에게 단 한 명이라도 유럽인 사제가 있었더라면 이런 비극은 피할 수 있었을 것이란 자책감에 시달렸다. 결국 선교 인력의 부족이 문제였다. 하비에르는 슬픔을 진정시키며, 다시 펜을 들고 편지를 썼다. 지금까지 보낸 편지에서 하비에르는 인도로 파송될 선교사들은 지능이 뛰어나고 신체 건강한 일등급 선교사여야 한다고 강조해 왔다.[34] 그러나 산킬리의 박해를 통해 많은 순교자가 발생한 이후 하비에르는 기존의 입장을 바꾸기에 이른다. 일정 수준 이상의 지능과 학식이 더 이상 인도 선교사의 자격 요건이 될 수 없었다. 파리 대학 출신과 같은 엘리트 선교사가 필요한 것이 아니라 인도의 혹독한 자연환경과 거친 음식을 견딜 수 있는 강인한 체력만 있다면 누구라도 좋았다. 이 절박한 편지는 1545년 1월 27일 코친에서 썼으며, 수신자는 이냐시오 로욜라이다.

"여기 이방인들의 땅에서는, 많은 교육을 받은 사람(선교사)은 필요 없습니다. 그저 기도문을 읽어 줄 수 있고 어린 아기들에게 세례를 베풀 수 있는 사람이면 됩니다. 이곳에서는 엄청나게 많은 사람들이 종부성사 없이 죽음을 맞이하고 있습니다. 지금 우리 인력으로는 그 모든 사람들을 돌볼 수 없습니다. 이곳에서 사역을 감당하려면 강인한 체력이 필요하다고 말씀드렸습니다. 살인적인 더위, 마실 수 있는 깨끗한 물의 부족 그리고 단조롭고 열악한 음식 때문에 안락한 생활은 꿈도 꿀 수 없습니다. 쌀과 생선, 그리고 가끔 먹을 수 있는 닭 요리 외에는 유럽에서 쉽게 먹을 수 있는 빵이나 와인 같은 것은 전혀 구할 수 없습니다. 허약한 사람이나 노인들은 이 나라에 맞지 않습니다. 이곳에서는 할 일이 너무 많고, 견뎌야 할 시련이 너무 많습니다. 우리가 생명을 가진 목적이기도 하지만, 이곳에서는 구세주이신 주님을 위해 목숨도 기꺼이 바쳐야 할지 모릅니다."[35]

인도에서 일할 선교사들은 고도의 지적 훈련이 필요하지 않다는 쪽으로 하비에르는 생각을 바꾸었다. 이미 현지어로 번역된 기도문을 읽어 주고, 말을 하지 못하는 어린 아기들에게 세례를 베풀어 주는 것만으로도 충분하다는 것이다. 그는 인도 사역이 고통스럽고, 목숨을 걸어야 한다고 강조하면 선교사들의 자원을 받아 내기가 어렵다고 보고 '평범한 재능을 가진 사람'도 인도에서 사역할 수 있는 곳이 많다고 강조했다. 빼어난 인재가 아니라도 좋으니 보내 달라고 호소했던 것이다. 혹여 재능과 지능이 뛰어나지만 신체가 허약해서 주저하는 사람이 있다면, 그 사람도 보내 달라고 간청했다. 그들에게는 유럽식 환경과 식사를 제공할 수 있는 고아나 코친에서 사역할 자리가 있다고 덧붙였다.

진주해변과 실론에서 두 번씩이나 대규모 박해가 발생한 것을 지켜보아야 했던 하비에르는 진주해변의 선교를 위한 근본적인 문제 해결이 필요하다고 판단했다. 선교사 인력 부족을 해소하기 위해 더 많은 유럽의 젊은 이들을 모집하는 동시에 개종자들에게 가해지는 폭력에 단호하게 응징함으로써 선례를 남겨야 한다고 보았다. 그는 1544년이 저물기 전에 이 문제를 알폰소 디 소자 총독과 독대해서 해결하기로 하고, 코친으로 급히 귀환한다. 서둘러 1545년 1월 초에 코친에 도착했지만, 이미 총독은 그곳을 떠나 인도 서북부 해안 도시 캄바이아(Cambaia)에 체류하고 있었다. 하비에르는 그곳까지 총독을 쫓아갔다. 1583년에 아브라함 오르텔리우스(Abraham Ortelius, 1527-1598)가 제작한 인도 지도에도 등장하는 캄바이아는 지금의 구자라트 반도와 내륙 지방을 통칭한다. 구자라트와 인더스 강 하류가 만나는 곳으로, 지금은 파키스탄과 인도의 국경 지역이다.

하비에르는 예수회 선교를 늘 호의적으로 후원하던 알폰소 디 소자 총독에게 진주해변과 실론에서 불거지고 있는 정치적 갈등과 개종자 박해에 대한 현황을 상세히 설명했다. 만약 개종자들에 대한 폭력적인 박해에 포르투갈 총독이 침묵한다면 이런 문제는 계속 반복될 것이라고 경고했고, 따라서 총독의 단호한 군사적 행동이 필요하다고 강조했다. 총독은 하비에르의 계획이라면 무조건 신뢰하고 그의 부탁이라면 어떤 것도 들어 줄 사람이었다. 하비에르는 총독의 적극적인 지지와 협조 약속을 받아 내고, 1545년 1월 말에 코친으로 돌아왔다.

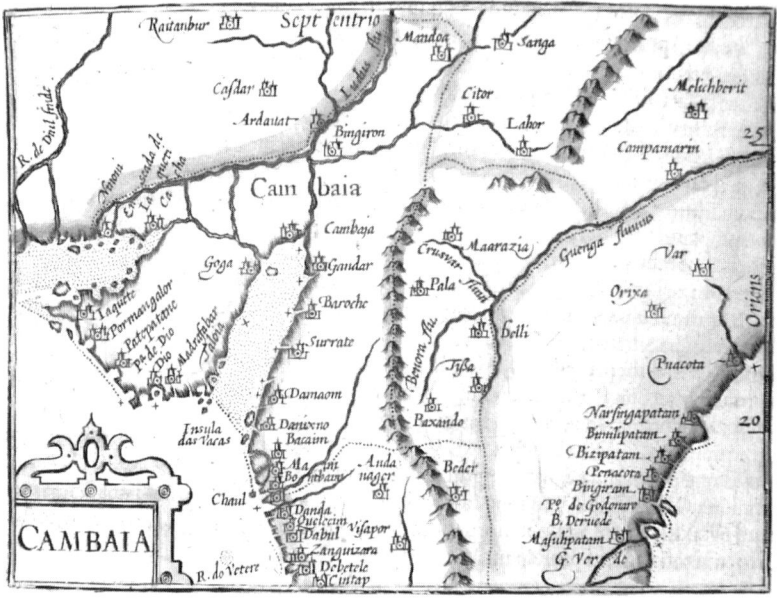

캄바이아의 당시 지도.

코친으로 돌아온 하비에르는 인도에서의 선교 사역을 총정리하는 시간을 가졌다. 2년이 넘도록 한 지역에서 사역을 펼쳤으니, 그동안의 공과(功過)를 엄밀히 평가하고 아시아 선교의 다음 단계를 준비할 때가 된 것이다. 하비에르는 특별히 진주해변의 선교를 정리할 때가 되었다고 생각했다. 그는 포르투갈 국왕, 이냐시오 로욜라, 포르투갈의 관구장 시몽 로드리게스 그리고 로마의 예수회 전체 회원들에게 각각 장문의 편지를 쓰면서 진주해변의 사역에 대한 정리를 시도했다. 여기서 하비에르는 자신의 선교 방법에 대해 자세히 설명했다.

"저는 이 작은 왕국의 사람들이 어떻게 그리스도인으로 개종하게 되었는지, 하나님께서 어떻게 이들의 마음을 움직이셨는지 알려 드려야겠습니다. 저는 이 방법으로 한 달 안에 약 1만 명의 남자와 여자 그리고 어린이들에게 세례를 주었습니다. 이방인들의 마을에 도착하면, 저는 우선 어른과 어린이를 따로 모이게 합니다. 저는 그들 앞에 서서 세 번 십자가 성호를 긋습니다. 당연히 이것은 오직 한 분이신 성 삼위 하나님 앞에서 우리의 신앙을 고백하는 행위입니다. 그 다음 저는 큰 목소리로 신앙고백문, 사도신경, 십계명, 주님의 기도(Paternoster), 성모송(Ave Maria), 자비의 어머니(Salve Regina)를 암송합니다. 저는 2년 전에 이 모든 신앙고백문과 기도문을 이곳 언어인 타밀어로 번역하여 암기하고 있습니다. 저는 흰색 사제복을 입습니다. 어른 아이 할 것 없이 모두 제가 암기하는 신앙고백문과 기도문을 따라하게 합니다. 이것을 마치면 저는 타밀어로 신앙 신조와 십계명에 대해 강론을 합니다.

다음에 저는 모든 참석자들에게 큰 목소리로 공개적으로 자신이 지은 죄를 고백하게 하는데, 반드시 믿기를 거부하는 다른 사람들 앞에서 하게 합니다. 이렇게 하는 것은 악한 사람에게는 혼란을 주고, 선한 사람에게는 위로를 주기 위함입니다. 이 고백을 마치면 저는 한 사람씩 돌아가면서 지금 고백한 신앙과 기도문을 그대로 믿느냐고 묻고, 그들은 그렇다고 대답합니다. 이때 저는 그들에게 두 팔을 가슴 앞에서 포개어 십자가를 만들게 하고, '예, 저는 그렇게 믿습니다'라고 고백하게 합니다. 그러면 저는 각 사람에게 세례를 베풀고, 종이에 그 사람의 세례명을 적어 줍니다.

이 모든 절차를 마치면 이번엔 성인 여자와 여자 어린이의 차례입니다. 이들에게도 앞에서의 절차와 순서대로 세례를 줍니다. 세례를 모두 마치면 저는 새로운 그리스도인들에게 마을과 집으로 돌아가서 지금까지 숭배하던 우상들을 모두 끄집어 낸 다음, 사람들이 보는 앞에서 그것들을 부숴

버릴 것을 지시합니다. 산산조각 나서 흩어지는 우상을 잘 지켜보라고 이릅니다. 지금까지 숭배하던 우상을 깨뜨려 버리는 그리스도인들의 모습은 제게 말할 수 없는 기쁨과 위안을 줍니다. 저는 다음 마을로 이동하는데, 반드시 한 마을을 떠나기 전에 신앙의 교리와 기도문을 기록한 작은 문서를 그 사람들에게 맡기고 매일 지켜 나갈 것을 가르칩니다. 이 모든 일들을 편지로 써서 보고를 드리는 것보다, 얼굴과 얼굴을 마주하면서 말씀드린다면 저의 기쁨이 더할 것입니다."[36]

몰루카 제도의 놀라운 소식

하비에르가 추진했던 진주해변 선교는 유럽의 그리스도교와 아시아의 종교 문화가 부딪친 실질적인 첫만남이라고 할 수 있다. 따라서 하비에르의 선교 과정에 대한 설명은 유럽의 그리스도교가 아시아에서 어떤 방식으로 처음 소개되었는지 알려 주는 소중한 자료다. 같은 편지에서 하비에르는 몰루카 제도에서 사제를 애타게 기다리는 새로운 개종자 집단에 대해 처음으로 소개한다.[37]

"트라방코르(Travancore)에서 930킬로미터가량 떨어진 곳에 마카사르(Macassar) 왕국이 있습니다.[38] 그곳에서 세 명의 추장 아들과 부락민들이 약 8개월 전에 교회의 문을 두드렸습니다. 그들은 포르투갈이 소유한 도시 말라카(Malacca)에 사신을 보내, 하나님의 법을 가르쳐 줄 수 있는 사제를 파견해 달라고 요청했습니다. 지금은 비록 이성적 판단을 하지 못하고 짐승처럼 살고 있지만, 그들은 스스로 복음을 받아들이고 인간처럼 살고 싶으며 진실하신 하나님을 믿는 진정한 종교를 갖고 싶다고 호소했습니다. 이미 말라카의 수비대장이 몇 명의 사제를 보내 그들에게 복음을 전했습니다. 친애하는 형제 여러분! 이 사실 하나만으로도 앞으로 우리에게 얼마나 많은 영적 수확의 세계가 펼쳐질지 상상하실 수 있을 것입니다. 이곳은 이미 추수할 준비가 되어 있습니다. 이 해가 다 가기 전에 이곳에서 수천 명의 영혼을 구할 수 있으리라 생각합니다. 추수하시는 하나님께서 추수할 일꾼을 이곳으로 보내 주시리라 믿습니다."[39]

이 편지는 1545년 1월 27일에 쓴 것이므로 '8개월 전'에 일어난 몰루카 제도에서의 집단 개종은 1544년 5~6월에 일어난 것으로 추정할 수 있다.

향료 섬(Spice Islands)으로 알려진 몰루카 제도에서의 놀라운 소식을 알려준 사람은 말라카를 중심으로 무역업을 하던 포르투갈 선장 안또니오 디 빠이바(Antonio de Paiva)였다. 그는 처음으로 몰루카 지역에 복음을 전한 사람이기도 하다. 안또니오 디 빠이바가 셀레베스(Celebes) 섬의 수파(Supa) 항구에 기항했을 때 한 나이 많은 추장이 그를 찾아왔고, 그 추장은 포르투갈 상인들의 종교에 대해 여러 가지를 물었다. 그 추장은 자바 섬의 무슬림들이 자기 부족을 괴롭힌다고 호소하면서 만약 자신의 작은 왕국이 그리스도교로 개종하면 포르투갈 군대가 자바 섬의 무슬림들로부터 군사적인 보호를 해줄 수 있는지 물었다. 안또니오 디 빠이바 선장은 그 추장과 함께 왕국으로 직접 가서 그리스도교의 복음을 전하고 임시로 세례를 베풀었으며 추장에게 루이스(Luis)라는 세례명도 주었다. 안또니오 디 빠이바는 이 소식을 말라카에 전하면서, 몰루카 제도의 한 섬에서 개종자들

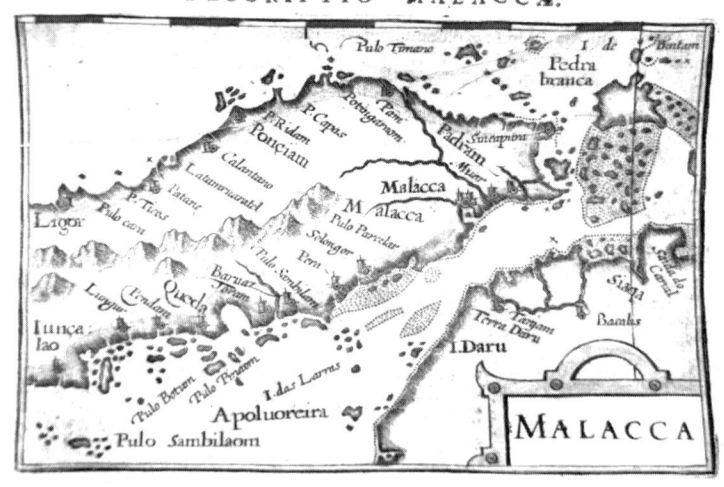

말라카의 당시 지도. 지금은 말레이시아의 관광도시로 수도인 쿠알라룸푸르와 싱가포르 사이에 있다. 몰루카는 지금의 인도네시아 제도 지방을 말한다.

이 사제를 찾고 있다는 소식도 함께 전했다. 바로 이 소식이 코친에 체류하고 있던 하비에르에게 전해진 것이다.

마침 하비에르는 아시아 선교 전체의 미래를 위해 인도를 떠나 새로운 사역 장소를 물색할 때가 왔다고 생각하던 참이었다. 바로 이때 몰루카 제도에서 낭보가 전해진 것이다. 스스로 개종하기를 원했던 원주민들이 사제를 애타게 찾고 있다는 소식은 하비에르에게 아시아 선교의 돌파구가 열리는 기쁜 소식이 아닐 수 없었다. 그렇다면 하비에르 본인이 직접 몰루카로 가야 할 것인가? 만약 하비에르 자신이 몰루카 제도의 선교를 위해 떠난다면 이제 막 복음의 뿌리를 내리기 시작한 인도 교회의 미래는 어떻게 될 것인가? 진주해변의 선교는 누가 책임을 질 것인가? 실론의 박해는 어떻게 수습할 것이며, 600여 명의 개종자를 학살한 산킬리를 어떻게 처벌할 것인가? 하비에르의 고민은 점점 더 깊어질 수밖에 없었다.

하비에르는 1545년 3월 29일, 코친과 코모린 곶 그리고 진주해변을 차례로 거쳐 산토메(San Thome)로 가는 여정을 시작한다. 인도 남서부에서 동남부로 이동한 것이다. 진주해변 선교와 실론의 정치적 문제가 해결되지 않은 상태에서 새롭게 등장한 몰루카 제도의 선교 가능성은 하비에르에게 신중한 결정과 심사숙고를 요구했다. 하비에르는 아시아 선교의 미래가 달린 이 중요한 선택을 하나님의 인도하심에 전적으로 맡기기 위해 기도와 영적인 숙고의 시간을 갖기로 한다. 이미 1600여 년 전에 아시아로 와서 복음을 전하다가 순교했다는 성 도마의 유적지에서 하비에르는 아시아 선교의 미래를 놓고 기도하기로 한 것이다.[40]

선박을 이용해 코친에서 산토메로 향하려던 계획은 갑작스런 역풍으로 돛을 올리지 못해 변경되었다. 대신 하비에르는 거칠고 험한 육로 여행을 택했다. 언제나 그랬듯이 하비에르는 이 육로 여행의 어려움에 대해서는 아무런 언급을 하지 않는다. 그러나 1545년 여름의 인도 동남부 여행은 결코 낭만적인 여정이 아니었을 것이다. 살인적인 더위, 우기(雨期)에 끊임없이 쏟아지는 폭우, 비위생적인 환경 속에서 부실한 음식으로 끼니를 해결하며 하비에르는 오로지 '기도하기 위해' 산토메로 향했다. 만약 말라카와 몰루카를 향해 자신이 떠나야 한다면 어차피 산토메 항구에서 선박을 이용해야 했다. 하비에르는 고민에 고민을 거듭하면서 걸음을 재촉했다. 만약 본인이 직접 몰루카 제도로 떠난다면, 인도 선교의 미래는 어떻게 전개될 것인가? 만약 하비에르가 말라카와 몰루카 제도로 가게 된다면 진주해변의 선교는 프란시스꼬 만실랴스가 책임져야 할 것이다. 고민 끝에 하비에르는 장차 진주해변의 교회를 이끌고 갈 만실랴스에게 간곡한 위임의 편지를 쓴다.

"우리에게 맡겨진 삶과 사역에 충실하기 위해 우리는 언제든지 순례자의 길을 떠날 준비를 해야 합니다. 하나님을 섬기기 위해서라면 어느 곳이든지, 언제든지 떠날 준비가 되어 있어야 합니다. 내게 믿을 만한 정보가 들어왔는데, 그것은 말라카와 그 너머 지역에서 크고 놀라운 하나님의 일이 벌어지고 있다는 것입니다. 그 놀라운 사역을 확장할 만한 사람이 없다는 소식도 들었습니다. 사제가 없어서 그곳의 많은 사람들이 하나님의 백성이 될 기회를 놓치고 있다는 것입니다. 나는 자프나와 관련해서 어떤 결과가 나올지 예상조차 할 수 없습니다. 자프나 문제가 어떻게 전개될지 정해진 바 없기 때문에 내가 말라카로 떠나야 할지 아니면 계속 인도에 남아야 할지 결정하지 못하고 있습니다. 이번 5월 한 달 동안 이 문제에 집중해서 기도로 해결하도록 노력할 것입니다. (중략) 만약 내가 떠나게 되면 편지로 연락드리겠습니다. 간절히 부탁드립니다. 주님의 백성을 돌보는 일에 게을러지거나 피곤에 지치지 않도록 조심하십시오. 모든 마을에서 하나님을 선포하는 것을 잊지 마십시오. 열심을 내어 새로 태어난 아기들에게 세례를 베풀고, 기도문을 잘 드리고 있는지도 부지런히 살펴보시기 바랍니다. 한 곳에 너무 오랫동안 머물지 마시기 바랍니다. 내가 그렇게 했듯이, 마을 마을을 순서대로 돌아다니면서 모든 그리스도인들을 돌보십시오. (중략) 두 가지를 특별히 강조해서 부탁드립니다. 한 곳에 머물지 말고 마을을 돌아다니면서 세례를 베풀고, 기도문을 잘 드리고 있는지 살펴보십시오. 또 다른 것은, 인도 현지인 중에서 발굴한 사제들을 잘 감독하시기 바랍니다. 이들이 파멸에 이르지 않도록 돌보시고, 더 많은 사람들을 발굴하시기 바랍니다."[41]

당시 코모란 곶에서 투티코린에 이르는 하비에르의 진주해변 선교 사역은 만실랴스에게 보낸 하비에르의 27통의 편지로 재구성할 수 있다.[42] 하비에르는 만실랴스 수사와 편지를 교환하면서 진주해변의 선교를 진두지휘했을 뿐 아니라, 사제 서품 과정에 있던 만실랴스에게 개인적인 신앙의 조언과 선배 사제로서의 충고를 아끼지 않았다. 때로 심약하고 격정을 이기지 못하며 자주 흥분하여 만실랴스는 사제로서 자격이 없는 사람처럼 보이기도 했다. 그러나 하비에르는 인내와 사랑으로 그를 격려하면서, 자신의 동료가 좋은 사제로 성장할 수 있도록 조언을 아끼지 않았다.

하비에르는 진주해변의 선교를 만실랴스에게 맡기고 말라카와 몰루카의 향료 섬으로 떠날 마음의 준비를 하고 있었다. 자프나 왕국을 함락시키고 그리스도인들을 무참하게 살해한 산킬리를 징벌하라는 총독의 계획은 실행되지 못했다. 포르투갈의 대규모 무역선단이 값비싼 교역 물자를 가

지금까지 폐허로 남아 있는 성당 잔해의 모습.
하비에르가 말라카로 떠난 다음 진주해변의 선교는 위기를 맞는다.

득 싣고 실론 부근을 항해하다 폭풍에 좌초하였고, 우연히 산킬리의 군대가 이 선박에 실려 있던 물자를 압수해 버리는 사건이 일어났기 때문이다. 졸지에 화물을 빼앗긴 포르투갈 상인들은 산킬리를 설득하여 물건을 돌려받아야 했고, 자연스럽게 산킬리에 대한 군사적인 공격은 무기한 연기될 수밖에 없었다.[43]

하비에르는 이런 사태의 진전에 크게 실망했지만, 사건은 또 다른 방향으로 발전되고 있었다. 하비에르의 헌신과 심금을 울리는 호소문에도 불구하고 꿈쩍도 하지 않던 유럽 청년들의 마음이 만나르에서 발생한 600명의 순교 사건에 반응하기 시작한 것이다. 수많은 예수회 회원들이 대규모 순교가 일어난 아시아로 자원하여 선교사로 나섰다. 코임브라의 예수회 대학 학장이 "코임브라 대학 학생들을 모두 인도로 보내는 것도 별로 어려운 일이 아닐 듯하다"라는 보고서를 올렸을 정도였다.

성 도마의 유적을 찾아서

하비에르는 진주해변과 실론을 떠나기 전에 충분한 기도와 숙고의 시간을 갖기 위해 성 도마의 유적이 보존되어 있는 산토메에 도착했다. 지금의 밀라포레(Mylapore)로, 인도 동부의 중심 도시인 첸나이(옛 마드라스)에서 멀지 않은 곳에 있는 이 도시는 예수회 문헌에서 산토메(San Thome)로 소개된다. 산토메는 성 도마의 이름을 딴 도시였다. 예수 그리스도의 열두 제자 중에서 의심이 많았던(요 20:24-29) 인물로 알려진 성 도마(St. Thomas)는 시리아 그리스도교의 고향인 에데사를 거쳐 인도에 복음을 전한 사람으로 기억되고 있다. 밀라포레는 그가 순교한 곳이며, 그의 유물이 산토메 성당에 보존되어 있다. 하비에르는 기도하기 위해 초대교회 사도의 흔적이 남아 있는 이 성당을 찾아갔다.

성 도마가 전한 복음을 직접 받고 자기 조상들이 그리스도인이 되었다고 굳게 믿고 있는 인도 남부 성 도마 교회의 신자들은 기원후 52년에 성 도마가 인도에 실제로 도착했으며, 그로부터 20년간 사역을 하다가 72년에 순교했다고 믿고 있다. 성 도마의 선교를 통해 복음이 전해졌다고 믿고 있는 시리아의 에데사 교회도 성 도마의 인도 선교를 역사적 사실로 받아들이고 있으며, '성 도마 행전'이나 '성 도마 복음서' 등의 기록을 바탕으로 교회의 전통을 성 도마에게서 찾고 있다. 시리아 교회의 전통에 따르면 성 도마의 유해는 232년에 인도에서 시리아로 옮겨졌다.[44] 산토메 성당에는 성 도마가 순교를 당할 때 찔린 창과 들고 다니던 지팡이 그리고 그가 흘린 피가 작은 유리병에 담겨 있었고, 하비에르가 산토메를 방문했을 때 그 유물들은 그곳에 보존되어 있었다.

산토메에 포르투갈 상인들이 처음 나타난 것은 1521년의 일이다. 포르투갈의 국왕은 제일 먼저 성 도마의 남아 있는 유적을 확보하라는 지시를 내린다. 포르투갈 사람들이 밀라포레의 성 도마 유적에 관심을 둔 이유는 이미 1292년에 이 지역을 탐방하고 성 도마의 유적에 대해 생생한 증언을 남긴 마르코 폴로의 기록 때문이다. 그는 유명한 《동방견문록》에서 자신이 방문했던 성 도마의 유적지에 대한 기록을 이렇게 남겼다.

"사도 성 도마의 유해는 마아바르(말라바르) 지방의 조그만 읍에 안치되어 있다. 그곳은 매우 외지고 가져갈 만한 상품도 없어서 상인조차 찾아오지 않는다. 그러나 많은 기독교도와 사라센들이 순례를 위해 그곳에 온다. 그 고장의 사라센들은 그를 무척 숭배하고, 그가 사라센이었다고까지 말하며, 그를 위대한 예언자라고 하면서 '아바리운(Avariun)'이라고 부르는데, 이는 '성자'를 뜻하는 말이다."[45]

마르코 폴로가 《동방견문록》에서 전하는 전설에 의하면 성 도마는 밀라포레에서 임종을 맞았다.[46] 그는 밀라포레의 숲 속에 수도원을 지어 놓고 파란만장했던 여생을 기도로 마칠 준비를 하고 있었다. 그 숲 속에는 많은 공작새들이 살고 있었는데, 가비족의 한 인도인이 공작새 사냥을 하러 성 도마가 살고 있는 숲으로 우연히 들어갔다. 사냥꾼이 공작새를 향해 날린 화살이 마침 그 옆에서 기도하고 있던 성 도마의 옆구리를 맞추었고, 서아시아와 인도에 복음을 전한 성자는 결국 그 부상으로 밀라포레에서 숨을 거둔다. 타밀어로 마일(Mayil)은 공작새를, 푸라(Pura)는 도시를 뜻한다. 따라서 '공작새의 도시'인 밀라포레, 지금의 첸나이는 전설로 전해지는 성 도마의 순교지인 셈이다.

1545년 5월, 밀라포레의 산토메 성당에 도착한 하비에르는 기도와 명상의 시간을 통해 아시아 선교의 미래를 계획한다. 100여 가구의 포르투갈 사람들이 살고 있던 그곳에서 하비에르는 같은 해 8월까지 약 4개월간 머문다. 하비에르는 산토메 대성당의 주교대리였던 가스빠흐 코엘료(Gaspar Coelho)의 보좌 신부 자격으로 그곳에 머물렀는데, 하비에르는 자신의 상관에 대한 기록을 남겼고, 코엘료 신부도 하비에르의 파리 대학 시절에 대한 흥미로운 기록을 남겼다. 코엘료가 남긴 하비에르에 대한 기록은 편지 형식으로, 수신자는 고아의 예수회 회원들이다. 이 편지는 1554년 12월에 유럽으로 전해져 하비에르의 파리 대학 시절에 대한 흥미로운 기록으로 남게 된다. 하비에르의 파리 체류 기간에 이미 언급했지만 다시 한 번 인용해 본다.

"그는(하비에르는) 자기 생애에 대해 내게 설명해 주었습니다. 태어나서부터 나와 대화를 나눈 그 시간까지, 친구들에 대한 이야기들, 태어난 부모님의 나라, 나이가 들어 파리로 간 이야기 그리고 그곳에서 경험한 것들에 대한 이야기였습니다. 학창 시절을 회고하면서 그는 교수들과 함께 거의 방탕에 가까운 생활을 했다고 했습니다. 교수가 주동이 되어 밤이면 대

하비에르가 머물며 기도했던 산토메 대성당.

학을 빠져나갔고, 항상 그(하비에르)도 따라 나갔다고 합니다. 그러나 교수와 친구들의 몸에 난 욕창을 보고 난 후 경악했고, 다시는 그들과 어울리지 않았다고 했습니다. 그 교수가 욕정으로 생긴 병으로 1~2년 후에 죽고 난 다음부터는 두려움이 떠나지 않았다고 합니다. 그는 경건하고 성실한 사람으로 변했습니다. 그래서 그는 나와 이야기를 나누던 그 순간까지 단 한 번도 여성과 죄악에 빠지지 않았다고 말했습니다."[47]

하비에르가 파리 대학에서 경험한 개인적인 일을 함께 나누었다는 점을 미루어 볼 때 가스빠흐 코엘료와 하비에르는 매우 가까운 사이였을 것이다. 직책상으로는 코엘료가 하비에르의 상관이었지만 두 사람은 매우 친밀한 관계를 맺었고, 덕분에 우리는 미처 알지 못했던 하비에르의 영적인 일면을 알 수 있게 되었다. 아래 내용은 산토메에서 하비에르가 어떻게 기도 생활을 했는지를 알려 준다.

"밤만 되면 그(하비에르)는 나를 깨우지 않고 몰래 밖으로 빠져나갔습니다. 아주 가끔씩만 자신의 외출을 알렸습니다. 그는 (산토메) 대성당의 정원을 가로질러 성 사도(성 도마)의 성당 옆에 있는 작은 헛간으로 갔습니다. 그는 밤마다 나서는 이 야간 여행에 대해 내게 아무 말도 하지 않았습니다만, 추측컨대 기도를 드리고 자신의 몸을 채찍질하기 위한 고해의 시간이었을 것입니다. 하루는 내가 이 문제를 직접 거론했습니다. '하비에르 신부님, 정원을 혼자서 가로질러 가지 마십시오. 밤이면 마귀들이 출몰하는데 사람들에게 끔찍한 해를 끼칩니다'라고 말했습니다. 그러자 그는 웃으며 다음부터는 말라바르에서 데려온 한 사람(인도인)을 헛간 문 밖에 세워 경비를 보게 하겠노라고 말씀하셨습니다. 어느 날 밤, 그 헛간에서 기도하던 그는 큰 소리로 울면서 '성모 마리아여, 저를 보호하시옵소서'라고 여러 번 외쳤습니다. 그 외침이 너무 커서 문 앞에서 자고 있던 경비원이 깨어났고, 그 소리는 마치 문을 세게 두드리는 것처럼 들렸다고 합니다. 하비에르 신부님은 잠자리로 돌아왔고, 나는 그가 밖에 나갔다 왔는지 전혀 몰랐습니다. 다음날 아침, 그는 아침 미사에 빠졌는데, 그것은 아주 예외적인 일이었습니다. 그래서 나는 어떤지 알아보려고 그의 침대 곁으로 갔습니다. 그는 여전히 침대에 누워 있었습니다. '신부님, 어디 편찮으십니까?'라고 묻자 '예, 신부님, 몸이 많이 아프군요'라고 대답했습니다. 이때 말라바르인이 나를 밖에서 부르더니, 간밤에 있었던 일을 알려 주었습니다. 저는 다시 하비에르 신부님에게 가서 '제 말이 맞지요? 밤에 혼자서 다니지 말라고 한 말을 잊으셨습니까?'라고 말했습니다. 그러나 그는 조용히 웃기만 했습니다. 그는 이틀 동안 꼼짝도 못했는데, 밤에 있었던 일에 대해서는 한 마디도 하지 않았습니다. 그 후로 나는 그와 식사를 마칠 때면 '주여, 저를 보호하시옵소서'라고 장난 삼아 말했습니다. 그는 이 농담을 들을 때마다 미소를 지었으며, 얼굴이 빨개지곤 했습니다."[48]

가스빠흐 코엘료의 증언을 통해 우리는 하비에르의 기도와 경건 생활이 얼마나 신실했는지 알 수 있다. 그는 밤에 혼자 헛간이나 성당에 가서 기도하는 것을 게을리 하지 않았는데, 이런 기록은 다른 사람의 증언에서도 확인된다. 하비에르는 밤의 기도 시간과 낮의 사역에서 어느 것도 게으르지 않았다. 산토메 대성당에서 넉 달가량 체류하면서 그는 낮 시간의 사역에도 헌신적이었고, 그 결과를 편지로 남겨 놓았다. 포르투갈 상인 주아옹 데이호(João d' Eiró)를 개종시킨 사건이었다.

"내가 출항을 기다리며 산토메 대성당에 머물 동안 무역선을 소유한 한 상인이 나를 찾아와 고해성사를 했습니다. 그는 오랫동안 마음을 잡지 못하고 있다고 했습니다. 나는 하나님의 소유에 대해 설명해 주었으며, 그 사람이 소유하지 못한 그 무엇이 있는지 잘 생각해 보라고 조언해 주었습니다. 격심한 고뇌를 견디며 승리한 그는 천국의 길에 들어섰습니다. 하나님의 자비로우심으로 그는 모든 죄를 고백했고, 다음날 그는 자기 배와 물건을 모두 팔아 가난한 이웃에게 희사하겠다고 결심했습니다. 이 모든 것이 성 도마께서 죽임을 당한 곳에서 일어났습니다. 그리고 그는 우리와 마카사르 섬으로 갔습니다. 그의 이름은 주아옹 데이호이고, 35세입니다. 그는 군인으로 자랐지만 이제 그리스도의 군사가 되었습니다."[49]

밀라포레의 산토메 대성당에 머무는 동안 하비에르는 그곳에 체류하던 무역 상인들이나 군인들과 친밀한 관계를 유지했다. 그는 고위 성직자로서 유지해야 할 품위조차 고려하지 않는 듯이 자유롭게 행동했다. 산토메에는 엄연히 포르투갈에 가정이 있으면서 인도에 첩을 두고 사는 비신앙적인 상인들이 많았다. 하비에르는 이들의 부도덕성을 직접 비판하지 않았다. 오히려 포르투갈 상인과 현지 첩이 함께 살고 있는 집을 방문하여 그들에게 친절하게 대하고, 상냥한 말투로 대화를 나누었다. 포르투갈 상인들은 하비에르의 이런 의외의 행동에 오히려 부담과 가책을 느끼고 이중생활을 청산하기도 했다.

한번은 도박으로 재산을 모두 잃고 자살을 하려던 군인을 하비에르가 구해 준 일이 있었다. 모든 재산을 도박으로 날리고 자해 소동을 벌인 그 군인에게 하비에르는 엉뚱한 접근을 시도했다. 그 군인에게 도박을 더 해서 손해 본 것을 만회하라며 돈을 빌려 준 것이다. 신기하게도 그 군인은 하비에르가 빌려 준 판돈으로 잃어버린 원금을 회수했다. 이때 하비에르는 그에게 더 이상 도박을 하면 돈과 영혼을 모두 잃게 될 거라고 경고했다. 그 군인은 하비에르 앞에서 무릎을 꿇고 지난날의 잘못을 자복했다.[50]

3부 말라카 해협으로

폭풍과 해적이 기다리는 말라카 해협으로

1545년 8월, 하비에르를 태운 포르투갈의 작은 무역선은 인도 동부 해안을 떠나 말라카 해협으로 향했다. 그는 밀라포레의 산토메 대성당에서 기도와 명상의 시간을 보내며 아시아 선교의 미래를 결정한 것이다. 다시 아시아의 동쪽으로! 사제를 기다리고 있는 미지의 섬으로! 그는 몰루카 제도의 그리스도인 공동체를 향해 발걸음을 옮긴다. 그의 결심은 단호했다. 만약 포르투갈 총독이 배편을 마련해 주지 못하거나, 말라카로 가는 포르투갈 무역선이 없으면, 무슬림 상인의 배라도 타고 가겠다고 유럽으로 보내는 편지에 썼다.[1] 그는 더 이상 죽음을 두려워하지 않는다고도 했다. 죽음의 공포보다 더 위험한 것은 하나님을 신뢰하지 않는 것이라고 강조했다. 하비에르는 죽음이 기다리고 있을지 모르는 미지의 세계를 향해 동쪽으로, 동쪽으로 물결을 헤치며 나아갔다.

한 달 남짓한 항해 동안 하비에르가 탄 배는 폭풍의 위험과 해적의 공포

말라카 도심의 네덜란드 광장 전경. 포르투갈의 점령 이후 네덜란드 군대가 통치하면서 개신교회가 들어섰다.

를 견뎌야 했다. 심한 폭풍우 때문에 거의 파선 지경에 이르러 모든 항해술을 포기하고 '오직 창조주이신 하나님께 모든 운명을 맡겨야 했던' 때도 있었다.[2] 해적의 공격을 받았다는 짧은 기록도 있지만, 무슨 일이 발생했는지는 상세히 밝히지 않았다. 하비에르의 뒤를 이어 말라카 해협에 이른 네덜란드 무역상들이나 영국 탐험가들이 이 지역의 폭풍우와 해적에 대해 지나칠 정도로 강조했던 것과 달리, 하비에르는 자신이 당한 고초에 대해 언제나 침묵으로 일관했다.

1545년 9월 말, 마침내 폭풍의 위험과 해적의 노략질을 기적적으로 견뎌 낸 작은 무역선이 말라카 항구에 도착했다. 1511년, 알폰소 디 알부케르케(Afonso de Albuquerque, 1453-1515)가 포르투갈의 무역항으로 개척한 말라카는 당시 유럽인에게 파모사(Famosa) 항구로 불렸다.[3] '유명한(Famous) 도시'란 뜻이다. 말라카에 거주하던 유럽인들은 모두 항구로 나와 이미 기적의 성자로 추앙받고 있던 하비에르와 그의 일행을 맞이했다. 많은 어린이들도 항구로 나와 하비에르를 열렬히 환영했다.[4]

당시 말라카에는 단 한 명의 사제가 파송되어 있었기 때문에 그 지역의 말레이 원주민을 위한 선교는 엄두도 못 내는 형편이었다. 포르투갈 상인이나 군인들 그리고 그들이 원주민 여성과 결혼하여 낳은 자녀들에 대한 보살핌도 충분치 않았기 때문이다. 하비에르는 말라카에서 시간을 지체할 계획이 없었다. 몰루카 제도의 마카사르에 있다는 그리스도교의 신앙 공동체로 이동하기 위해 잠시 스쳐 가는 기착지로 생각한 것이다. 그러나 막상 말라카에 도착하자, 자신의 시간과 노력이 요구되는 도시의 영적인 상황을 외면할 수 없었다. 하비에르는 말라카에서 한 자신의 활동을 이렇게 보고했다.

"주일마다 저는 성모 승천 성당에서 강론을 펼칩니다만, 인내심을 가지고 제 설교를 듣는 회중을 위한 사역에 만족할 수가 없습니다. 저는 하루에 한 시간 이상씩 이곳 어린이들을 모아 기도하는 법과 교리를 가르칩니다. 제 숙소가 있는 병원에서 불쌍한 환자들의 고해를 듣고, 미사를 올리고, 성찬을 나눕니다. 이들의 고해를 듣기에도 시간이 절대적으로 부족합니다. 그러나 저의 주된 임무는 마카사르 섬에서 사용할 기도문과 교리문답을 현지 언어로 번역하는 것입니다. 제게 익숙한 언어가 아니어서 쉽지 않은 일입니다."[5]

말라카에서 펼친 하비에르의 활동은 1556년의 증언으로 수집되었다가 알레산드로 발리냐뇨(Alessandro Valignano, 1539-1606)의 1574년 보고서에 보다 상세히 설명되었다.[6] 발리냐뇨가 정리한 보고서에 등장하는 하비에르의 모습은 그야말로 말라카의 성자였다. 정든 조국과 사랑하는 사람들이 살고 있는 고향을 떠나 아시아의 객지에서 외롭게 생활하던 포르투갈 군인들에게 특별히 자상했으며, 그들과 농담을 주고받으면서도 타락한 삶에서 벗어날 것을 부드러운 목소리로 타이르던 이웃집 아저씨와 같았다. 심지어 어떤 여성을 짝사랑한다는 한 군인의 고해를 듣고 직접 그 여성을 설득하여 중매를 서기도 하고, 결혼식을 올리지 않은 채 원주민 여성과 동거하던 포르투갈 군인을 격려하고 설득하여 가정을 꾸미도록 도와주었다.[7]

하비에르의 지칠 줄 모르는 헌신과 노력은 말라카의 유명한 유대인 랍비를 개종시키기에 이른다. 이 유대인은 하비에르에게 냉소적이어서 기회가 있을 때마다 유대인 특유의 독설과 교만으로 그와 그리스도인을 향해 비난을 멈추지 않던 사람이었다. 그러나 하비에르는 이 오만한 태도의 유대인 랍비를 오히려 친절히 대해 그가 스스로 마음이 불편해지게 만들었다. 결국 두 사람은 우정의 관계로 발전했고, 랍비는 개종을 결심했다. 거친 언사를 일삼고 그리스도교와 하비에르에게 공격적인 태도를 감추지 않았던 유대인 랍비가 개종했다는 소식은 말라카에 거주하는 많은 사람들에게 충격을 주었다. 하비에르는 말라카의 수비대장이 제공한 고급 숙소를 사양하고 병원에서 환자들과 죽어 가는 사람들을 돌보는 사역을 자청했다. 하비에르가 머물던 말라카 병원의 담당 의사 꼬스메 사라이바(Cosme Saraiva)는 이런 증언을 남겼다.

"저는 그분을 정말 존경했기 때문에 그분이 집전하시는 미사에 한 번도 빠진 적이 없습니다. 하루는 성찬식을 거행하는데, 마치 그분이 공중에 떠 계시는 것 같은 느낌을 받았습니다. 발을 땅에 붙이고 있지 않은 것처럼 말입니다. 저의 존경심과 경외감이 너무 커서 제가 환상을 보고 있는 게

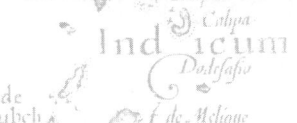

하비에르가 말라카에서 설교했던 성당 유적지. 입구에 하비에르 기념 동상이 있다.

아닐까 생각했습니다. 물론 제가 실제 상황을 본 것인지 아니면 일종의 상상인지는 확인할 수 없습니다. 그러나 이것은 확신을 가지고 말씀드릴 수 있습니다. 제가 아는 유대인이 한 명 있는데, 그는 율법에 정통한 사람이었습니다. 그가 하비에르 신부님의 미사에 한 번 참석한 적이 있습니다. 물론 그는 신부님을 비웃었습니다. 그 유대인은 워낙 율법에 철두철미한 사람이어서 간혹 다른 유대인들이 그리스도교의 가르침에 관심을 가지면 그들을 찾아가서 개종을 막던 인물이었습니다. 그러나 하비에르 신부님은 그 유대인과 교제를 나누었고, 그는 신부님을 자기 집으로 초대해 저녁 대접을 하곤 했습니다. 놀라운 것은 결국 그 유대인이 그리스도인이 되었으며, 지금까지 신실한 신자의 삶을 살고 있다는 사실입니다. 그의 개종은 말라카에서 놀라운 기적의 사건으로 널리 알려졌습니다. 왜냐하면 그는 율법에 정통한 학자였으며, 종교적 심지가 굳은 사람으로 알려졌기 때문입니다."[8]

하비에르는 예수회의 아시아 선교를 책임지는 사람으로서 새롭게 개척될 선교지 사역을 준비하는 데 신경 써야 했을 뿐만 아니라, 이미 개척한 선교지의 지속적인 관리에도 관심을 가져야 했다. 하비에르는 몰루카 제도에서 사용할 말레이(Malay)어로 된 교리문답과 기도문 번역에 박차를 가하면서, 자신이 떠나온 진주해변의 교회를 위한 후속 조치에도 리더십을 발휘한다. 고아를 중심으로 한 인도 교회의 현실과 포르투갈의 급변하는 정치 상황을 면밀히 비교 검토하면서 적절한 선교사 배치와 인력 충원 등의 후속 조치를 말라카에서 내린 것이다.

고아의 상황은 주아옹 디 카스트로(João de Castro, 1545-1548 재위)가 알폰소 디 소자 총독의 후임으로 부임하면서 새로운 전기를 맞고 있었다. 새 총독이 포르투갈에서 부임하면서 세 명의 예수회 선교사를 인도로 데려왔다. 스페인 출신의 후안 디 베이라(Juan de Beira), 이탈리아 출신의 안토니오 크리미날리(Antonio Criminali) 그리고 장차 순교자가 될 이탈리아 우르비노 출신의 니콜로 난실로토(Nicolò Lancillotto)가 그들이다. 하비에르는 후안 디 베이라와 안토니오 크리미날리에게 프란시스꼬 만실랴스가 활동하고 있는 진주해변으로 갈 것을 지시했다. 니콜로 난실로토는 만약의 경우에 대비해서 고아의 예수회 대학으로 배치하여 현지인 학생들을 가르치는 일에 전념토록 했다. 하비에르는 1545년 8월 말에 말라카에 도착하여 약 4개월 동안 머문 뒤 이듬해 1월 초에 몰루카 제도를 향해 출항했다.

몰루카 제도에 소개된 복음

하비에르는 몰루카 제도로 이동하기 전에 셀레베스 섬의 마카사르로 가서 세례를 베풀고 복음을 전하기로 계획을 세웠다. 그러나 말라카에서 몰루카 제도의 선교를 준비하면서 이 계획을 수정하게 된다. 마카사르 한 지역에 집중하기보다 몰루카 제도 전체를 놓고 장기적이며 효과적인 선교 계획을 세우는 것이 더 중요하다고 판단한 것이다. 말라카에서 몰루카 제도의 선교를 준비하던 하비에르는 '향료 섬'으로 불려 온 그 지역의 공통 언어가 말레이어란 사실을 알게 된다. 언어가 각기 다른 몰루카 원주민 부락에서 그나마 소통이 가능한 공통의 언어가 있다는 사실은 하비에르와 같은 선교 개척자에게 매우 희망적인 일이었다. 언어가 전혀 다른 지역보다 좀더 효과적으로 단기간에 복음을 널리 전할 수 있기 때문이다. 정확한 정보는 아니었지만, 지금의 보르네오와 자바 섬을 오가며 무역업을 하던 포르투갈 상인들은 하비에르에게 또 다른 고무적인 사실을 알려 주었다. 몰루카 제도의 원주민들 가운데는 이슬람이나 유대교를 믿는 이교도가 없을 뿐 아니라, 그들에게서 인도 종교의 상징인 불탑이나 우상의 조각상도 찾아볼 수 없다는 것이었다.[9]

하비에르는 말라카에서 그동안 알지 못했던 새로운 정보를 속속 입수했다. '향료 섬'으로 불리는 몰루카 제도가 생각보다 훨씬 크고, 어떤 지역에는 마카사르의 개종자 이전에 이미 복음이 소개되었다는 사실도 알게 되었다. 하비에르가 말라카에 도착하기 전에 이미 몰루카 지역에서 활동한 시몬 바스(Simon Vaz) 신부와, 포르투갈 상인으로 바스 신부를 적극 후원한 프란시스꼬 알바레스(Francisco Alvares)의 노력으로 모로 섬(Island of

Moro, 현재 이름은 갈레라[Galela])과 모로타이 섬(Island of Morotai)에는 이미 5,000~6,000여 명의 개종자들이 있다는 사실을 알게 된 것이다. 하비에르는 바스 신부가 1535년에 원주민에게 죽임을 당했다는 것과 프란시스꼬 알바레스가 극적으로 탈출해 목숨을 건졌다는 소식도 전해 들었다. 이제 그가 몰루카 제도의 모로 섬으로 가서 바스 신부와 알바레스가 뿌려 놓은 복음의 씨앗을 거둘 차례였다.

하비에르에게 마카사르의 개종자 마을의 존재를 알려 주었던 안또니오 디 빠이바는 마카사르의 토호 영주에게 복음을 전했을 뿐 아니라, 셀레베스 섬 전역에 그리스도교를 전파하기 위해 노력하고 있었다. 그가 토호 영주와 귀족의 아들 넷을 선발하여 고아의 성바울 신학교에 입학시켰을 때, 하비에르는 막연하게나마 아시아의 그리스도교 황제인 사제왕 요한(Prester John)의 신화를 떠올렸을 것이다.[10] 사제왕 요한은 중세 유럽에 전

몰루카 제도의 당시 모습. 지금의 상세한 지도와 차이가 있다.

해 내려오던 상상의 인물로, 아시아와 아프리카에서 그리스도교 왕국을 건설한 신앙심 깊은 사제왕(Priestly King)이었다. 하비에르는 마카사르의 토호 영주가 사제왕 요한일 수 있다고 추측한 것이다.

하비에르가 1546년 1월 1일 말라카를 떠나 몰루카 제도로 향할 때 처음 목표한 곳은 집단 개종자들이 살고 있다는 마카사르였다. 지금의 셀레베스 섬 남단에 있는 우중판당(Ujung Pandang) 시가 당시의 마카사르 왕국으로 추정된다. 그러나 하비에르는 마카사르로 가지 못한다. 그곳에서 발생한 돌발 사건 때문이다.

하비에르는 말라카에 체류하는 동안 마카사르에 있는 개종자 왕국의 규모를 확인해 보기 위해 교구사제 한 명을 그곳으로 파송한 적이 있었다. 그런데 어찌된 영문인지 그 사제는 출발 이후 몇 달 동안 아무런 보고가 없었다. 몇 달이 지난 뒤, 마카사르 선교에 악영향을 미칠지도 모르는 뜻밖의 사건이 발생했다. 그리스도교로 개종한 마카사르 토호 영주의 딸이 포르투갈 장교와 사랑에 빠져, 마카사르에서 사랑의 도피 행각을 벌인 것이다.[11] 이 두 젊은 연인은 마카사르 토호 영주의 분노와 추적을 물리치고 말라카로 도망쳤는데, 이들의 도피를 도운 사람이 바로 하비에르가 보낸 교구사제였던 것이다.

이 사건으로 하비에르의 계획은 급히 수정되었다. 딸을 잃어버린 마카사르 토호 영주와 불필요한 충돌이 예상되었기 때문이다. 하비에르는 마카사르 방문 계획을 포기하고 암보니아(Ambonia, 지금의 암본[Ambon]) 항구로 향한다.[12] 셀레베스 섬에서 더 동쪽으로 가면 세람(Ceram)이라는 작은 섬이 나오는데, 암보니아는 그 섬에 있는 포르투갈 상인들의 항구였다. 하비에르가 암보니아 항구에 도착한 것은 1546년 2월 14일이다. 그는 같은 해 6월까지 암보니아 항구와 세람 섬에 머물렀다.

하비에르와 16세기 포르투갈 상인들은 지금의 인도네시아 향료 섬 전체를 '몰루카(Moluccas) 제도'로 불렀다. 현존하는 16세기 말 아시아 지도에서 가장 상세한 지리학적 정보가 반영되어 있는 곳이 바로 이 몰루카 제도를 포함한 전체 향료 섬 지역이다. 이곳에서만 생산되는 특별한 향료인 정향(丁香, Clove)과 너트메그(Nutmeg, 육두구[肉荳蔲])를 찾아 포르투갈 상인들이 16세기 중엽부터 몰루카 제도를 왕래했기 때문이다.[13] 당시 향신료는 '검은 황금'으로 불리며 비싼 값에 거래되고 있었다. 후추, 생강, 계피 등은 모두 인도에서 대량 생산되었기 때문에 가격이 점차 하락한 반면, 정향과 너트메그는 몰루카 제도에서만 독점 생산되어 여전히 비싼 가격에 팔

몰루카 제도의 상세한 지도. 말라카, 자바, 셀레베스(마카사르), 암보니아, 할마헤라(테르나테-모로타이) 섬을 표시했다.

리고 있었다. 포르투갈 사람들은 이 희귀하고 값진 '검은 황금'을 찾아 지금의 인도네시아 제도로 몰려들었다.[14]

몰루카 제도의 위치와 범위는 대략 지금의 인도네시아 동부 도서(島嶼) 지역으로, 가장 큰 섬인 서쪽의 보르네오와 인도네시아의 동쪽 국경선인 뉴기니(New Guinea) 섬 사이에 흩어져 있는 여러 섬들이다. 몰루카 제도 중 가장 큰 섬은 셀레베스(지금은 술라웨시[Sulawesi]로 부른다) 섬으로, 남단의 항구 도시 마카사르(지금의 우중판당으로 추정)가 대표적인 도시다. 하비에르가 처음 선교 목표로 삼은 지역이며, 안또니오 디 빠이바가 처음 선교를 펼친 곳이기도 하다. 그 밖에도 큰 항구 도시 테르나테(Ternate)가 있는 북쪽의 할마헤라(Halmahera) 섬을 포함하여, 모로 섬으로 부르던 모로타이 섬이 하비에르가 선교 활동을 펼치던 지역이다. 16세기 중엽 포르투갈 무역상들과 예수회는 몰루카 제도를 통칭하여 모로(Moro)라 부르기도 했다. 이 경우 할마헤라 섬 북서쪽 해안을 기점으로 모로 지역을 나누어서 내륙과 해안 도서로 분리해서 표기했다.[15]

최초로 몰루카 제도를 무력으로 정복한 포르투갈인은 안또니오 갈바옹(Antonio Galvão) 선장이며, 1536년의 일이다. 갈바옹 선장은 130명의 포르투갈 군대를 이끌고 테르나테에 상륙했다. 물론 값비싼 몰루카 제도의 향료를 찾기 위해서였다. 갈바옹 선장이 현장에서 파악한 테르나테의 정치적 상황은 매우 복잡했다. 그가 테르나테에 도착하기 전에 이미 이 지역의 향료를 찾아 나섰던 무역상 트리스타옹 디 아따이드(Tristão de Ataide) 선장이 무슬림(무어) 영주를 체포하여 고아의 감옥으로 송치한 상태였다. 원주민들은 막강한 포르투갈의 군사력에 굴복당했지만 저항과 반발도 만만치 않았다. 원주민을 강제로 개종시킨 것이 화근이었다.

안또니오 갈바옹 선장은 체포당해 고아로 끌려간 토착 영주의 이복동생을 대신 왕위에 앉혔다. 당시 기록에서 '하이룬(Hairun)'이란 이름으로 등장하는 인물이다. 새 토호 영주의 자리에 오른 하이룬은 이슬람 신앙 복귀를 선언했고, 이 정치적 혼란의 와중에 이미 그리스도교로 개종한 원주민들과 새 영주의 지지자인 무슬림들 사이에서 소란과 폭동이 일어났다. 갈바옹 선장은 일단 무력으로 폭동을 진압한 다음, 종교의 자유와 선교의 편익을 보장하는 조건으로 하이룬 정권의 통치권을 인정해 준다. 1538년, 갈바옹 선장은 휘하의 부하인 프란시스꼬 디 카스트로를 필리핀 제도의 남단 민다나오(Mindanao) 섬으로 북진시켜 그 지역에 처음으로 교회를 설립했다.

물론 널리 알려진 대로 필리핀 제도가 유럽 세계에 처음 알려지게 된 것은 마젤란(Ferdinand Magellan, 1480-1521)의 세계 일주 항해 덕분이다. 파란만장한 탐험가의 삶을 살았던 마젤란이 원주민의 손에 피살당한 곳이 바로 필리핀이다. 마젤란은 스페인 왕실의 지원을 받아 세계 일주에 나섰기 때문에 필리핀 통치권을 놓고 스페인과 아시아 전체의 통치권을 주장하던 포르투갈과 충돌하게 되었다. 교황청의 중재로 맺은 양국의 협정에 따르면, 스페인은 아메리카 신대륙(브라질 제외)을 차지하고, 포르투갈은 브라질과 아시아 전역을 통치하는 것이었다. 이런 협정의 기본 원칙을 깨고 스페인이 아메리카 신대륙에서 서진을 계속해 태평양 서쪽에 있는 필리핀 제도에 도착한 것이다.

필리핀 제도에서 발생한 스페인과 포르투갈의 예상치 않은 충돌은 하비에르의 선교 활동에도 큰 지장을 초래한다. 필리핀과 몰루카 제도의 경도(經度, 120-130도 사이)가 거의 같아서 두 나라는 필리핀의 통치권을 서로 주장하며 분쟁을 일으켰다. 원래 스페인의 나바레 출신이지만 포르투갈의 재정적인 지원과 통제를 받으면서 선교 활동을 펼치던 하비에르에게 이것은 매우 민감한 문제였다. 하비에르는 이미 갈바옹 선장에 의해 필리핀 선교가 시작되었음에도 의도적으로 그곳에 대한 관심을 보이지 않았다. 필리핀을 방문하지도 않은 것이다.[16] 자신의 국적 문제와 스페인과 포르투갈의 외교적 분쟁 때문에 선교에 지장을 초래할 수 없다는 판단에서였다.

몰루카 제도 북단과 필리핀에서 발생한 스페인과 포르투갈의 충돌 때문에 하비에르는 암보니아에서 예상치 않았던 사람들을 만나게 된다. 당시 암보니아 항구에는 이미 몰루카 제도를 차지한 포르투갈 군대가 진주하고 있었는데, 우연히 필리핀으로 항해하던 소수의 스페인 군인들이 체포되어 암보니아 항구로 끌려왔기 때문이다. 하비에르는 이 민감한 문제에 애써 침묵하면서 "포르투갈 선장인 페르난도 디 소자(Fernando de Sousa)가 암보니아에 도착했는데 그 배 안에 멕시코(New Spain)에서 몰루카로 찾아온 몇 명의 스페인 사람들이 있었다"고만 간단하게 언급한다.[17] 그는 예수회의 아시아 선교가 유럽 국가 간의 정치·외교적 분쟁에 휘말리는 것을 원치 않았다. 그래서 그는 스페인과 포르투갈의 외교 문제에 대해서는 일체 함구하는 입장을 유지했다. 그는 정치적인 문제에는 침묵을 지켰지만 사제로서의 의무는 묵묵히 수행했다. 감옥에 갇혀 있던 스페인 군인들이 아플 때 그들의 건강을 돌보았고, 임종을 앞둔 사람의 고해를 돌보았다.

1546년 2월 14일, 암보니아에 도착한 하비에르는 그곳에 이미 그리스도교로 개종한 원주민들이 여섯 개의 부락을 이루어 살고 있음을 알게 되었다.[18] 다른 곳에서와 마찬가지로 하비에르는 곧바로 이들을 위한 선교 사역을 시작했다. 그동안 세례를 받지 못한 사람들에게 세례를 베풀고, 사제가 없어서 드리지 못했던 미사와 성만찬을 베풀었다. 하비에르는 암보니아에서 몰루카 제도의 북쪽에 있는 모로 섬에 또 다른 그리스도인 개종자 부락이 있다는 소식을 듣고[19] 그곳으로 이동할 계획을 세웠다. 이를 위해 하비에르는 인도의 진주해변에서 사역하고 있는 예수회 선교사들에게 급히 편지를 보냈다. 그동안 진주해변의 선교 사역을 총 책임지고 있던 프란시스꼬 만실랴스와 그 지역으로 충원된 후안 디 베이라에게 몰루카 지역에서 사역할 것을 지시한 것이다. 유럽에서 선교사가 인도로 충원되면 모두 진주해변으로 투입시키고, 이미 선교의 베테랑이 된 이 두 사람에게 암보니아를 맡긴 다음, 자신은 새로운 선교 개척지인 모로 섬으로 가겠다는 계획이었던 것이다. 몰루카 제도로 이동할 때 준비할 물건까지 상세히 언급한 하비에르는 절대로 은(銀)으로 된 성찬 기구나 고가의 십자고상을 가져 오지 말라고 지시했다. 값어치가 없어 보이는 구리로 된 성찬 기구를 가져오는 것이 도둑이 많은 몰루카에 더 적절하다는 세심한 배려였다.

문제는 여기서 발생했다. 예수회는 상관의 지시에 절대 복종할 것을 네

하비에르가 체류했던 암보니아는 지금은 암본으로 불린다. 암본 항구의 최근 모습이다.

번째 서원으로 올리고 서품을 받는 특수한 규칙이 있었다. 그런데 몰루카 제도로 급히 이동하라는 하비에르의 지시를 프란시스꼬 만실랴스가 거부한 것이다. 만실랴스가 계속 진주해변에 머물러 있자, 하비에르는 그를 예수회에서 탈퇴시키는 강경 조치를 내린다. 왜 만실랴스가 그토록 존경하던 하비에르의 지시를 거부했는지는 알려져 있지 않다. 본인 스스로 하비에르의 지시를 사양하고 예수회를 탈퇴했다는 설도 있는데, 그 이유는 극도로 나빠진 건강 때문이었다고 한다.[20] 하지만 그는 임종 전에 존경하는 스승이자 진주해변의 선교 동역자였던 하비에르를 이렇게 기억했다.

"나는 포르투갈에서부터 하비에르 신부님을 알고 있었고, 진주해변에서 7~8년 동안 그분과 사역을 했습니다. 이 세상 어떤 사람도 하비에르 신부님께서 하신 일을 따라 할 수 없을 것입니다. 그토록 성령에 사로잡힌 삶을 사신 분은 아무도 없을 것입니다. 그의 삶은 성자의 삶 이상이었으며, 사람이라기보다는 차라리 천사와 같은 존재였습니다. 그는 하나님의 크신 사랑에 사로잡혀 극심한 고통과 격무에 시달리면서 순교자의 삶을 사셨습니다. 밤에 약간의 여유 시간이 주어지면 그는 오직 기도와 침묵의 명상으로 시간을 보냈습니다. 밤낮으로 그는 사람들을 위로했으며, 고해를 듣고, 환자들을 돌보았으며, 가난한 자를 위해 구걸하기를 마다하지 않았습니다. 그는 아무 것도 소유하지 않았으며, 자신을 위해서는 한 푼도 사용하지 않았습니다. 이상적인 사람이 존재한다면 바로 그분이 그런 사람이었습니다."[21]

이것이 만실랴스의 마지막 기록이다. 예수회의 아시아 선교와 하비에르의 수많은 기록에서 프란시스꼬 만실랴스가 여기서부터 완전히 사라진다. 그는 하비에르로부터 27통이나 되는 많은 편지를 받으며 격동의 진주해변 선교를 이끌던 인물이었다. 하비에르에 의해 예수회에서 탈퇴를 당했지만 만실랴스는 하비에르를 '천사와 같은 존재'라고 기억했다. 극심한 고통과 격무에 시달리면서도 늘 천사와 같은 존재감을 보여 주던 그 하비에르가 이제 몰루카 제도에서 새로운 선교지를 향해 떠날 준비를 하고 있었다.

식인종의 섬 모로타이

진주해변에서도 그러했듯이, 몰루카 제도에서 하비에르는 위험을 무릅쓴 선교 개척자의 사명을 스스로 걸머진다. 당시 모로 혹은 모로타이로 불리던 섬은 무시무시한 식인종들이 살고 있는 곳으로, 포르투갈 사람들에게는 죽음과 공포의 섬으로 알려져 있었다. 하비에르는 모로타이 섬의 식인종에 대한 믿기 힘든 이야기를 이렇게 전했다.

"이곳 사람들은 야만적인 상태에서 살고 있으며, 온갖 거짓과 음모를 꾸미는 것으로 유명합니다. 이들은 흑인이 아니라 피부색이 거의 갈색에 가깝습니다. 흉측한 인간들입니다. 부락 간의 전쟁에서 승리를 거두면 적의 신체를 먹어치우는 식인종도 있습니다. 어떤 사람에게 병이 들면 그 사람의 손과 다리를 잘라서 먹는데, 특히 그 부분이 맛있다고 합니다. 어떤 부락에서 잔치를 벌이다가 음식이 모자라면 자신의 늙은 아버지를 음식으로 제공합니다. 대신 자기 부락에서 잔치를 벌일 때, 음식이 모자라면 상대편의 늙은 아버지가 제공된다고 합니다. 저는 한 달 내에 그 부락으로 가야 합니다. 그곳 사람들이 개종하기를 원합니다. 그곳 사람들은 제가 편지에 차마 쓸 수 없고, 여러분이 믿기도 힘든 사악하고 끔찍한 범죄를 짓고 있습니다. 짙은 숲으로 둘러싸인 그 섬에는 많은 비가 내립니다. 산악 지역이지만 전쟁 중이라 평지를 이용할 수 없습니다. 평지라 해도 타고 다닐 수 있는 말이 없습니다. 화산이 활발하게 활동 중이며 바다에서도 자주 흔들림을 느낄 수 있습니다. 육지의 화산 활동도 위험하지만 바다에서 일어나는 지진은 정말 위험합니다. 배에 타고 있을 때 바다에서 지진이 일어나면 마치 배가 바위에 부딪힌 것처럼 흔들립니다. 활화산은 어떤 대포도 소리 낼 수 없는 굉음을 울리면서 불덩이와 바위를 밖으로 토해 냅니다. 이곳에서는 어느 누구도 지옥 형벌의 심각성을 알려 주지 않기 때문에, 하나님은 아예 지상에 지옥의 입구를 열어 놓고 불신자들에게 (지진으로) 지옥의 참혹함을 보여 주고 있습니다."[22]

식인종이 우글거리고 언제 터질지 모르는 활화산의 위험이 있는 모로타이 섬으로 출발하려는 하비에르를 사람들은 말리지 않을 수 없었다. 하비에르는 모든 사람들이 말리던 모로 섬 선교를 자청하면서 이런 내용의 편지를 이어간다.[23]

"이 섬에서 수년 전에 많은 사람들이 그리스도교로 개종했습니다만, 사제(바스 신부)가 죽은 뒤 아무런 돌봄을 받지 못하고 있습니다. 모로(모로타이) 섬은 매우 위험한 곳으로 알려져 있습니다. 원주민들은 낯선 사람에게 독이 든 음식과 식수를 제공해 몰살시키는 방법을 택하고 있습니다. 그래서 더 이상 이 섬의 그리스도인들을 돌볼 엄두를 내지 못하고 있습니다. 저는 그곳에 갈 결심을 굳혔습니다. 제가 가서 신앙으로 그들을 돌보고 어린이들에게 세례를 베풀겠습니다. 그 이웃들의 영적인 삶을 위해 저는 목숨을 버릴 각오가 되어 있습니다. 저는 모든 희망을 하나님께 걸고 있기 때문에, 위험과 죽음이 어떤 모습으로 내게 찾아와도 기쁘게 받아들일 준비가 되어 있습니다. 사람들은 쉽게 주님께 (모든 것을 바치겠다는) 기도를 올리지만, 막상 진짜 위험과 죽음의 상황에 맞닥뜨리면 모든 것이 혼미해지고, 드렸던 기도의 내용조차 잊어버리게 됩니다. 아무리 공부를 많이 한 사람도 마찬가지입니다. 주님께서 베푸신 궁극적인 자비의 의미를 아는 사람만이 진실한 기도를 드릴 수 있습니다. 많은 훌륭한 믿음을 가진 친구들이 제게 가지 말라고 설득하고 있습니다. 독약이 든 음식을 먹고 죽어

간 많은 사람들의 이야기를 들려주면서 다시 생각해 보라고 저를 종용하고 있습니다. 어떤 이들은 눈물을 흘리며 간청하고 있습니다. 물론 그들의 충고에 감사드립니다. 그러나 저는 그들의 부정적인 이야기에 절대로 귀 기울이지 않겠습니다. 저는 세상에서 아무 것도 두렵지 않으며, 만약 제게 두려운 것이 있다면 그것은 하나님께서 제게 베푸신 신실하심을 잊어버리는 것입니다. 저는 그들에게 기도해 줄 것을 부탁했습니다. 그들의 기도야말로 제가 장차 마셔야 할 독배의 치료제가 될 것입니다."[24]

몰루카 제도에서 하비에르가 펼친 선교 활동을 시기별로 재구성하는 것은 어려운 일이다. 하비에르의 보고서 외에는 이를 확인시켜 줄 구체적인 자료가 부족하기 때문이다. 원주민들이 남긴 기록도 전무할 뿐만 아니라, 예수회의 기록도 많지 않다. 하비에르는 몰루카 제도에서 일어난 일들을 말라카와 인도의 코친으로 귀환한 뒤에 편지 형식으로 간단하게 보고했다.[25] 물론 몰루카 제도까지 우편물 전달 경로가 미비했기 때문에 기록된 편지의 양이 적을 수도 있지만, 이 지역에서 펼친 선교 사역의 강도가 높았기 때문이란 해석도 가능하다. 그는 몰루카 제도의 작은 섬 사이를 안전하지 않은 이동수단에 의지해 부지런히 오가며 그리스도의 복음을 이 적도 지방에 전파한 것이다. 이제 그는 암보니아에서 모로타이 섬으로 목숨을 건 여행길에 오른다.

하비에르의 기적

1552년, 하비에르가 중국 상천도에서 갑작스럽게 임종한 후 그를 존경하던 동시대의 사람들은 그가 기적을 일으키는 성자였다고 증언했다. 지금도 그 관례는 계속 유지되고 있지만, 당시 가톨릭교회에서 성자(Saint)로 시성(諡聖)되려면 병을 낫게 하는 등의 기적을 일으켰다는 사실을 제3자가 증언하고 이것을 교황청이 승인해야 했다. 교황 그레고리우스 15세에 의해 승인(1622년 3월 12일)된 성 하비에르(Saint Xavier)의 시성도 이런 과정을 거쳤다. 하비에르가 일으킨 기적 이야기 가운데 가장 유명한 것이 아마 '게가 물고 온 십자가의 기적'일 것이다. 이 사건은 프란시스꼬 디 소자(Francisco de Sousa)의 '오히엔띠 꽁끼쉬따도(Oriente Conquistado)' 즉 '동양의 정복'에 기록되어 있는데 파우스또 로드리게스(Fausto Rodrigues)란 사람의 증언을 바탕으로 쓴 글이다. 이 기적 사건은 하비에르가 암보니아에서 모로타이 섬으로 이동하는 과정에서 일어난 것으로 추정된다. 그 내용은 이렇다.

"암보니아 섬에서 북쪽에 있는 세람(Ceram) 혹은 세랑(Serang) 섬을 잠시 방문하기 위해 배를 타고 가던 중, 하비에르 신부님은 폭풍에 휘말리게 되었습니다. 그는 목에 걸고 있던 작은 십자고상을 꺼내, 풍랑으로 흔들거리는 뱃머리에서, 목걸이 줄과 함께 그것을 물에 담갔습니다.[26] 갑자기 높은 파도가 몰아쳤고 하비에르 신부님은 목걸이 줄과 십자고상을 물에 빠뜨리고 말았습니다. 그는 십자고상을 잃어버린 것을 크게 아쉬워했고, 슬픔을 숨기지 않았습니다. 만 하루가 지난 다음 배는 베라눌라(Veranula, 세람 혹은 세랑으로 불리던 섬)에 겨우 도착했습니다. 하비에르 신부님은 비아나 디 알비토(Viana de Alvito) 출신의 파우스또 로드리게스와 함께 해변을 따라 걷고 있었습니다. 그러던 중 잃어버린 십자고상을 물고 해변으로 기어 나오는 한 마리 게를 해변에서 발견했습니다. 그 게는 성자 앞으로 기어와서 멈추어 섰는데, 마치 그것은 십자가 깃발을 휘날리며 성자 앞으로 행진하는 것 같은 모습이었습니다. 그 게는 하비에르 신부님이 무릎을 꿇고 십자고상을 잡을 때까지 기다리고 있다가 이내 물속으로 사라졌습니다. 성자는 다시 찾은 보물에 수천 번 입을 맞추며 그것을 가슴에 대고는 거의 한 시간 동안 무릎을 꿇은 채 기도를 올렸습니다. 이 기적은 그 자리에 함께 있었던 파우스또 로드리게스가 맹세하고 증언한 내용입니다."[27]

이 사건의 유일한 목격자 파우스또 로드리게스는 1605년까지 암보니아에서 사역하다가 네덜란드 군대가 포르투갈 상인들을 몰아내자 필리핀으로 도피하여 그곳에서 이 기적에 대한 증언을 남겼다. 파우스또 로드리게스가 필리핀 남단 세부에서 남긴 이 기록은 1622년 3월 1일, 교황 그레고리우스 15세가 시행한 성자 칭호 부여를 위한 조사에서 기적의 공식 증언으로 채택되지 않았다. 그러나 1623년 8월 6일, 새로 이 기적 증언을 심사한 교황 우르반 8세는 '게가 물고 온 십자가의 기적'을 공식적인 성인의 증거로 승인했다. 물론 이런 초자연적인 현상을 한 사람의 흐릿한 기억에 의존하여 무조건 신뢰하는 데는 억지가 따를 수 있다. 실제로 하비에르 자신은 이 기적에 대해 단 한 번도 언급하지 않았다. 암보니아에서 세람 섬으로 이동했다는 기록도 보이지 않는다.

일부 학자들은 이 기적 이야기를 일본이나 인도에서 전래되어 오던 민간 설화를 신앙적으로 각색한 것으로 본다.[28] 그러나 이런 게를 통한 기적보다 더 놀라운 기적은, 하비에르가 화산의 공포와 식인종의 위협이 도사리고 있는 몰루카 제도의 구석구석을 오가며 그리스도의 사랑을 널리 전했다는 사실이다.

그는 암보니아에서 석 달 남짓 머물며 400여 명의 원주민들에게 세례를 베풀었다. 그동안 사제가 없어서 드리지 못하던 미사와 신앙 교육도 차근차근 진행했다. 하비에르의 지칠 줄 모르는 사역으로 암보니아의 일곱 마을에 성당이 재건되었다. 그러나 그는 여기서 만족하지 않고 공포의 땅이었던 모로타이(모로) 섬으로 이동한다. 많은 사람들의 간곡한 만류에도 그는 목숨을 건 여정을 떠난 것이다. 암보니아에서 모로타이 섬으로 가는 배편도 마련되지 않았다. 결국 그는 원주민들이 섬 사이를 이동할 때 사용하는 뗏목 배를 타고 떠나기로 한다.

테르나테와 모로 섬에서 사역

하비에르가 탔던 작은 뗏목은 원주민들 사이에서 코라코라스(Coracoras)로 불리던 원시적인 이동수단이었다. 안전하지 않은 작은 뗏목 배라 작은 파도에도 쉽게 전복되는 위험을 안고 있었다. 결국 암보니아에서 테르나테로 이동하던 두 대의 코라코라스 중 한 대는 파도에 휩쓸려 침몰하고 말았고, 그 배에 타고 있던 포르투갈인 한 명이 목숨을 잃는 불상사가 발생했다. 하비에르는 이 불안한 코라코라스를 타고 목숨을 건 항해를 계속해 1546년 7월, 테르나테에 도착했다. 하비에르의 편지에서 이 섬은 몰루코(Molucco)란 이름으로 소개된다. 활화산의 짙은 회색 연기가 바로 눈앞에서 솟구치는 이 작은 섬은 안또니오 갈바웅(Antonio Galvão) 선장이 10년 전에 정복했으며, 향신료 무역을 위해 오가는 유럽 상인들을 보호하기 위해 작은 항구가 건설되어 있었다. 하비에르는 테르나테의 병원에 숙소를 정했다. 그리고 마치 그 섬에서 오랫동안 활동하던 사람처럼 능숙하고 활동적으로 선교를 시작한다. 그동안 성례전에 참여하지 못한 포르투갈 상인들을 위해 함께 미사를 드리고, 이미 그리스도교로 개종한 원주민을 찾아다니며 세례를 베풀고, 길거리의 어린이들을 모아 노래를 따라 부르게 하며 기도문과 교리문답을 가르치는 일이 바로 하비에르의 변함없는 사역이었다. 하비에르는 테르나테 섬에서의 활동 결과를 이렇게 보고한다.

"하나님께 감사드릴 것은, 이제 이곳 테르나테 사람들은 모두 한 목소리로 노래 부르게 되었다는 사실입니다. 길거리에서 놀고 있는 남자 아이들, 집 안에 있는 여자 아이들과 여성들, 들판에서 일하는 일꾼들, 바닷가에서 고기잡이하는 어부들은 헛된 노래를 부르지 않고 대신 교리문답과 각종

테르나테 섬. 지금도 화산 활동 중이다.

기도문에 곡조를 붙인 노래를 부르게 되었습니다. 최근 개종한 사람들이나 여전히 불신자로 남아 있는 사람들조차 모든 사람이 알아들을 수 있는 언어로 노래하게 되었습니다. 이런 모습은 테르나테에 거주하는 포르투갈 상인들과 원주민들 모두에게 큰 기쁨을 주고 있습니다."[29]

테르나테의 8월과 9월은 정향의 수확기여서 하비에르는 그곳에서 원치 않은 휴식기를 갖게 되었다. 모든 원주민이 정향과 다른 향신료를 채집하기 위해 정글 속으로 들어갔기 때문에 딱히 할 일이 없어진 것이다. 그러나 하비에르는 이때도 쉬지 않았다. 기대하지 않던 여가가 주어지자 하비에르는 '사도신경'을 몰루카 선교 상황에 맞게 해석한 간단한 교리서를 집필한다. 이 교리서는 하비에르가 쓴 유일한 책이다. 이냐시오 로욜라의 '영신 수련'과 비슷한 구성이지만, 이제 막 개종한 아시아 선교지의 그리스도인이 이해하기 쉽게 집필했다.[30]

현재 인도네시아 지도를 보면, 테르나테는 몰루카 제도 북단의 큰 섬인 할마헤라 서쪽에 있는 작은 무역항이다. 하비에르는 약 3개월 동안 집필을 위해 이곳에 머무는 동안 할마헤라 섬 주위의 작은 섬들을 모두 돌아본다.

지리적으로 정확하게 말하자면 할마헤라 북단에 있는 작은 섬이 바로 모로타이(Morotai, 당시 유럽인들은 모로[Moro] 혹은 모르티[Morty] 섬으로 부름)다.[31] 하비에르의 기록에서 모로타이 섬이나 모로 섬은 테르나테를 포함한 할마헤라 섬 전체를 의미했다. 이 모로타이(모로) 섬의 일부 원주민들은 노예 무역을 하던 자바 섬의 무슬림 토호 영주 세력에서 벗어나고자 포르투갈의 무력 보호를 요청했고, 집단적으로 그리스도교로 개종한 원주민들이 살고 있었다. 식인종이 우글거린다는 바로 그 섬이다. 이 위험한 지역으로 파송된 사제가 없었기 때문에 자바의 무슬림 통치자와 토착 식인종들에게 둘러싸여 있는 미약한 개종자들의 공동체는 거의 유명무실해진 상태였다. 하비에르는 이 사라져 가는 원주민 개종자들을 찾아 직접 노를 저어 모로타이 섬으로 간다. 그리고 그곳에서 진주해변, 말라카, 암보니아, 테르나테에서 한 것과 똑같은 방식으로 무너진 교회를 다시 세우기 위해 안간힘을 쓴다. 새로 태어난 아이들에게 세례를 베풀고, 길거리 아이들을 모아다가 노래 곡조에 붙인 기도문을 외우게 하고, 환자와 죽어 가는 자 곁에서 그들의 불쌍한 임종을 지키는 사역을 모로타이 섬에서도 펼쳤다.

다시 말라카를 향해서

하비에르는 약 3개월 동안 모로타이 섬에 머물렀다. 1546년도 그렇게 서서히 저물어 갔고, 12월의 끝도 얼마 남지 않았다. 하비에르는 테르나테 섬으로 일단 돌아가서 몰루카 제도의 정치적 상황에 맞게 전체적인 선교 상황을 점검할 때가 되었다고 판단했다. 당시 몰루카 제도는 명목상으로 나마 테르나테의 무슬림 토호 영주인 하이룬의 지배를 받고 있었다. 안토니오 갈바옹 선장에 의해 영주로 임명되었지만 하이룬은 이슬람 신앙을 고수했다. 하이룬이 그리스도교로 개종한 원주민들을 박해하자 갈바옹 선장은 묵과하지 않으려한다. 이로써 군사적 갈등의 긴장감이 몰루카 제도 전체로 퍼져 나갔다. 모로타이 섬도 하이룬의 간접적인 지배를 받고 있었지만 테르나테가 바로 하이룬 정권의 중심이었다. 하비에르는 몰루카 제도의 정치적 중심지인 테르나테로 돌아가서 이 지역의 효과적인 선교 대책을 세워야 했다. 테르나테와 모로타이를 포함한 몰루카 제도 전역에서 겨우 명맥을 유지하고 있는 원주민 개종자들의 운명은 테르나테의 하이룬과 어떻게 정치적 관계를 정립하느냐에 달려 있다고 하비에르는 판단했다.

테르나테 섬으로 돌아간 하비에르는 하이룬을 접견하고 그를 관찰할 수 있는 기회를 얻었다. 하이룬은 포르투갈어에 능통했으며, 종교적인 관용 정책을 펼치겠다는 말로 하비에르의 비위를 맞추려고 했다. 하이룬과 면담을 마치고 하비에르는 몰루카 제도의 미래에 대해 이런 의미심장한 기록을 남겼다.

"테르나테(원문에는 몰루코로 표기함)의 왕(하이룬)은 무어인(무슬림)이지만 포르투갈의 봉신(封臣)임을 자처하고 있습니다. 스스로 포르투갈 왕의 신하가 된 것을 자랑스럽게 생각하는 인물입니다. 항상 '나의 영주이신 포르투갈의 왕' 운운하는데, 포르투갈어도 능숙합니다. 만약 그가 그리스도인이 되지 못한다면, 그것은 그가 신실한 무어인이라서가 아니라 지은 죄가 너무 크기 때문입니다. 이곳 사람들은 왕이 무슬림인 된 이유는 어릴 때 할례를 받은 것(이슬람도 할례를 행함)과 100여 명의 첩을 거느린 것밖에 없다고 합니다. 이 섬에 거주하는 무어인들은 마호메트의 기본 가르침을 따르지 않습니다. 극히 적은 수의 이맘(이슬람 사제)들이 있는데, 모두 외국인이라서 현지 사정을 전혀 모릅니다. 왕은 제게 너무 친절하게 굴어서 동료 무어인들이 눈살을 찌푸릴 정도였습니다. 그는 저와 친구가 되고 싶다고 자주 말했으며, 때가 되면 언젠가는 자신도 그리스도인이 될 것이라는 희망적인 말을 했습니다. 제게 사랑받고 싶다는 말도 했습니다. 그는 자신이 비록 무어인이지만, 자기가 보기에 그리스도인들과 무어인들은 한 하나님을 섬기는 같은 종교를 믿는 사람들이며, 언젠가는 하나의 종교로 연합하게 될 것이라 했습니다. 왕은 저의 방문을 환영했습니다만 저는 그에게 그리스도교로의 개종을 설득할 수 없었습니다. 대신 그는 많은 아들 중의 한 명을 개종시켜, 나중에 그 아들을 모로 섬의 왕으로 삼겠다고 했습니다."[32]

하비에르는 몰루카 제도에 흩어져 있는 원주민 개종자들의 미래는 테르나테의 무슬림 토호 영주인 하이룬의 정책에 좌우될 것으로 보았다.[33] 그래서 그는 하이룬 영주의 아들이 그리스도교로 개종하고 장차 모로타이 섬의 영주가 되는 것이 몰루카 제도의 유일한 희망이라고 진단했다. 이제 남은 문제는 이 지역을 맡을 선교사를 신속하게 파송하는 일이었다. 예수회의 아시아 선교를 총책임지고 있던 하비에르는 적재적소에 적절한 인물을 배치해서 교회의 기초를 놓아야 했다. 그는 이 업무를 신속하게 수행하기 위해 그동안 정들었던 몰루카 제도를 떠나야 할 때가 왔음을 깨닫는다. 모로타이 섬에서 테르나테로, 테르나테에서 다시 암보니아를 거쳐 말라카, 진주해변 그리고 고아로 돌아가 아시아 선교 전체를 중간 점검하고, 미래의 아시아 교회를 조망할 수 있는 시간과 계획이 필요하다고 판단한 것이다. 그는 1547년 부활절 밤, 테르나테를 조용히 떠나기로 결심한다.

"몰루카를 떠나야 할 때가 다가오자 저는 깊은 밤 자정에 조용히 항구를 떠나기로 했습니다. 그래야만 그동안 정들었던 친구들의 슬픔과 눈물을 피할 수 있기 때문입니다. 그러나 이 계획은 수포로 돌아가고, 밤에 조용히 떠나려는 저를 찾아온 친구들의 눈물을 피할 길이 없었습니다. 그날 밤의 이별을 통해 저는 내 영적인 자녀들인 그들을 위해 내가 사라져야만 하는 불충한 종이란 것을 알게 되었습니다. 내가 이들 눈에 보이지 않는 것이, 영혼 구원을 위해 필요하다는 생각이 들었습니다."[34]

하비에르는 테르나테 항구에서 눈물의 이별을 한 뒤 암보니아에서 말라카로 가는 무역선으로 갈아탔다. 네 척의 무역선이 함께 암보니아에서 말라카를 향했고, 약 두 달 동안의 거친 항해가 계속되었다. 말라카로 귀환하는 배에서도 하비에르는 쉬지 않았다. 당시 무역선단을 지휘하던 가스빠흐 로페즈(Gaspar Lopez)는 하비에르가 언제나 병든 사람들 곁에 있었으며, 불치병에 걸려 죽어 가는 사람들의 임종을 지켜 주었다고 증언했다.

두 달에 걸친 거친 항해 끝에 하비에르를 태운 무역선은 말라카 항구로 겨우 돌아왔다. 약 2년 동안 목숨을 건 몰루카 제도의 선교를 마치고 아시아의 성자가 다시 말라카로 무사히 귀환한 것이다. 반갑게도 세 명의 예수

하비에르가 눈물의 이별을 나누었던 테르나테 항구.

회 선교사가 말라카에 도착하여 하비에르를 기다리고 있었다. 진주해변에서 활동하다가 하비에르의 소환을 받은 후안 디 베이라가 그를 반갑게 맞이했고, 포르투갈 출신의 누노 리베이로(Nuno Ribeiro)와 아직 사제서품을 받지 않았지만 코임브라 대학 출신의 장래가 촉망되는 니콜라우 누니스(Nicolau Nunes) 수사가 새로운 임지 파송을 기다리며 하비에르를 기다리고 있었던 것이다.

파송 지시를 거부했던 만실랴스를 예수회에서 탈퇴시키는 조치를 내릴 수밖에 없었던 하비에르는 비통한 마음을 쓸어내렸다. 그러나 말라카에서 대기하고 있던 세 명의 예수회 선교사들은 모두 하비에르의 지시에 따라 몰루카 제도로 향했다. 하비에르가 놓은 교회의 기초를 더욱 든든히 세우기 위해 추가 인력이 몰루카 제도로 투입된 것이다. 그들은 모두 몰루카 제도에서 순직하거나 순교 당함으로써 하비에르의 진정한 후계자가 된다. 니콜라우 누니스는 50세를 넘기지 못하고 모로타이 섬에서 눈을 감았고,

누노 리베이로 신부는 임지에서 채 2년을 채우지 못하고 독살당해, 몰루카 제도의 위대한 순교자 반열에 올랐다. 후안 디 베이라도 혹독한 시련을 겪었다. 그는 9년 동안 모로타이 섬에서 복음을 전하다가 무슬림 토호 영주의 박해를 받고 할마헤라 섬의 정글에 숨어 겨우 목숨을 부지했다. 그러나 후안 디 베이라 신부는 원주민 개종자의 밀고로 체포되어 무슬림 노예 상인에게 팔려 갔다. 무슬림 주인은 그에게 참혹한 고문으로 배교를 요구했다. 심지어 어린 아기의 머리를 바위에 쳐서 죽이기 전에 그리스도교 신앙을 버리라는 무슬림 노예상의 끔찍한 고문도 받았다. 그 어린 아기는 후안 디 베이라 신부가 직접 세례를 베푼 아기였다고 한다. 그는 나무 기둥을 잡고 바다로 뛰어들어 탈출에 성공했고, 죽을 고비를 여러 번 넘긴 뒤 말라카를 거쳐 다시 인도로 돌아온, 전설적인 선교사였다.

말라카에서 만난 아시아의 백인

말라카에 도착한 하비에르는 기대하지 않았던 놀라운 소문을 듣게 된다. 유럽인처럼 '피부색이 흰 동양인'이 말라카에 나타났다는 것이다. 당시 말라카에는 명대(明代) 초기의 환관 정화(鄭和, 1371-1433)가 인도양 정벌에 나섰을 때 함께 따라왔다가 잔류했던 중국인 마을이 있었다. 그 중국인들도 인도인이나 몰루카 제도의 원주민과 비교했을 때 피부색이 희다고 생각했을 것이다. 그러나 새로 말라카에 모습을 드러낸 '피부색이 흰 동양인'은 중국인이 아님이 분명했다. 그는 미지의 동아시아에서 온 사람이며, 출신국은 마르코 폴로의 《동방견문록》과 같은 옛 문헌에서 '지팡구'로 알려진 일본이었다. 사실 그 동양인의 고국 일본이 포르투갈 상인들에게 처음 알려진 것은 1543년의 일이다. 태풍에 밀려 표류하던 포르투갈의 한 무역선이 큐슈 남단의 타네가시마(種子島)에 도착하면서 이 나라의 존재가 유럽인들에게 처음 확인되었다.[35]

마르코 폴로의 《동방견문록》에서 언급된 '지팡구'란 나라가 실재한다는 것을 알게 된 포르투갈 상인들은 흥분을 감추지 못한 채 동원할 수 있는 모든 무역선을 타고 큐슈로 향했다. 새로 발견한 땅에서 교역의 기회를 타진하기 위해 포르투갈 상인들이 처음 일본에 상륙한 것은 1544년 여름의 일이다. 그러나 그 일본이라는 나라의 원주민이 말라카에 직접 모습을 드러낸 것은 처음이었다. 그 일본인이 말라카에 등장한 경위는 이러하다.

1544년 여름, 포르투갈 무역 개척선단을 이끈 선장 중에 조지 알바레스(Jorge Alvares)라는 사람이 있었다. 하비에르를 살아 있는 성자로 존경하며 신앙심도 깊었던 그는 큐슈 남단의 항구 도시 가고시마(鹿兒島)에서 사무라이 한 명과 그의 시종 두 명을 만나게 된다. 그 사무라이의 일본 이름은 안지로(安次郞)였다. 이 사무라이는 살인 사건으로 추정되는 모종의 범죄 사건에 연루되어 가고시마에서 도피처를 찾고 있었다. 안지로는 가고시마를 왕래하던 알바로 바스(Alvaro Vaz)라는 포르투갈 상인과 이미 알고 지내던 사이였다.

도피처를 물색하기 위해 포르투갈 무역선까지 찾아온 안지로가 일본을 떠날 생각이라는 말을 듣고 알바로 바스는 조지 알바레스 선장에게 찾아가라고 조언한다. 고아, 말라카, 중국 광동의 상천도(上川島)와 가고시마를 오가며 무역업에 종사하던 그는 인맥도 넓고, 동아시아 항로에도 밝아 도피처를 알선해 줄 거라고 했다. 이렇게 안지로와 알바레스 선장은 처음 만나게 되었다. 가고시마에서 안지로를 만난 조지 알바레스 선장은 이 사무라이를 배에 태우고 말라카로 향했다. 안지로에게 도피처를 제공한 것이다.

지팡구로 알려졌던 일본의 옛 지도.

안지로는 이미 가고시마 항구를 드나들던 포르투갈 사람들과 교류하면서 기본적인 포르투갈어를 배웠다. 조지 알바레스는 선상에서 안지로에게 많은 얘기를 들려주었다. 특별히 인도 전역과 몰루카 제도에서 살아 있는 성자로 존경받고 있는 하비에르에 대해 침이 마르도록 얘기했고, 모종의 범죄와 연루되어 자기 나라를 떠나야 했던 안지로는 내면의 갈등을 겪으며 하비에르와의 만남을 고대하게 된다. 알바레스는 살아 있는 성자의 도움을 받으면 안지로의 고민도 모두 해결될 것이라고 위로해 주었다.

안지로를 태우고 가고시마를 떠난 배는 1546년 연말에 말라카에 도착했지만, 안지로는 하비에르를 만날 수 없었다. 당시 하비에르는 몰루카 제도에서 섬 사이를 오가며 목숨을 건 사역을 펼치고 있었기 때문이다. 안지로는 1547년 상반기까지 말라카에 머물렀다. 그는 말라카에서 포르투갈어를 배우며 하비에르를 기다렸지만, 성자가 몰루카 제도에서 다시 돌아올 기미가 보이지 않자 결국 만남을 포기하고 만다. 매 여름 동남아시아에서 시작하여 일본을 향해 부는 강한 바람을 타고 무역선들이 속속 출항을 준비하자 안지로도 고향으로 돌아갈 결심을 한다. 그는 이미 말라카에서 개종할 마음을 굳혔기 때문에 가능하면 출항 전에 세례를 받고자 했다. 그러나 말라카 사람들은 하비에르를 직접 만나 보고 결정해도 늦지 않을 것이라고 조언해 주었다. 아시아 전역에 복음을 전하겠다는 열망에 사로잡혀 있던 하비에르가 직접 안지로에게 세례를 베푸는 것이 장차 일본 선교에 긍정적인 결과를 가져올 거라고 믿었기 때문이다.

하비에르의 말라카 귀환이 계속 미뤄지자 안지로는 결국 자기 나라로 돌아가는 배에 오른다. 정확한 배편은 확인할 수 없지만 포르투갈 상선이 아닌 중국 해적들이 사용하던 대선(大船)을 타고 간 것으로 추정된다. 사실

엄밀하게 말하면 안지로도 16세기 당시 동아시아 해안에 출몰하던 해적으로 활동했을 가능성이 높다. 안지로가 연루되었다는 모종의 범죄 사건도 그의 해적 활동과 연관이 있을 것이다. 해적선을 이용하여 일본으로 돌아가던 안지로는 중국 해안을 채 벗어나기도 전에 태풍을 만났고, 난파를 우려한 해적 선장의 결정으로 배는 중국 해안의 작은 섬에 기착했다. 안지로는 여기서 옛 친구 알바로 바스를 다시 만나 뜻밖의 소식을 전해 듣는다. 그토록 고대하던 성자 하비에르가 몰루카 제도에서 출발하여 말라카로 돌아오고 있다는 소식이었다. 안지로는 알바로 바스의 배로 갈아타고 다시 말라카로 돌아갔다.

1547년 12월 7일, 하비에르와 안지로는 말라카에서 운명적인 만남을 갖게 된다. 스페인 나바레 출신의 선교사와 일본의 사무라이가 지금의 말레이시아 한 도시에서 처음 만나, 동아시아의 새로운 그리스도교 역사를 시작하는 순간인 것이다. 물론 하비에르는 안지로를 만나기 전에 이미 일본의 존재에 대해 알고 있었다. 1544년 일본을 방문한 무역 상인들로부터 지팡구가 실재하는 나라임을 전해 들은 것이다. 하비에르가 몰루카 제도에서 말라카로 돌아와 먼저 만났던 조지 알바레스도 일본의 존재에 대해 다시 확인해 주었다. 알바레스는 중국의 동쪽 끝에 지팡구라는 섬나라가 있는데 '새로운 것을 배우는 데 열심인' 이 나라 사람들에게 복음을 전하는 것이 인도나 동남아시아보다 효과적일 것이라고 말했다. 그러나 미지의 나라에 대해 제3자를 통해 전해 듣는 것과 그 나라에서 온 사람을 직접 만나는 것은 다른 문제였다. 하비에르는 안지로와의 만남을 이렇게 회고한다.

"말라카로 돌아왔을 때, 포르투갈의 고위직 무역상들이 제게 놀라운 소식을 전해 주었습니다. (중국에서) 동쪽으로 항해를 계속하면 '지팡구'라고 부르는 거대한 섬나라가 있다는 것이었습니다. 그 사람들의 보고에 의하면, 인도에서 복음을 전하는 것보다 그 나라에서 전하는 것이 훨씬 효과적일 거라고 합니다. 그들은 새로운 지식과 종교적 가르침을 받는 것에 대단히 열심인데, 인도 사람들은 그렇지 않기 때문입니다.

그 나라에서 온 안지로라는 사람이 있습니다. 그는 저를 만나고자 했습니다. 함께 온 포르투갈 상인들이 제 얘기를 많이 했다고 합니다. 그는 저를 만나자마자 당장 고해를 바치겠다고 했습니다. 상인들의 말에 의하면 그는 어릴 때 어떤 범죄를 저질렀고, 그 죄책감에서 벗어나고자 하나님의 용서를 구하고 있다고 했습니다. 상인들은 안지로에게 말라카에 있는 저를 찾아가 죄의 용서를 받으라고 말해 주었다고 합니다.

그가 말라카에 도착했을 때 저는 이미 몰루카 제도로 떠난 뒤였습니다. 안지로는 고향으로 돌아가기로 하고 거의 일본에 도착했다고 합니다. 그때 폭풍이 몰아쳐 그는 죽을 고비에 처했습니다. 배는 결국 다시 말라카로 돌아왔고, 저도 그때 (몰루카 제도에서) 말라카로 돌아왔습니다. 그는 나를 처음 보았을 때 크게 감격했으며, 우리가 믿고 있는 종교에 대해 알고 싶다는 강한 열정을 보였습니다. 그는 포르투갈어도 곧잘 해서 대화에 별 문제가 없었습니다. 일본에 있는 사람들이 이 사람처럼 똑똑하고 새로운 것을 배우는 데 열심이라면 아마 지금까지 발견한 어떤 (아시아의) 나라보다 신속하게 복음이 전파될 것입니다. 그는 그리스도교 교리를 배우면 그것을 일본어로 옮겨 적었습니다. 그는 성당에서 열심히 새로운 교리를 배웠으며, 제게도 많은 질문을 했습니다. 그는 새로운 것을 배우기를 늘 갈망했으며, 이런 특징 때문에 놀랍고도 신속하게 그리스도교의 진리를 깨닫게 되었습니다.

말라카 도심에 있는 하비에르 기념 성당과 내부.(아래 왼쪽)
아래 오른쪽 사진은 성당 앞뜰에 세워진 안지로와 하비에르 동상이다.

저는 그에게 함께 일본으로 가서 그리스도교를 전파하면 많은 사람들이 개종할 가능성이 있냐고 물었습니다. 그러자 그는 일본인들이 먼저 제게 많은 질문을 할 것이고, 제가 얼마만큼의 지식이 있는지 확인한 다음에야 개종할 것이라고 말했습니다. 제가 알고 있는 지식 그리고 믿고 있는 지식의 체계에 따라 실제로 그 지식을 실천하며 살고 있는지를 한 6개월쯤 관찰한 다음, 일본의 왕과 귀족들 그리고 분별력 있는 일반 사람들이 그리스도인으로 개종할 것이라고 말했습니다. 일본인들은 이성적인 판단을 하는 사람들이라고 그는 말했습니다."[36]

이것은 매우 흥미로운 내용을 담고 있는 기록이다. 하비에르는 안지로에 대한 첫인상을 '이성적인 판단'을 하는 일본인으로 묘사했다. 여기서 '이성적 판단'이란 토마스 아퀴나스 신학 체계에서 하나님을 인식할 수 있는 능력을 암시한다. 모든 인간은 하나님을 인식할 수 있는 내재적인 능력이 있다는 것이 아퀴나스의 《신학대전》이 내린 결론이다. 하비에르는 일본인에게 이런 '이성적 판단' 능력이 있다고 본 것이다. 이들이야말로 아시아에서 복음을 받아들일 준비가 되어 있는 완벽한(유럽인과 같이) 민족이라고 판단했다는 말이다. 이것은 인도나 몰루카 제도의 원주민에 대한 평가와 다른 것이었다. 하비에르는 인도와 몰루카 제도에서의 경험이 쌓여 가면서 과연 이곳 원주민들에게 하나님을 알 수 있는 지식 체계, 즉 '이성적 판단' 능력이 있는지 의심했다. 하비에르의 이러한 판단은 예수회의 아시아 선교의 중심이 인도와 동남아시아에서 중국과 일본으로 옮겨 가는 중요한 계기를 제공했다.

하비에르가 안지로에게서 '이성적 판단'을 할 수 있는 일본인이라는 강렬한 인상을 받았다면, 안지로는 하비에르에게서 어떤 인상을 받았을까?

비록 유럽인의 입장과 시각에 의해 편집된 자료지만 안지로의 첫인상도 기록으로 남아 있다.

"일본에 있는 고향으로 돌아가던 중이었습니다. 37킬로미터 정도만 더 가면 일본에 도착할 수 있었고, 해안선이 보이기 시작했습니다. 갑자기 검은 먹구름과 함께 태풍이 몰려왔고, 우리는 사흘 밤낮을 태풍의 위력 앞에서 죽을 고생을 했습니다. 극한 상황에서 기적을 바라며 울부짖는 것 외에는 우리가 할 수 있는 일이란 아무 것도 없었습니다. 결국 배를 돌려야 했습니다. 태풍이 다시 몰려오기 전에 배를 돌려 우리가 출항했던 중국 해안에서 최대한 멀리 벗어나야 했습니다.

말라카에 도착하여, 저는 첫 번째 항해 때 저를 태워 준 조지 알바레스를 다시 만났습니다. 그는 즉시 저를 하비에르 신부님께 데려갔습니다. 마침 신부님은 언덕의 성모(Our Lady of the Mount) 성당에서 결혼식 주례를 보고 있었습니다. 저는 그분의 말씀에 크게 감동했고, 오랜 시간 동안 저에 대해 소개의 말씀을 드렸습니다. 그분은 저와의 만남을 크게 기뻐하였으며, 저를 포옹하시면서 이 만남은 분명히 하나님께서 준비하신 것이라고 말씀하셨습니다. 저는 그분을 뵐 때마다 영혼이 새롭게 됨을 느꼈습니다. 그분의 얼굴을 바라보기만 해도 제 영혼은 안식과 위로를 얻었습니다."[37]

하비에르는 안지로와의 만남을 통해 아시아 선교의 새로운 희망을 본 것이 분명하다. 이 '백인 아시아인'은 처음 만났을 때부터 적극적인 신앙심을 보일 정도로 새로운 신앙에 개방적인 태도를 보였고, '이성적 판단'을 할 수 있는 고등 문명을 가진 인류로 보였다. 그리스도교의 복음을 수용할 수 있는 아시아의 백인들이 지팡구란 나라에 집단으로 존재하고 있다고 확신했다. 이제 일본 선교는 예수회 아시아 선교의 가능성이자 미래가 되었다. 인도 진주해변과 몰루카 제도 선교가 이미 유럽 사회에 널리 알려져 있었다면, 일본 선교는 새로운 미지의 세계이자 미래의 가능성이었다. 그동안 전설의 나라로만 알려졌던 일본의 존재가 확인되었고, 안지로처럼 유럽 문명과 접촉을 갈망하는 민족이 존재한다는 것은 새로운 선교의 가능성을 열어 주는 것이라고 확신했다.

그러나 하비에르는 서두르지 않았다. 안지로가 이미 그리스도교 신앙과 유럽의 문명을 어느 정도 알고 있으며 무엇보다 포르투갈어를 곧잘 구사하는데도 성급하게 안지로를 대동하고 일본으로 가는 모험을 감행하지 않았다. 하비에르의 선택은 안지로를 대동하고 일본으로 가는 것이 아니라 인도로 돌아가는 것이었다. 아시아 선교의 교두보인 고아의 성바울 신학교에서 신학 교육을 시킬 계획을 세운 것이다. 또한 하비에르는 의도적으로 안지로의 세례를 말라카에서 베풀지 않았다. 가톨릭교회의 아시아 선교를 행정적으로 총괄하는 고아의 대주교에게 세례를 받게 하는 것이 더 효과적이라고 판단했기 때문이다. 그래야만 포르투갈의 더 큰 협조와 관심을 기대할 수 있었다. 새로운 아시아 선교의 가능성을 포르투갈과 유럽 전역에 정식으로 소개하려는 의도였던 것이다. 1547년 12월 말, 하비에르와 안지로 그리고 그의 두 시종을 태운 무역선은 말라카를 떠나 인도로 향했다.

조지 알바레스가 보고한 일본의 상황

하비에르는 친구이자 일본 선교의 열렬한 후원자인 조지 알바레스에게 일본의 상황에 대해 아는 것을 모두 기록으로 남겨 달라고 부탁했다. 그는 짧은 기간이지만 일본 체류 경험도 있고 안지로와 대화하면서 일본에 대해 많은 정보를 확보할 수 있었다. 그동안 일본을 오갔던 다른 포르투갈 상인들이 얻은 정보의 양도 만만치 않았다. 하비에르는 일본에 대해 알고 있는 모든 정보를 서면으로 보고해 줄 것을 부탁했다. 새로운 선교의 대상이 아시아에서 발견되었기 때문에 신속하게 교황청과 예수회 본부에 그 정보를 보고해야 했기 때문이다.

일본에 대한 조지 알바레스의 보고서는 1547년 12월 초반에 작성되어 이듬해 1월 21일, 하비에르의 편지와 함께 로마로 보내졌다.[38] 조지 알바레스의 보고서는 유럽인이 일본에 대해 기록한 최초의 보고서라고 할 수 있다.[39] 그는 이 보고서에서 일본의 위치와 지형, 가옥 구조, 인종의 분류, 음식, 결혼과 여성에 관한 관찰, 정치 제도와 왕의 위치, 중국과의 관계 등에 대해 상세히 설명하고 있다. 조지 알바레스는 특별히 일본 불교에 대해 많은 정보를 제공했는데, 그가 보고한 일본 불교의 특성은 다음 열 가지로 요약할 수 있다.

1. 일본인은 우상숭배(Idol worship)에 적극적인 신앙심이 있다. 당시 포르투갈 상인들은 불교를 '우상숭배'의 종교로, 부처상이나 불탑 등에 절하는 행위를 우상숭배로 표현했다.

2. 어떤 일본인들은 가정에 불당을 두고 묵주를 사용한다. 가톨릭교회에서 사용하는 묵주와 비교한 것이다.

3. 불승(Bonzo로 표기함)들은 자기 사찰이 있으며 많은 책이 있는데, 대부분 중국어인 한자로 씌어 있다.

4. 불승들은 하루 네 번 기도를 올리고 북을 울리며 예불을 올리는데, 이는 중국의 불승들을 따라 하는 것이다. 따라서 일본의 우상숭배(불교)는 중국에서 온 것이다.

5. 불승들은 육식을 금하고 채식만 하며, 결혼이나 이성과의 성적 접촉을 삼가지만, 일부 승려는 어린 소년들과 난잡한 성적 타락을 일삼고 있다.

6. 불승들의 사찰에는 크고 잘 정돈된 정원이 있다. 법당은 가운데가 비어 있으며, 우상(불상)은 금색으로 칠해져 있다. 인도 말라바르에서 본 것처럼 우상의 큰 귀는 가운데가 뚫려 있다.

7. 불승들은 각자 신분 계급이 있으나 모두 머리를 밀었다. 그들은 묵주를 가슴에 걸쳤으며, 법복을 입고 있다. 그들은 모두 중국어(한자)를 읽을 수 있지만 말하지는 못한다. 그들은 결혼식이나 장례식 등을 집전해 준다.

8. 여승들은 독립된 사찰에 따로 거주하며 남성과의 성적 접촉을 금한다. 여승 중에는 귀족 출신이 많으며, 남자 불승과 같이 머리를 민다.

9. 일반 불승과 다른 종류의 승려들이 있는데, 이들은 일본 토착 종교의 사제로 보인다. 그들은 작은 크기의 불상을 마을 밖 작은 종교 시설에 보관하며, 마을의 축제가 있을 때만 이 불상을 꺼내서 사용한다.

10. 일본의 여성들은 불심이 매우 돈독하여, 자주 사찰을 방문하고 기도를 드린다.[40]

조지 알바레스의 이 기록은 일본 불교에 대한 유럽인 최초의 관찰 내용이다. 자신의 무역선에 동승하게 된 안지로에게 전해 들은 일본 불교에 대한 정보는 제한적이기는 하지만 매우 중요한 내용을 담고 있다. 정확한 통

당시 포르투갈 상인들이 일본을 왕래할 때 사용하던 무역선.

역 없이 조지 알바레스의 서툰 일본어와 안지로의 초보적인 포르투갈어가 만나 엮어진 불완전한 내용이지만 적어도 일본에 두 종류의 '우상숭배'가 존재한다는 것과 동아시아 불교의 기원이 중국에 있다는 조지 알바레스의 판단은 16세기 일본 종교를 정확하게 이해한 것이라고 할 수 있다. 일본 불교에 대한 조지 알바레스의 보고서는 가톨릭교회나 수도회와의 유사성에 주목한 점에서도 흥미롭다. 불교 사찰을 수도원 공동체로 묘사한 점, 시간을 엄수하는 가톨릭교회의 예배와 불교의 예불을 비교한 점 그리고 묵주의 사용이나 사제의 독신주의를 강조한 점은 이미 일본에 존재하는 종교성에서 가톨릭교회 선교의 새로운 가능성을 예측하려는 시도로 보인다. 두 종교 간에 발견되는 유사점을 접촉과 대화의 가능성으로 본 것이다.

인도에서 일본인 안지로를 알게 되다

1547년 12월 말, 하비에르는 안지로와 그의 시종 두 명을 대동하고 인도로 향한다. 안지로에게 기초적인 기독교 교리와 신학 체계를 포르투갈어로 가르쳐 장차 일본 선교의 통역사로 활용하기 위함이었다. 아시아 선교의 본부이자 포르투갈의 아시아 수도라고 할 수 있는 고아에서 안지로의 존재를 통해 일본 선교의 필요성과 가능성을 널리 알리겠다는 계산도 있었다. 일본에 대한 조지 알바레스의 보고서를 유럽으로 가는 배편으로 보내면서 하비에르는 일본 선교 가능성과 안지로의 미래에 대해 자신의 견해를 덧붙였다.

"제 영혼의 울림이랄까, 지금 제게 강하게 떠오르는 생각은 아마 2년 안에 제가 직접 가거나 우리 예수회의 다른 선교사 혹은 누구든지 분명히 일본으로 가게 되리라는 것입니다. 그것은 태풍의 위협이 도사리고 있고 중국 해적들이 들끓어 상당수의 무역선을 잃을 정도로 위험한 항해가 될 것입니다. 친애하는 형제 여러분, 그 위험한 항해에 나서게 될 사람을 위해 기도해 주시기 바랍니다. 그동안 안지로는 포르투갈어를 더 연마할 것이며, 유럽의 예술과 생활방식에 익숙해지도록 훈련 받을 것입니다. 우리는 안지로에게 그리스도교 신앙을 심어 줄 것이며, 그 내용을 일본어로 옮겨 적게 할 것입니다. 그는 일본어에 능숙한 솜씨를 발휘하여 예수 그리스도의 다시 오심을 내용으로 하는 긴 교리서를 작성할 것입니다."[41]

안지로는 고아의 성바울 신학교로 보내졌다. 이제 그는 고아에서 포르투갈어를 배우고, 기독교 신앙과 전례(典禮) 일반에 대한 신학적 지식을 습득할 것이다. 하비에르의 편지에서 안지로가 '유럽의 예술'에 익숙해지리라는 표현은 흥미로운 역사적 사실을 암시한다. 안지로에게 '유럽의 예술'을 가르친 것은 하비에르를 포함한 초기 예수회 선교사들이 예술을 일본 선교를 위한 도구로 생각했다는 뜻이다. 실제로 안지로는 가고시마의 영주를 처음 알현할 때 유럽의 예술품, 특별히 성모자상을 보여 주었는데, 이는 많은 일본인들의 관심을 촉발시켰다. 예수회 선교를 통해 유럽의 16세기 르네상스 예술이 일본으로 전해진 것이다.

안지로에게 걸었던 큰 기대감은 시간이 흐를수록 약간의 우려로 변하게 된다. 무엇보다 안지로가 한문을 읽을 수 없다는 사실 때문에 하비에르는 크게 실망한다. 일본 불교의 종주국이 중국이고, 대부분의 중요한 문서가 한문으로 기록되어 있다는 것을 알고 하비에르는 안지로가 중국어인 한자를 독해하지 못한다는 사실에서 그를 '배우지 못한 사람(homo idiota)' 이라

안지로가 기초적인 신학 교육을 받았던 성바울 신학교는
지금은 입구의 흔적만 남아 있다.

고 평가했다.

안지로가 고아에서 소개해 준 일본과 일본 불교에 대한 추가 정보도 상당 부분 오류가 있었다. 이 잘못된 정보는 하비에르가 1552년 중국 상천도에서 임종할 때까지 수정되지 않았다. 그 중 가장 대표적인 오류는 일본, 중국, 인도에 대한 지리학적 정보였다. 안지로는 일본의 법(Rey로 표기, 불법[佛法]의 의미임)은 '중국과 타타르(Tatar) 사이에' 있는 천축국(Chengico, Tenjiku)에서 왔다고 알려 주었다. 일본에 전래된 천축국의 종교인 불교는 중국을 통해 전해졌는데, 원래 석가모니 부처의 불교는 중국 너머에 있는 천축국에서 유래했다는 것이다. 그 천축국 너머에 '타타르'가 존재한다는 것이 안지로의 설명이었다.

안지로가 일본의 법(Rey)이 천축국에서 유래되었다고 말한 것은 잘못이 아니다. 문제는 자신이 바로 천축국인 인도에 와 있다는 사실을 몰랐다는 것이다. 안지로는 포르투갈의 아시아 교두보인 인도의 고아에서 천축국의 위치를 설명해야 할 형편에 처했고, 아시아 지리에 무지했던 그는 천축국이 중국 내부, 그러니까 중앙아시아의 어디쯤에 있을 거라고 추정했다. 그래서 안지로는 천축국의 위치를 '중국과 타타르 사이'라고 잘못 증언한 것이다.

중국과 타타르 사이는 16세기 중엽의 유럽인들에게 사제 왕 요한(Prester John)이 통치하는 전설의 땅으로 추정되고 있었다. 중국과 타타르 사이에 천축국이 존재한다는 안지로의 설명은 고아의 유럽인들에게 흥미로운 상상력을 제공했다. 이 상상은 예수회 수사 벤토 데 고에스(Bento de Goes)가 인도 북부에서 출발하여 중앙아시아를 거쳐 베이징 근방까지 탐험한 후 잘못된 것으로 최종 판명되었다. 벤토 데 고에스의 탐험은 당시 베이징에 체류하던 예수회 선교사 마테오 리치(Matteo Ricci, 1552-1610)에 의해 재확인된다. 그러니까 안지로가 준 잘못된 정보는 아시아의 예수회 선교사들이 약 50년 동안 천축국(인도)의 위치를 잘못 계산하게 했다.

어쨌든 안지로의 잘못된 설명을 듣고 하비에르는 일본에 전해진 법(Rey)이 타타르, 중국, 일본 삼국에 공통적으로 적용되며, 같은 문자로 그 내용이 기록되어 있다고 로마에 보고했다. 그는 이 보고서에서 이 중요한 문자를 유럽의 라틴어라고 비유하였으며, 안지로가 이 글자를 읽을 수 없다는 것을 매우 아쉬워했다.

파울로 데 산타 페(Paulo de Santa Fe)라는 세례명을 받게 될 안지로는 열심을 다해 세례자 교육을 받았다. 이 교육은 1548년 1월부터 5월까지 계속되었으며, 이탈리아 출신의 예수회 선교사 니콜로 난실로토가 담당했다. 난실로토는 이 기간 중에 안지로로부터 일본 불교에 대한 광범위한 정보를 취합하여 로마 교황청에 보고했다.[42] 이것은 유럽인에 의해 두 번째로 취합된 일본 불교에 대한 보고서다.

난실로토가 보고한 일본 불교 보고서는 1547년에 기록된 조지 알바레스의 보고서와 많은 부분이 유사하다. 불승의 신심과 공동체 생활에 대한 관심도 여전하고, 이들의 계급에 따른 승복 색깔이나 예불 형식에 대한 관찰도 동일하다. 불승들이 비구니들이나 소년들과 성적으로 접촉한 것에 대한 관심도 반복되고 있다. 다만 일본 불교의 핵심 내용에서 새로운 정보가 보인다.

"그들(일본 불승)은 오직 유일신이 존재함을 설법하며, 그 유일신은 세상을 창조하신 창조주로 믿는다. 또 그들은 낙원이 존재함을 가르치며, 죄의 정화를 위한 연옥과 지옥의 존재를 믿는다. 사람이 죽으면 모든 영혼은 일단 죄를 정화하는 곳으로 보내지는데, 선한 사람이나 악한 사람 모두 그곳으로 가야 한다고 믿는다. 그곳에서 선한 인간은 하나님이 계신 곳으로 보내지고 악한 사람은 악마들이 있는 지옥으로 보내진다고 믿고 있다. 또 그들은 하나님께서 악마를 세상에 보내 악한 인간들을 심판하신다고 믿는다."

난실로토가 취합한 일본 불교에 대한 정보는 유럽인의 관점에서 자의적으로 다른 종교를 해석하는 경향을 보여 준다. 일본 불교와 유럽의 그리스도교가 어떻게 동일한지를 적극 해명하고 있는 것이다. 일본 불교가 유일신 신앙을 갖고 있고 창조주의 존재를 인정하며, 천국과 지옥이나 죄에 대한 심판 등의 개념이 동일하다는 해석은 일본인의 종교성 가운데 이미 그리스도교와의 접촉점이 존재함을 직접 강조하는 것이다.

난실로토는 일본 선교의 가능성을 로마 교황청에 보고하면서 두 종교의 공통점을 강조하는 수준을 넘어, 아예 일본 불교에 숨겨진 유일신교 신앙의 가능성까지 주장했다. 또 불승들의 종교 생활이 그리스도교의 그것과 상당히 유사하다는 것을 거듭 반복했다. 불승들의 삭발, 수도원에서의 집단 생활, 정기적인 예불과 기도 시간, 묵주 사용, 탁발 제도, 원칙적인 금욕주의 등의 유사성을 거듭 강조한 것이다. 또 샤카(Xaqua)라 부르는 인물이 유럽의 성자처럼 신도들에게 추앙받고 있다고 강조했다. 난실로토는 이 인물의 중요성에 주목하면서 그의 생애와 종교적 가르침에 대해 자세한 기록을 남긴다. '샤카'의 생애와 '샤카의 종교'가 어떤 경로로 일본에 전래되었는지는 우리가 아는 상식적인 불교의 역사와 거의 동일하다. 난실로토는 안지로의 증언을 마치면서 '샤카'의 가르침을 이렇게 요약한다.

"이 샤카는 모든 사람들에게 유일하신 절대자를 섬기라고 가르쳤습니다. 이 유일신은 바로 창조주이십니다. 샤카는 자기 모습을 그림으로 남기라고 지시했는데, 한 몸에 세 개의 머리가 있는 모습이었습니다."

난실로토는 일본 불교에 대한 분석에서 강조한 것을 다시 '샤카'의 가르침에서 반복해서 강조한다. 일본 불교의 궁극적인 가르침도 유일신교에 바탕을 두고 있으며, 천축국의 불교 창시자인 '샤카'도 유일신교 신앙을 가르쳤다는 것이다. 난실로토는 여기서 한 걸음 더 나아가, 샤카의 가르침에서 삼위일체의 교리로까지 확대해 불교와 기독교의 유사성을 강조한다.[43] 한 몸에 세 개의 머리가 있는 '삭캬'의 모습에서 삼위일체 하나님의 원형을 추론한 것이다.

이 흥미로운 유비론적 해석에서 중요한 점은 난실로토가 설명한 불교 이론의 정확성이 아니라, 난실로토를 비롯한 예수회 선교사들이 품었던 일본 선교에 대한 열정일 것이다. 우연히 만난 일본인 안지로를 통해 유럽과 아시아는 서로 만나기를 갈구했다. 처음 만난 타자에 대한 무지 때문에 유럽인들은 일본의 문화와 종교를 유럽식으로 해석했다. 예수회 선교사들은 두 종교의 차이점보다 유사점에 더 주목한 것이다. 절대자에 대한 일본인의 갈구가 유럽인의 그것과 동일하다고 재차 강조한 이유는 '우리와 같은' 일본인에게 하루 속히 그리스도의 복음을 전해야 한다는 당위성을 애써 강조하기 위해서다. 복음 전파의 열정이 없었다면 이런 유비론적 해석도 없었을 것이다.

인도에서의 두 번째 체류와 하비에르의 활동

안지로와 인도로 돌아온 하비에르는 15개월 동안 인도에서 체류했다. 하비에르에게는 두 번째 인도 체류인 셈이다. 그는 1547년 12월에 안지로와 말라카를 출발하여 1548년 1월 13일 코친에 도착했다. 거친 바다를 헤쳐 오는 동안 무서운 폭풍을 만나 3일 동안 무역선이 표류하는 일도 있었다.[44] 매 순간 당면했던 어려움이나 시련을 언급조차 삼갔던 하비에르가 "죽음을 각오하고 마지막 임종의 기도를 올렸다"고 기록할 만큼 무서운 풍랑을 경험한 것으로 보인다.[45] 무사히 코친에 도착하자 안지로와 그의 두 시종은 고아로 보내졌다. 일본인들이 성바울 신학교에서 훈련받고 있는 동안 하비에르는 일단 코친에 머물며 아시아 선교의 책임자로서 처리해야 할 여러 가지 업무에 착수했다. 2년 전 하비에르가 인도를 떠날 때에 비해 이미 많은 것이 변해 있었다.

하비에르가 그토록 큰 열망을 품고 매진했던 인도 동남부의 선교는 비극적인 쇠퇴의 길로 접어들고 있었다. 하비에르가 떠난 다음 실론 선교를 실질적으로 책임지고 있던 프란체스코 수도회가 거의 포기 상태에 있다는 소식을 듣고 하비에르는 크게 낙심한다. 포르투갈의 막강한 해군력으로도 자프나의 영주 산킬리가 무자비하게 휘두르는 그리스도교에 대한 박해의 칼을 피할 수 없어 보였다. 하비에르와 포르투갈에 호의적으로 접근했던 이니퀴트리베림(Iniquitriberim)은 나약한 정치력과 유유부단한 성격 때문에 아무런 도움이 되지 못했다. 실론에서의 슬픈 소식은 곧 진주해변과 코모린 곶 부근에 흩어져 있는 파라바 그리스도인들의 미래가 불확실하다는 사실과 같은 의미였다. 이미 두 차례의 박해가 그 지역을 휩쓸고 갔고, 선교의 베테랑이었던 만실랴스는 예수회에서 추방되었다. 하비에르의 걱정과 고민은 깊어만 갔다. 2년 반 전에 인도의 새 총독으로 부임한 주아옹 디 카스트로(João de Castro)는 탁월한 지도자였고 선교에도 호의적이었지만, 인도 동남부와 실론의 복잡한 정치 상황을 반전시키기에는 역부족이었다.

하비에르가 인도로 돌아왔을 때, 1548년 초 당시 인도에서 활동하던 예수회 신부는 모두 열일곱 명이었다. 하비에르는 동원할 수 있는 예수회 선교사 인력을 효과적으로 재배치하여 위기에 빠진 인도 선교를 재건하고, 말라카, 몰루카 제도 그리고 새로운 아시아 선교 중심 지역이 될 일본 선교에 대한 큰 청사진을 그려야 했다. 진주해변과 실론의 슬픈 소식에 좌절할 것이 아니라 아시아 선교의 최고 책임자답게 예수회 선교에 활력을 불어넣고 새로운 희망의 가능성을 심어야 할 책임이 있었다. 하비에르는 제일 먼저 이냐시오에게 문안 편지를 보내면서 일본 선교에 대한 자신의 계획을 밝힌다. 아시아 선교의 미래는 일본에 있다는 확신에 찬 메시지였다.

"(일본 선교에 대해) 아직 저는 결정을 내리지 못하고 있습니다. 제가 한두 명의 예수회 회원을 대동하고 6개월 내에 일본으로 가야 할지, 아니면 두 명을 먼저 보내어 그곳 사정을 알아보게 할지 아직 결정하지 못하고 있습니다. 그러나 분명한 것은 제가 가든 다른 사람이 가든 반드시 일본으로 가야 한다는 사실입니다. 지금 상황으로는 제가 직접 가야 할 것 같습니다. 주님께서 제게 분명한 판단력을 주셔서 이 문제를 잘 결정할 수 있도록 이끌어 주시기를 기도하고 있습니다."[46]

하비에르는 더 큰 틀에서 당면한 인도 선교의 위기를 극복해야 했다. 실론의 선교가 실패한 이유와 진주해변에 방치되어 있는 파라바 그리스도인들의 문제를 해결하기 위해서는 포르투갈 국왕이 더 적극적으로 나서야 하고, 강력한 권력을 가진 국왕을 움직이는 것만이 인도 총독을 제대로 움직일 수 있는 첩경이라고 판단했다. 하비에르는 포르투갈 국왕 요한 3세에게 간곡한 내용의 편지를 쓰면서, 인도 총독에게 선교의 의무를 더 명확하게 규정해 달라고 간청한다.

"전하께 간청드립니다. 인도에 있는 총독이나, 앞으로 파견하실 총독들에게 강력하게 지시하시고 친히 명령을 내려 주십시오. 전하께서는 그리스도의 복음을 전파하기 위해 인도에서 사역하고 있는 프란체스코회나 예수회 소속 수도사들을 누구보다도 신뢰하신다는 것을 명확하게 전해 주십시오. 또한 인도 총독의 가장 중요한 의무는 전하의 양심에서 우러난 의무감인 그리스도의 복음으로 인도를 변화시키는 일이라고 분명히 말씀해 주시기 바랍니다. 총독들이 전하의 이 의무감을 가볍게 여겨서 인도가 아직 그리스도교화되지 못하고 있습니다.

전하! 총독들에게 친히 명령을 내리셔서 이미 그리스도인이 된 사람들에 대해 자세히 보고하게 하시고, 앞으로 개종할 사람들에 대한 보고서도 직접 받으시길 바랍니다. 다른 어떤 내용의 보고보다 이 개종에 대한 보고로 인도 총독의 능력을 판단하겠다는 지침을 내려 주십시오. 만약 총독이 이 고귀한 의무를 소홀히 해서 우리 믿음이 이 땅에 널리 전파되는 데 방해가 된다면 전하께서는 친히 총독에게 엄한 벌을 내리겠다는 뜻을 전해 주시기 바랍니다. 만약 총독이 전하의 지시를 소홀히 여긴다면 전하께서는 그 총독을 포르투갈로 소환하셔서 총독의 재산을 몰수하여 자선단체에 기부할 뿐 아니라 수년 동안 총독을 수감시킬 거라고 명령해 주십시오."[47]

하비에르의 이같이 강경한 청원은 실론의 개종자들이 산킬리로부터 무자비한 박해를 받고 있음에도 적절히 대응하지 않는 인도 총독들에 대한

작가 미상의 하비에르 초상화.

실망과 분노가 반영된 것으로 보인다. 물론 포르투갈의 군사력이나 총독의 무력을 동원하여 그리스도교 복음을 확산시키려는 하비에르의 정치적 판단은 우리 시대의 윤리적 기준으로는 정도(正道)를 벗어난 것일 수 있다. 하지만 우리는 하비에르의 격정에 찬 편지 내용을 통해 선교에 대한 그의 열정을 미루어 짐작할 수 있으며, 인도 선교의 미래에 대한 그의 변함없는 관심을 느낄 수 있다.

하비에르는 포르투갈 왕에게 영향력을 미칠 수 있는 관구장 시몽 로드리게스에게도 따로 편지를 써서 인도 선교의 현황과 문제점을 간략하게 설명하고, 국왕의 확고한 정책적 후원이 인도 선교의 성공 여부를 결정할 것이라는 의견을 피력한다.

"제 경험을 미루어 확신하건대 인도 선교는 오직 한 가지 방법과 길밖에 없습니다. 그것은 국왕께서 친히 법령을 반포하시어 모든 인도 총독들에게 그리스도교의 경계를 확장하는 일에 전적인 책임이 있음을 확고하게 선언하는 것입니다. 그렇게 해야만 실론 땅에 그리스도의 복음이 전파될 수 있습니다. 그렇게 해야만 코모린 지역에 더 많은 개종자들이 생길 것입니다. 그렇게 하면서 우리와 같은 사제들을 동원한다면 하나님을 경배하는 사람들이 이곳에서 분명 늘어날 것입니다. 만약 총독이 이 일에 미온적이거나 즉각 행동을 취하지 않는다면 국왕께서 총독을 엄벌에 처하는 법을 공표하셔야 합니다. 하나님의 일을 소홀히 한 총독은 리스본으로 소환되어 모든 재산을 박탈당하고 장기간 투옥될 것이라고 말입니다. 만약 국왕께서 친히 이런 법령을 반포하시고, 위법한 자를 엄하게 징벌하시면 즉각 믿는 자의 수가 늘어날 것입니다. 만약 그렇지 않으면 인도에서 큰 성과가 나타나지 않을 것입니다."[48]

포르투갈 국왕과 시몽 로드리게스에게 보낸 편지에서 하비에르는 인도 선교의 미래를 정치적인 힘으로 풀려고 했다. 국왕의 정치적 관심과 인도 총독의 군사력을 의지해야만 선교가 가능하다고 현상을 파악한 것으로 해석될 수 있다. 선교를 위해 무력이라도 동원해야 한다는 논리였다. 물론 하비에르의 이런 주장은 16세기 인도와 실론이라는 역사적인 맥락에서 이해되어야 한다. 하비에르가 이런 정치적 해결을 제안한 것은 실론 섬에서 개종자들에 대한 박해가 계속되고 있음에도 포르투갈 총독들이 미온적으로 대처했기 때문이다. 조만간 일본을 향해 불안한 발걸음을 옮겨야 했던 하비에르로서는 자신이 떠난 다음 인도 선교의 미래가 어떻게 전개될지 걱정되었다. 이에 따라 군사력이라는 가시적인 수단을 제안한 것이다. 어쩌면 다시는 돌아오지 못할 인도와 실론 땅에서 선교의 불꽃이 꺼져 가는 것을 우려했던 하비에르의 마지막 선택이었던 것이다.

하비에르는 포르투갈 사람들이 인도에서 저지르는 부정과 탐욕스러운 언동, 그리고 욕정에 사로잡힌 행동에 대해 매우 부정적으로 생각했으며, 인도 총독이 포르투갈 사람들을 잘 통제하지 못하고 있다고 판단했다. 이런 유럽인들의 잘못이 인도 선교의 걸림돌이 된다고 보았다. 하비에르는 시몽 로드리게스에게 보낸 같은 편지에서 "만약 인도 선교가 실패한다면 그것은 바로 우리(유럽인들) 때문이다"라고 강조했다.[49] 이 문맥에서 "우리"는 인도에 체류하면서 온갖 부정을 저지르는 유럽인들 전체를 말하며, 이를 신앙적으로 지도하지 못한 자신을 포함한 예수회 신부들과 이를 통제하지 못한 총독의 법적인 책임을 의미한다. 하비에르는 유럽의 군사력을 이용하여 무력으로 인도를 정복하고 그리스도의 복음을 전파해야 한다는 제안을 한 적이 없다. 오히려 인도 현지인에게 사랑과 존경을 받을 수 있도록 포르투갈 사람들을 신앙으로 지도해야 한다고 거듭 강조했다.

하비에르가 쓴 편지는 1월 22일 코친을 떠나 유럽으로 향하던 배편으로 보내졌다. 인도 선교의 현황과 당면 과제를 담은 편지가 포르투갈로 발송되자 하비에르는 곧바로 코친을 떠나 진주해변의 마나파드(Manapad)로 향한다. 2년 전 말라카로 떠나기 전까지 숱한 시련과 어려움을 극복하며 복음을 전했던 진주해변의 선교 상황을 점검하기 위해서였다. 진주해변에서 흩어져 사역하고 있던 예수회 신부들은 하비에르의 방문에 맞춰 모두 한자리에 모였다. 그동안 몇 명의 선교사들이 이 지역에 충원되었다. 이탈리아 파르마 출신의 안토니오 크리미날리는 28세의 청년으로, 이 선교사 회동에서 활달한 모습을 보여 주어 하비에르를 기쁘게 했다. 스페인 출신의 알론소 시프리아노(Alonso Cipriano), 트라방코르에서 사역하던 마누엘 디 모라스(Manuel de Moras),[50] 그리고 유대인 출신의 엔히끼 엔히끼스(Henrique Henriques)도 이 모임에 참석한 선교사들이다.[51]

진주해변에서 활동하던 예수회 선교사들은 그토록 존경하던 하비에르의 실제 모습을 보는 것만으로도 큰 위로와 격려를 받았다. 하비에르는 친형제를 대하듯 한 명 한 명의 사제들에게 관심과 사랑을 베풀었다. 하비에르는 유아 사망률이 높은 그 지역에서 단 한 명의 어린 아기도 세례를 받지 못하고 죽는 일이 없도록 사제들이 더욱 분발할 것을 주문했다. 또한 포르투갈 상인들과 우호 관계를 유지하는 것을 잊지 말라고 당부했다. 노련한 선교사는 젊은 후배 선교사들에게 호소에 가까운 부탁의 말을 이어갔다.

"절대로 조심할 것은, 어떤 경우에도 포르투갈 상인들이 보는 앞에서 개종한 인도 그리스도인들을 비판하지 말라는 것입니다. 차라리 그들 편을 드십시오. 그들을 변호해 주시기 바랍니다. 그들은 그리스도인이 된 지 얼마 되지 않았고 신앙의 내용을 이해하는 데 좀더 시간이 필요합니다. 신부님들, 부디 여러분이 섬기는 분들로부터 사랑받을 수 있도록 최선을 다하시기 바랍니다. 무슨 일을 하든지 사랑의 말로 하십시오. 사람들에게서 받은 기부금이나 헌금은 반드시 모두 가난한 사람들을 위해 쓰시고, 절대로 여러분 자신을 위해서는 쓰지 마시기 바랍니다."[52]

하비에르는 이 선교사 모임에서 안토니오 크리미날리를 진주해변의 선교 책임자로 임명하고, 원주민 출신의 프란시스꼬 코엘료(Francisco Coelho)에게 진주해변의 말라바르어로 교리를 번역하고 이를 여러 종이에 옮겨 적어 선교에 활용하라고 지시했다. 한 마을에서 사역을 마치고 다른 마을로 떠날 때 이 말라바르어로 번역된 교리서를 마을 사람들에게 나누어 주고 이를 그대로 따르게 하라는 지시도 잊지 않았다.

하비에르는 일본으로 떠나기 전에 인도 선교의 현황을 모두 점검해야 했고, 예상할 수 있는 가능성과 문제점에 대한 대책을 미리 세워야 했으며, 새로 유럽에서 파송된 선교사 인력들을 적재적소에 배치하는 일을 마무리해야 했다. 하비에르는 자신이 그토록 심혈을 기울였던 첫 번째 아시아 선교의 현장으로 다시 돌아오지 못할 수도 있다고 생각했다. 그래서 그의 발걸음은 인도에서 더 빨라질 수밖에 없었으며, 자연히 그의 몸은 격무에 시달려 지칠 수밖에 없었다.

하비에르는 1548년 2월 말에 코친으로 돌아왔다가 다시 북쪽으로 방향을 틀어 고아를 방문한다. 안지로와 그의 시종들이 성바울 신학교에서 교육을 받고 있는 바로 그곳이다. 9일간 고아에 머물면서 하비에르는 파울로 데 카메리노를 다시 만나는 기쁨을 누린다. 오랜 친구이자 동지를 살아서 다시 만난 것이다. 아시아로 떠나라는 이냐시오의 지시를 받고 함께 로마를 출발했으며, 리스본에서 산티아고 호를 타고 아프리카의 거친 물살을 함께 헤친 둘도 없는 동료였다.

하비에르는 고아에서 니콜로 난실로토를 처음 만나게 되는데, 안지로의 신학 교육을 책임졌으며 일본 불교에 대한 정보를 취합했던 인물이다. 장차 말라카에서 사역하게 될 프란시스꼬 페레즈(Francisco Perez)와 일본에서 활약하게 될 바르셀로나 출신의 꼬스메 디 또레스(Cosme de Torres)와의 첫 만남도 갖는다.

고아에 잠시 머무는 동안 하비에르는 성바울 신학교와 관련된 업무를 주로 처리하고 다시 북쪽으로 항해를 계속하여 지금의 뭄바이(봄베이)에서 40킬로미터가량 북쪽에 있는 바세인(Bassein)을 방문한다.[53] 인도 총독 주아옹 디 카스트로를 만나기 위해서였다. 그는 총독에게 자프나의 영주 산킬리가 개종자를 계속 박해하는 것에 대한 외교·군사적 대응이 필요하다는 것을 주지시키고자 했다. 하비에르는 바세인에서 사순절 특별 설교를 했는데, 이때 총독 주아옹 디 카스트로도 회중의 한 사람으로 참석했다.

주아옹 디 카스트로 총독은 신앙심이 각별한 사람이었다. 포르투갈 최고 명문가의 아들인 그는 한때 바스꼬 다 가마의 아들이자 인도 총독이었던 슈테봉 다 가마(Estevão da Gama)를 상관으로 모시고 이집트 홍해 지역을 정벌한 적이 있다. 그는 시나이 산의 유명한 성 카테리나 수도원을 방문했고, 그곳에서 아들 알바로 디 카스트로(Alvaro de Castro)에게 기사 작위를 수여받게 할 정도로 신앙심이 깊었다. 그는 투철한 신앙심으로 하비에르에게 호의를 베풀었고, 개종자를 박해하는 산킬리를 정벌해 달라는 하비에르의 부탁에 적극적인 군사 지원을 약속했다. 총독은 즉각 산킬리의 도발과 박해를 중지시키기 위해 해군 장교 안또니오 바레투(Antonio Barreto)에게 200명의 특별부대를 동원하여 실론으로 출동하라는 명령을 내린다.

한편 카스트로 총독은 하비에르에게 개인적인 부탁을 했다. 자신의 목숨이 얼마 남지 않았으니 함께 고아로 가서 자신의 임종을 지켜 달라는 것이었다. 하비에르는 총독의 부탁을 거절할 수 없어 그와 함께 고아로 돌아가서 노환으로 죽어 가는 총독의 마지막 침상을 지켜 주었다. 그가 고아로 귀환한 시기는 확실하지 않으나, 1548년 4월 2일 말라카에 있던 친구 디오고 페레이라(Diogo Pereira)에게 고아에서 쓴 편지가 남아 있는 것으로 보아 그 전에 고아로 돌아온 것 같다. 총독은 1548년 6월 6일, 하비에르의 품에 안겨 임종을 맞이했다. 2년 8개월간 인도를 호령하던 총독은 성자의 품에서 조용히 숨을 거두었다.

하비에르가 아시아 선교의 책임자로서 바쁘게 인도 전역을 돌며 현안들을 처리하고 있는 동안, 고아에서 신학 교육을 받고 있던 안지로와 그의 두 시종은 일생일대의 중요한 행사를 치르게 된다. 1548년 5월 20일, 마침내 세 일본인이 고아에서 세례를 받은 것이다. 하비에르는 이 세례식이 아시아 선교의 새로운 분기점이 될 것이라고 확신했다. 고아의 대주교가 주재한 이 세례식은 하비에르가 지켜보는 가운데 고아의 대성당에서 성대하게 열렸다. 안지로는 '성스러운 신앙의 바울(Paulo de Santa Fe)'이라는 세례명을 받았고, 두 시종은 주아옹(João)과 안또니오(Antonio)라는 세례명을 각각 받았다.

안지로의 세례식이 거행된 다음달(1548년 6월), 주아옹 디 카스트로 총독이 사망함으로써 고아의 정치·종교적 상황은 급변하게 되고, 그중 성바울 신학교 문제가 심각했다. 디오고 디 보르바가 설립한 성바울 신학교는 창립 이후 인도 총독의 재정적인 지원으로 운영되고 있었는데, 카스트로 총독이 이를 게을리해 성바울 신학교는 재정적인 어려움에 직면해 있었다. 당시 성바울 신학교에서 학생들을 가르치던 니콜로 난실로토는 60여 명의 학생들이 거의 굶주린 상태로 내팽개쳐져 있다고 보고할 정도였다. 하비에르는 오랜 친구이자 동료인 파울로 데 카메리노에게 학교 운영을 맡기는 한편, 사태 해결을 위해 여러 가지 방법을 찾고 있었다.

그런데 멀리 포르투갈에서 문제가 발생했다. 포르투갈과 아시아 전역의 예수회를 총책임지고 있던 시몽 로드리게스가 안또니오 고미스(Antonio Gomes)라는 신부를 성바울 신학교 교장(Rector)으로 임명하고 인도로 파견했기 때문이다. 이것은 시몽 로드리게스의 월권에 가까운 행동이었다. 인도 전역을 포함한 모든 아시아 선교의 일차적인 책임은 하비에르에게 있기 때문에 성바울 신학교 교장의 임명은 최소한 하비에르와 협의를 거쳐야 했다. 인도 사정을 잘 아는 사람이 인사권을 갖는 것이 당연했다. 그러나 하비에르는 분쟁을 피하기 위해 시몽 로드리게스의 임명을 받은 안또니오 고미스를 일단 성바울 신학교 교장으로 받아들였다.

안또니오 고미스 신부가 고아에 도착한 것은 1548년 9월 3일이다. 그는 후안 디 멘도사(Juan de Mendoza) 선장이 지휘한 선단의 배를 타고 왔는데, 이 배에는 안또니오 고미스 외에 세 명의 사제와 여섯 명의 수사가 함께 탔다. 새로 아시아에 파송되는 예수회 선교단이 도착한 것이다. 이렇게 많은 선교사들이 한꺼번에 도착한 것은 하비에르가 리스본을 떠난 이후 처음 있는 일이었다. 하비에르는 장차 인도와 아시아 선교의 첫 주춧돌이 될 예수회 형제들을 진심으로 환영했다. 이들 선교단 중 이미 사제 안수를 받은 사람은 앞에서 언급한 안또니오 고미스와 가스빠흐 베르제(Gaspar Berze), 멜치오르 곤살베스(Melchior Gonçalves), 발타자 가고(Baltasar Gago)였으며, 여섯 명이나 파송된 수사들은 후안 페르난데즈(Juan Fernández, 일본으로 파송), 질 바레투(Gil Barreto), 파울로 디 발리(Paulo de Valle, 진주해변으로 파송), 프란시스꼬 페르난데즈(Francisco Fernández), 마누엘 바스(Manuel Vaz) 그리고 일본 선교의 역사를 기록하게 될 루이스 프로이스(Luis Frois)였다.

이중에서 가스빠흐 베르제(Gaspar Berze, Barzaeus라고도 표기함)는 플레밍 출신으로 루뱅 대학에서 석사학위를 받은, 장래가 촉망되는 젊은 사제였다. 그는 이냐시오 로욜라처럼 스페인의 몽세라트 산에서 영적 체험을 한 뒤 코임브라에서 예수회에 입단한 인물이다. 가스빠흐는 특별히 설교에 은사가 있었으나 포르투갈어가 모국어가 아니어서 힘든 시간을 보냈다. 하비에르는 그를 격려하여 탁월한 설교가로 만드는데, 이는 하비에르가 이 젊은 사제의 가능성을 예견했기 때문이다.[54] 그는 하비에르가 없는 인도 선교의 핵심 인물로 성장하게 된다.

　장차 일본 선교의 주춧돌이 될 두 명도 간략한 소개가 필요하다. 수사 후안 페르난데즈는 스페인 코르도바에서 비단 사업을 하던 부유한 집안의 아들로 태어났지만 하비에르와 함께 일본 선교의 개척자로 활동하게 된다. 그는 언어에 탁월한 재능이 있어 제일 먼저 일본어를 익혀 하비에르와 일본에 상륙한 뒤 가두 설교를 할 정도였다.[55] 수사로 인도에 도착한 루이스 프로이스는 일본 선교의 중요한 역사 기록을 남긴다. 일본에서 활동하는 동안 임진왜란의 자초지종을 유럽인의 시각으로 기록한 인물이기도 하다.

　예수회의 아시아 선교를 후원하던 포르투갈과의 관계나 인도로 오기 전에 수련을 받은 신학적 소양의 정도로 볼 때, 1548년 9월 3일 도착한 대규모 선교단 중 가장 인상적인 사람은 역시 성바울 신학교 교장으로 임명받아 온 안또니오 고미스일 것이다. 그는 포르투갈의 명문 예수회 대학인 코임브라(Coimbra)에서 학문으로 두각을 나타냈으며, 철학으로 석사를, 법학으로 박사학위를 각각 받았다. 그는 무엇보다 포르투갈 사람이란 것을 무한한 영광으로 여겼으며, 성격과 주관이 매우 뚜렷한 사람이었다. 포르투갈의 영광을 위해서라면 모든 것을 걸 수 있는 전형적인 16세기 인물이었다. 고미스는 새로운 임지로 부임하면서 포르투갈과 코임브라의 영광을 고아에서 재현하겠다는 열망에 사로잡혀 있었다. 이 지나친 열정은 장차 인도 고아의 예수회 공동체를 분열과 곤경으로 몰아넣게 되고, 결국 하비에르에 의해 예수회에서 추방되는 비극적인 결과로 이어진다. 하비에르는 고미스의 독선적인 성격을 첫눈에 알아보고 호르무즈(Hormuz)로 보낼 계획까지 세웠다. 그러나 시몽 로드리게스의 임명을 받은 안또니오 고미스를 다시 오지로 파송하는 것은 또 다른 분쟁을 불러일으킬 공산이 컸다.

하비에르는 이 문제를 매우 신중하게 다뤄야 했다. 일단 그는 장래가 촉망되는 가스빠흐 베르제를 호르무즈로 보내 현장에서 혹독한 수련을 받게 했다.[56]

하비에르는 포르투갈에서 새로 파송되어 고아에 도착한 사제와 수사들과 반가움을 충분히 나누기도 전에 다시 코친으로 내려갔다. 진주해변에서 추진되고 있는 선교사들의 보고서가 집결되는 그곳에서 해결해야 할 문제가 산적해 있었기 때문이다. 당시 진주해변에는 약 5만 명의 개종자들이 광범위한 지역에 흩어져 있었기 때문에 하비에르가 해결해야 할 문제가 많았다.

1548년 9월 중후반에 고아를 떠나 진주해변의 코친으로 이동한 하비에르는 각종 현황을 분석하고 대책 마련에 들어간다. 하비에르는 먼저 진주해변에서 외롭고 힘겹게 사역하고 있는 선교사들을 격려하는 편지를 보낸다. 엔히끼 엔히끼스 선교사에게 보낸 편지에는 가시적인 성과가 나타나지 않는 진주해변에서 외로움과 싸우고 있을 후배 선교사에 대한 선배의 따뜻한 위로가 가득하다.[57]

곧 일본으로 떠나야 할 입장에서 개종자들에 대한 실론 영주 산킬리의 박해도 하루 속히 해결해야 할 문제였다. 포르투갈 총독에게 찾아가 하소연도 해보았고 해군을 동원한 무력 행사도 추진해 보았지만 카스트로 총독의 사망 이후 계획은 추진되지 않았다. 그러나 정작 진주해변의 파라바 개종자들을 괴롭히는 실질적인 문제는 포르투갈 군대와 상인들의 수탈이었다. 선교에 방해가 되는 사람은 산킬리가 아니라 불법무도한 유럽인들이었다. 아시아의 새로운 개종자들이 유럽의 옛 그리스도인들에게 핍박받고 있는 형국이었다. 진주해변의 포르투갈 해군을 지휘하던 꼬스메 디 빠이바(Cosme de Paiva) 수비대장은 아예 노골적으로 파라바 그리스도인들을 노예처럼 다루었고, 그들의 재물을 긁어모으는 데 혈안이 되어 있었다. 진주 조개잡이가 시작되는 매년 3월이면 약 400척의 진주 조개잡이 배가 출항하는데, 이중에서 약 300척이 파라바 그리스도인들 소유였다. 7,000여 명의 파라바인들이 목숨을 걸고 바다로 뛰어들어 건져오는 진주에 대한 세금은 원래 포르투갈 왕의 국고로 들어가야 했다. 그러나 수비대장 빠이바가 이끄는 포르투갈 군대와 악독한 상인들은 이 세금을 상습적으로 착복했으며, 아예 채집한 진주를 모두 강탈하는 만행도 저질렀다. 심지어 파라바인들의 주식(主食)인 쌀을 매점매석하고 여기에 엄청난 세금을 붙여서 되파는 악랄한 수법을 쓰고 있었다.

하비에르는 다시 포르투갈 국왕과 시몽 로드리게스에게 간곡한 편지를 보내 진주해변의 열악한 상황을 호소하면서, 국왕께서 진주해변의 상황에 더 많은 관심을 가져 줄 것을 간청한다. 그러나 하비에르는 부정을 일삼는 포르투갈 장교를 소환해서 처벌해 달라는 청원은 삼갔다. 문제를 일으키고 있는 그들의 실명도 거명하지 않았다. 사제로서 그는 영적인 범위 내에서 국왕과 포르투갈 관구를 책임지고 있는 동료에게 호소했을 뿐이다. 다만 개종자들을 박해하고 있는 실론의 영주가 자신의 잘못을 무마하고 주의를 딴 곳으로 돌리기 위해 값비싼 선물을 포르투갈로 보냈다는 것을 상기시키면서, 개종자들의 희생을 감추기 위한 부정한 선물을 받지 말라고 조언하는 정도에서 그쳤다.[58]

하비에르가 일본으로 떠나기 직전에 쓴 편지 중에서 가장 중요한 내용이 담긴 것은 로욜라에게 보낸 1549년 1월 14일자 편지다. 하비에르는 여기서 일본으로 떠나기 전 자신의 영적인 상태를 솔직하게 고백하고, 자신의 항해 뒤로 남겨질 인도 선교의 미래에 대하여 솔직한 의견을 제시한다. 만약 하비에르 신상에 초래될 비극이 있다면, 그 개인적 비극 때문에 아시아 선교 전체 계획에 차질을 빚지 말아야 한다는 하비에르의 지도자적인 의지와 통찰이 담겨 있다.

이 편지는 하비에르가 인도 선교의 미래가 어둡기만 하고, 인도 원주민들의 문화적인 수준과 종교적인 상태를 매우 부정적으로 묘사한 것으로 유명하다. 제3세계 신학자들이 이른바 '제국주의적 선교'란 이름으로 유럽 교회의 선교를 비판할 때 자주 인용되는 구절이기도 하다. 인도인들을 '야만적인 사람'이라고 표현한 데서, 이들의 하비에르 비판은 절정에 달한다. 문제가 되고 있는 하비에르의 편지 내용은 이렇다.

"당신의 가장 미천한 아들들인 우리 예수회 사제들이 인도에서 진행하고 있는 사역에 대한 보고는 이미 시몽 로드리게스 신부님을 통해 받으셨으리라 믿습니다. 모든 사역은 주님의 거룩한 도움과 이냐시오님의 기도와 예배 때문에 가능하다는 것을 우리는 믿고 있습니다. 로마에서 정말 멀리 떨어져 있는 이 나라 인도에 대해 몇 가지를 상세히 말씀드리고자 합니다. 첫째, 이곳 원주민들에 대한 것입니다. 제 경험과 일반적인 사람들의 말을 종합해서 말씀드리자면, 이들은 정말 야만적인 사람들입니다. 이미 그리스도인이 된 인도 사람들과 우리가 매일 예수회의 품에 안고 있는 새로운 개종자들은 정말 심각한 문제를 많이 일으킵니다. 그래서 이냐시오님께서는 이 문제를 인도에서 사역하는 모든 예수회 신부들에게 알리셔야 할 것입니다. 하나님을 아는 지식이 없는 이들과 사는 것이 얼마나 힘든 일이고, 이성을 존중하지 않는 나쁜 습관에 사로잡힌 사람들을 이해하는 것이 얼마나 어려운 일인지를 강조하셔야 할 것입니다."[59]

인도인들을 '야만적인 사람들'로 부른 것과 개종한 그리스도인들이 '심각한 문제'를 일으키고 있다는 부정적인 보고는 자칫 식민주의 이론(Colonial Studies)에 익숙한 우리의 판단력을 흐리게 하고, 하비에르를 제국주의 선교사의 전형처럼 몰아 가도록 우리를 유혹한다. 하비에르는 이 편지에서 분명히 인도에 대한 실망감을 표시했다. 그러나 이런 격한 감정의 표현은 실론에서 벌어지고 있는 개종자들에 대한 박해와 포르투갈 군인들의 착취에 크게 실망하고 있을 때 쓴 것이다. 인도에 대한 하비에르의 실망감은 '문명국' 일본이라는 새로운 아시아 선교의 가능성과 대비되는 감정이었으며, 특별히 하나님을 아는 지식(Knowledge of God)을 가진 유럽인과 그것을 소유하지 못한 이방인(Gentile)을 구별하던 일반적인 종교적 이분법의 다름 아니다. 만약 하비에르가 인도 선교에 그토록 절망적이었고 인도인들을 경멸했다면 진주해변과 코친, 고아 그리고 뭄바이에 이르는 광대한 거리를 하루가 멀다 하고 쫓아다니며 활동한 그의 사역을 어떻게 설명할 수 있겠는가? 하비에르는 인도를 영영 떠나게 될지도 모른다는 생각에서 자세한 현지 정보를 남기려 한 것으로 보인다. 그의 고뇌는 계속된다.

"이곳(인도)의 삶은 열악함 그 자체입니다. 여름은 지독하게 덥고, 겨울은 바람과 비로 생활 환경이 매우 척박합니다. 그렇게 춥지 않은 것은 사실입니다. 몰루카 제도나 소코트라(Socotra) 그리고 코모린 곳에서 목숨을 부지하기란 결코 쉽지 않습니다. 그곳에 사는 사람들과 상대한다는 것은 영과 육에 크나큰 고통이 됩니다. 인도의 언어를 배우는 것도 어려운 일입니다. 육신의 위험과 영혼의 위험을 피할 수 없는 곳이 바로 이곳입니다. 우리가 지금까지 보아 온 인도인들은 무어인이나 힌두교도 상관없이 대체로 엄청나게 무지합니다. 그들에게 가서 복음을 전하려면 특별한 덕성과 순종의 미덕, 겸손, 존중, 인내, 이웃에 대한 사랑, 순결함, 삶의 열정이 필요할 것입니다. 워낙 죄악이 만연한 곳이기 때문이지요. 또한 시련과 고통을 견딜 수 있는 판단력을 갖춘 사람이어야 할 것입니다."[60]

하비에르는 이 편지에서 당면한 인도 선교의 문제점도 상세히 보고한다. 고아의 성바울 신학교 교장 안또니오 고미스의 이름을 거론하며 그가 약간의 문제를 일으키고 있다면서 고아의 교장직에 적합한 인물은 전투적인 사람이 아니라 주위 사람들, 특히 동료 선교사나 포르투갈 관리들과 우호적인 관계를 유지할 수 있는 인물이어야 한다고 강조한다.

또 일본 선교의 가능성을 매우 긍정적으로 보고하면서, 안지로의 도움으로 일본에 도착하면 그곳 국왕을 먼저 찾아가 포교의 자유를 얻고 유명한 일본 대학에서 그들의 지식 체계를 유럽의 대학에 알리겠다고 포부를 밝힌다. 마지막으로 코친에 있는 프란체스코 수도회 소속의 빈센조(Vincenzo) 신부가 자신이 운영하는 코친의 프란체스코 수도회 성당과 신학교를 예수회 소속으로 이전시키려 한다고 보고하면서 적절한 절차를 밟아 이를 수용할 것을 건의한다. 이냐시오에게 보내는 편지의 마지막 구절은 하비에르와 이냐시오의 관계를 설명할 때 자주 인용되는 것이다. 하비에르는 이냐시오가 쓴 편지를 읽을 때나 그에게 편지를 쓸 때 바닥에 무릎을 꿇은 것으로 알려져 있는데, 다음의 내용이 그것이다.

"내 영혼의 아버지 같은 이냐시오 신부님, 제가 마음 깊이 존경하는 신부님, 저는 지금 신부님을 위해 기도하면서, 바닥에 무릎을 꿇고 이 편지를 씁니다. 지금 제 눈앞에 신부님이 서 계신 것처럼 고개를 들고 우러러봅니다. 하나님께 기도하실 때마다 저를 꼭 기억해 주시기 바랍니다. 제 생명이 다하는 순간까지 그 은혜가 넘칠 것입니다."[61]

하비에르가 고아를 떠나 코친과 진주해변을 거쳐 다시 고아로 돌아온 1548년 말부터 이듬해 초까지의 행적은 명확하지 않다. 남겨진 편지와 그 내용으로 미루어 1548년 9월 고아를 떠난 후 코친에 머물다가 1549년 3월에 다시 고아로 돌아온 것으로 추정된다.

인도 해안선을 따라 분주하게 이동하며 하비에르는 외로움에 지친 동료 선교사들을 격려하고, 적재적소에 새로운 선교사를 파견할 뿐만 아니라 포르투갈과 로마에 보내는 여러 통의 편지로 아시아 선교를 이끌어 갔다. 그는 살인적인 일정을 소화하면서도 늘 얼굴에는 기쁨이 넘쳐흘렀으며, 그의 가슴은 장차 전개될 일본 선교에 대한 희망으로 가득 차 있었다.

그는 1548년 9월부터 이듬해 3월까지 쓴 편지에서 늘 안지로의 지적 능력을 칭찬하는 데 인색하지 않았으며, 일본 선교가 성공적으로 추진될 것과 장차 아시아 선교의 역량이 일본으로 집중되어야 한다는 희망적인 견해를 거듭 피력한다.

하비에르는 인도를 떠나기 전에 남아 있는 행정적인 절차를 서둘러 마무리했다. 안토니오 크리미날리를 코모린 곶 진주해변 지역의 장상(Superior)으로 임명하고, 나이가 좀 들었지만 정신력은 여느 젊은 사제 못지않은 알론소 시프리아노를 소크트라 섬으로 파송했다. 니콜로 난실로토는 코친에서 새로 설립되는 예수회 대학 교장으로 임명했다. 시몽 로드리게스에게 보낸 편지(1549년 1월 28일)에는 고아에서 사역하는 사제들에게 성례전을 위한 포도주가 모자란다는 보고를 올릴 만큼 세세한 내용도 언급되어 있다.

하비에르는 오랜 친구이자 예수회 공동 설립자이기도 한 시몽 로드리게스에게 인도를 공식 방문해 줄 것을 요청한다.[62] 포르투갈 국왕에게 특별한 영향력을 행사할 수 있는 관구장이 인도를 방문하면 인도 총독으로서는 선교에 더 많은 관심을 가질 것이라고 판단했기 때문이다.

하비에르가 일본으로 떠나기 전에 해결해야 할 가장 민감한 문제는 성바울 신학교 교장 안또니오 고미스가 일으키고 있는 분쟁이었다. 하비에르는 이미 이냐시오에게 보낸 편지에서 고미스 문제를 간접적으로 언급했다. 성바울 신학교 교장으로 임명될 사람은 무엇보다 순종의 미덕을 지닌 사람이어야 한다고 강조함으로써 고미스의 성격이 그렇지 못하다는 것을 암시했다. 성바울 신학교가 포르투갈 국왕의 대리인인 인도 총독의 재정 지원을 받고 있는 곳이라, 총독과의 불필요한 충돌은 학교의 존립을 위협할 수 있으므로 가능하면 주위 사람들과 화평할 수 있는 순종의 미덕을 지닌 사람이어야 한다는 것을 강조했던 것이다. 하비에르가 제시한 교장의 두 번째 덕목은 다른 사람과 충돌을 일으키지 않는 사람, 너무 엄격한 잣대로 다른 사람을 판단하지 않는 유순한 사람이어야 한다는 것이었다. 이렇게 비슷한 내용을 두 번씩이나 강조한 까닭은 안또니오 고미스의 성품에 문제가 있었기 때문이다. 하비에르의 판단에 따르면 고미스는 순종의 미덕이나 유순한 성품과는 거리가 먼 사람이었다. 그의 신앙적 열정은 인정했지만 합리적인 판단과 종합적인 사고가 요구되는 인도 선교의 총책임자로서는 부적절하다고 본 것이다.

하비에르의 판단은 1549년에 그대로 입증되기도 했다. 캘리컷(Calicut) 인근에서 타누르의 라자(Raja of Tanur)가 개종하면서 드러난 문제였다. 개종한 라자는 비록 자신은 그리스도인이 되었지만 본인의 카스트인 브라만의 상징(Holy Cord and Caste Marks)을 그대로 유지할 수 있게 해달라는 특별 청원을 선교사들에게 올렸다. 그러자 인도 선교의 책임자인 안또니오 고미스가 인도 전례 논쟁(Indian Rite Controversy)의 시초라고 할 수 있는 이 청원에 엄격한 금지 명령으로 대처했다.[63]

개종한 인도인들은 그리스도인의 모델인 유럽 사람처럼 옷을 입고 유럽인의 풍습을 따라야 한다는 것이 고미스의 원칙이었다. 고미스에 대한 우려와 비판은 하비에르에 의해서만 부각된 것이 아니었다. 인도에서 활동하던 많은 유럽인들이 그에 대한 비판적인 시각을 숨기지 않았다. 니콜로 난실로토는 이냐시오에게 따로 보낸 편지에서 안또니오 고미스에 대한 신랄한 비판을 숨기지 않았다.

"안또니오 고미스 님은 정말 좋은 사람이고, 유식하며, 인도 형제들에게 필요하다고 판단하는 것에는 대단히 열정적인 사람입니다. 그래서 그는 부임하자마자 우리의 음식, 취침, 기도, 심지어 미사를 드리는 것에도 직접 손을 대기 시작했습니다. 우리뿐만 아니라 신학교의 인도인(학생)들에게도 큰 고통이 시작되었습니다. 그는 여러 가지 사항에 제한을 가하고 새로운 규칙을 만들었으며, 기도하고 명상하는 시간조차 모두 임의로 조정했습니다. 저는 이 (인도) 학생들을 오래전부터 가르쳐 왔습니다만, 이들은 아직 새로운 규칙을 지킬 만한 준비가 되어 있지 않습니다. 저는 안또니오 고미스 님에게 새 포도주는 헌 부대에 담을 수 없고, 젊은 학생들에게는 절차에 따라 조금씩 규칙을 바꾸어 가야 한다고 조언했습니다. 그들이 그리스도인이 된 것만으로 충분히 놀라운 일이라고 그를 설득했습니다. 하지만 그는 제 조언을 듣지 않았습니다. 저는 하비에르 님의 지시대로 코친으로 옮겨 온 뒤 많은 인도인 학생들이 신학교 담장을 넘어 도망쳤다는 소식을 들었습니다."[64]

안또니오 고미스 문제는 인도에서 활동하던 당대 선교사 모두에게 뜨거운 감자였다. 상급자에 대한 절대 복종을 의무화한 예수회 전통에서 포르투갈과 아시아 선교지 전체를 책임지는 관구장이 파견한 인물에 대해 이렇다 저렇다 불평을 늘어놓을 수는 없었다. 당연히 이 민감한 문제를 해결할 수 있는 사람은 하비에르뿐이었다.

하비에르는 안또니오 고미스를 처리하는 과정에서 유능하고 사려 깊은 선교 행정가의 면모를 보여 준다. 비록 고미스의 성품이 급진적이고, 주위 사람들과 충돌을 일으켜 문제가 되었지만, 예수회의 기본 원칙인 상급자에 대한 복종의 틀을 깨지 않는 선에서 문제를 해결했다. 하비에르는 고미스를 성바울 신학교 교장으로 인정하고 대신 하비에르와 오랜 인도 선교 경험이 있는 파울로 데 카메리노를 인도 선교의 책임자로 임명해 힘의 균형을 유지시키는 묘책을 쓴다. 이 결정은 두 사람의 출신 배경과 학문 수련 과정을 종합적으로 검토해서 내린 합리적인 결론이었다. 원래 성바울 신학교 교장과 인도 선교의 총책임자는 겸직일 경우가 많았다. 그러나 하비에르는 코임브라 대학에서 석·박사 학위를 취득한 고미스에게 교장 자리를 주고, 대신 인도 선교 책임자 자리는 비록 학식이 조금 모자라지만 성품이 무난하고 현장 경험이 풍부한 파울로 데 카메리노에게 맡긴 것이다. 포르투갈 국왕의 재정적 지원을 받던 성바울 신학교의 입장에서도 이탈리아 사람 파울로 데 카메리노보다 포르투갈 사람 안또니오 고미스가 더 적절한 인물이기도 했다. 하비에르는 이 모든 점을 면밀히 검토해서 두 사람의 성품과 학문의 정도 그리고 출신 국가를 배려해서 결정을 내렸다. 하비에르는 두 사람 간에 충돌이나 갈등이 일어날 경우 어떻게 대처할 것인지도 깊이 고민한 듯하다. 그는 숙고 끝에 인도 예수회의 책임자로 새롭게 임명된 파울로 데 카메리노에게 편지를 남겨, 고미스에게 예우를 지키고 좋은 관계를 유지할 것을 신신당부했다.

"무엇보다 먼저 나는 하나님에 대한 당신의 사랑과 이냐시오 신부님 및 다른 모든 예수회 형제들에 대한 사랑을 믿으며, 부디 안또니오 고미스 신부님과 존경과 사랑의 관계를 지속하길 바랍니다. 다시 한 번 간절히 바라기는, 성 이냐시오 신부님께 절대 복종하기로 한 맹세에 따라, 어떤 경우에도 안또니오 고미스와 불화하거나 갈등을 일으키는 일이 없기를 바랍니다. 좋은 품성을 쌓는 일을 게을리하지 마십시오. 지금까지 그래 온 것처럼, 인격자로 성장해 가시기 바랍니다. 성바울 신학교에서 일어나는 모든 일에 대해 내게 상세히 알려 주시기 바랍니다. 안또니오 고미스와 화합하고 존경하는 일들이 내게 보고되기를 간절히 바랍니다."[65]

하비에르는 이미 오랫동안 인도 현지에서 동고동락해 온 파울로 데 카메리노에게 이렇게 부드럽고 간곡한 부탁으로 편지를 마칠 수 있었다. 그러나 아시아 선교 전체를 책임진 그로서는 만약의 사태까지 생각해야 했고, 비록 그토록 친밀한 동료지만 공적인 업무 집행을 위해서는 엄정한 지침을 내리기를 주저하지 않았다. 파울로 데 카메리노와 고미스의 관계가 악화될 것을 미리 염려해서 내린 하비에르의 지침은 냉혹한 명령처럼 들릴 정도였다.

"지금부터 여기 기록한 지시는 당신이 가진 권리보다 우선하는 것입니다. 무엇보다 먼저, 안또니오 고미스는 성바울 신학교의 학생들에 대한 모든 최종의 절대적인 권리와 책임이 있습니다. 학생이 포르투갈인이든 인도 현지인이든 상관없이 모두 그의 책임 아래 있습니다. 또 그에게 모든 재정적인 책임과 권리가 있으며, 재정 지출과 수입에 관한 모든 책임과 권

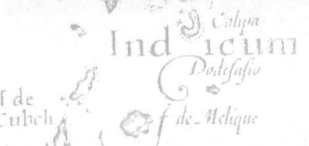

작가 미상의 하비에르 부조상.

리도 있음을 분명히 하는 바입니다. 따라서 당신은 무슨 일이 있어도 그의 업무에 간섭해서는 안 되고, 설명을 요구할 수도 없습니다. (중략) 만약 당신이 그와 생각이 다르다면, 조언해 주거나 부탁할 수 있습니다. 그러나 어떤 문제에 먼저 나서서 해결책을 제시하려 들지 말기 바라며, 나의 이 지시를 순종의 미덕으로 받아들이기 바랍니다."[66]

하비에르가 인도 고아를 떠나기 전에 쓴 편지 중에 가장 긴 것은 호르무즈(Hormuz)로 파송한 가스빠흐 베르제에게 보낸 것이다. 16세기 포르투갈인들이 '호르무즈(Ormuz)'로 부르던 섬은 지금의 이란 남부의 대도시인 반다르아바스(Bandar Abbas) 앞바다에 있는 작은 섬으로, 아라비아 반도의 두바이에서 보면 호르무즈 해협 건너편에 있는 섬이다. 이 섬은 13세기경 페르시아(지금의 이란)의 통치권에 들어갔다가 1507년 알폰소 디 알부케르케가 점령하여 포르투갈의 무역 거점 도시로 편입되었다.

포르투갈 무역상들은 이곳에서 아랍의 말(馬)을 구입해 인도 전역에서 되파는 사업으로 막대한 부를 챙기고 있었다. 호르무즈는 도시 전체가 향락과 부패로 얼룩진 곳으로 알려졌고, 이 죄악이 넘쳐나는 도시를 위해 하비에르는 최고의 잠재력과 지도력을 갖춘 가스빠흐 베르제를 파송한 것이다. 그의 심정은 이냐시오가 하비에르를 최악의 오지였던 아시아 선교의 책임자로 보냈을 때와 마찬가지였을 것이다. 최상의 인력을 최악의 오지로 보내 책임을 맡김으로써 본인의 성장과 그 지역의 영적 상태 개선을 함께 도모한 것이다.

하비에르는 오지로 떠나는 가스빠흐 베르제에게 장문의 편지를 보내 그를 격려한다. 하비에르가 개인에게 보낸 편지 중에서 가장 긴 내용을 담고 있는 이 편지는 사랑하는 제자를 먼 곳으로 떠나보내는 스승의 애절한 감정이 감지된다. 몇 구절을 옮겨 본다.

"무엇보다 먼저 당신이 하나님께 빚진 것을 돌려드리겠다는 마음을 품고, 언제나 양심을 지키도록 하십시오. 이 두 가지를 염두에 두고 생활한다면 가장 효과적으로 당신의 이웃을 도와줄 수 있고, 그들의 영혼을 구할 수 있을 것입니다. 늘 겸허한 마음을 간직하십시오. 가능하면 언제나 절제된 삶을 살도록 노력하십시오. 절제된 삶이 당신을 겸손으로 이끌어 줍니다. (중략) 설교할 때 특히 조심해야 할 점은 어떤 경우라도 공직에 있는 사람을 대놓고 비판하지 말라는 것입니다. 설교자가 강단에서 공직에 있는 어떤 사람을 공격할 경우, 그 사람은 자신을 개선시키기는커녕 오히려 더 나빠질 위험이 많습니다. 꼭 잘못을 지적해야겠으면 반드시 그의 자택이나 고해성사실로 불러 조용히 일을 처리하십시오. 반드시 그 사람과 개인적인 친분을 쌓은 뒤에 그리 해야 합니다. 그 사람과 좋은 친구 관계를 유지하면 할수록 그에게 솔직하게 문제점을 지적해 줄 수 있습니다. 그러나 만약 그 사람과 그렇고 그런 사이라면 비판하기를 늦추는 게 좋을 것입니다. 원칙을 제시할 때도 웃는 얼굴로 하십시오. 거친 말을 삼가시고 부드럽고 자애로운 음성을 유지하십시오. 다시 한 번 부탁합니다. 비록 잘못을 범한 사람이라 해도 그를 포용하고, 그에게 겸손의 미덕을 보이십시오. 그렇게 해야만 그를 개선시킬 수 있습니다. 만약 중요한 인물이나 부유한 사람들을 공격하면 그들은 자제심을 잃고 당신을 공격할 것입니다."[67]

가스빠흐 베르제에 대한 기대와 관심을 아끼지 않은 하비에르의 '사람 보는 눈'은 틀리지 않았다. 가스빠흐 베르제는 오지인 호르무즈에서 맡은 책임을 다했을 뿐만 아니라 명설교자로서, 그리고 성실하고 겸손한 사제로서 주위 사람들의 칭송을 받았다. 진심이 담긴 하비에르의 긴 편지를 보며 감동을 받은 것일까. 가스빠흐 베르제는 하비에르의 기대에 부응하여 장차 인도 선교를 이끌고 갈 유능하고 성실한 지도자로 성장해 간다.

4부 일본을 향해

지팡구를 찾아서

1549년 4월 25일 하비에르는 일본을 향해 고아를 떠난다. 마르코 폴로의 《동방견문록》에서 금과 은이 넘쳐나는 지상의 낙원으로 묘사된 그곳에 복음이라는 유럽의 보석을 전해 주기 위해 거친 항해에 나선 것이다. 사실 하비에르가 도착하기 전까지 《동방견문록》에서 '지팡구'로 알려진 일본은 신비의 나라, 금은보화가 넘쳐나는 지상낙원처럼 알려졌다. 마르코 폴로는 중국 원나라에서 떠돌아다니던 지팡구에 대한 허황된 소문을 그대로 기록했다.

"그곳에서는 헤아릴 수 없이 많은 금이 나기 때문에 금이 대단히 많다. 그러나 아무도 그 섬에서 금을 가지고 나오지 못하는데, 그것은 어떤 상인이나 사람도 대륙에서 그곳으로 가지 않기 때문이다. (중략) 또 한 가지 놀라운 것은 이 섬을 통치하는 왕의 궁궐이다. 그는 온통 순금으로 뒤덮인 멋진 궁전을 갖고 있는데, 우리가 저택이나 성당을 납판으로 덮듯이 금으로 씌워 놓았다. 그것이 얼마나 값비쌀지는 말로 설명하기 힘들 정도다."[1]

이런 신비와 환상으로 알려져 있던 섬나라 지팡구를 향해 하비에르와 안지로가 복음을 들고 출발한 것이다. 1547년 12월 말라카에서 안지로를 처음 만났고 이제 1549년 4월 말이니, 약 17개월간 일본 선교를 준비한 셈이다. 일본으로 갈 최종 일행은 하비에르, 안지로, 안지로의 두 시종, 꼬스메 디 또레스(Cosme de Torres) 신부, 후안 페르난데즈 수사, 성바울 신학교에서 교육을 받은 중국 청년 마누엘(Manuel), 그리고 아마도르(Amador)로 불리던 말라바르 출신의 인도인이었다. 말라카를 거쳐 몰루카 제도로 파송될 선교사도 같은 배에 타기로 했다. 그들의 이름은 아폰소 디 카스트로(Afonso de Castro), 마누엘 디 모라에스(Manuel de Moraes) 신부, 그리고 프란시스꼬 곤살베스(Francisco Gonçalves) 수사였다.

하비에르의 도일(渡日)은 그리스도교 선교사(宣教史)의 중요한 역사적 이정표임에 틀림없다. 유럽에서 아시아로 전래된 복음이 동아시아의 끝에 있는 일본에 전해짐으로써 동·서의 만남이 완성되는 역사적 사건인 것이다. 이미 당나라 때 네스토리우스파 그리스도교가 중국의 수도 장안(長安)까지 전래된 바 있지만, 일본 열도에 유럽의 선교사가 도래(渡來)한 것은 하비에르가 처음이었다. 하비에르는 이냐시오에게 보낸 편지에서 일본 선교와 동아시아 선교의 원대한 포부를 낙관적으로 피력했다. 그는 일본 선교를 교두보로 중국과 타타르 그리고 천축국으로 알려진 미지의 나라에 복음을 전하게 될 것으로 기대했다.

"파울로(안지로)는 일본인들이 종교(불교)를 천축국에서 전래받았다고 했습니다. 이 나라는 중국과 타타르 너머에 있다고 합니다. 일본에서 천축국을 오가는 데는 약 3년이 걸린다고 합니다. 제가 일본에 도착하면 일본의 학문과 천축국의 유명한 대학에서 전수된 종교적 교리를 상세히 보고드리겠습니다. 파울로(안지로)는 중국 전역과, 중국과 천축국 사이에 있는 거대한 나라인 타타르 전역에 존재하는 종교는 모두 천축국에서 전래된 것(불교)뿐이라고 했습니다.² 일본의 학문을 제 눈으로 확인한 다음, 유명한 대학에서 자세한 내용을 알아보고 파악한 모든 정보를 상세히 보고드리겠습니다. 파리 대학으로도 조사 결과를 알려서 유럽의 다른 대학으로 그 정보가 알려지기를 바랍니다."³

하비에르는 당시 유럽인들의 동아시아에 대한 제한적인 지리적 정보에 의존하여 일본, 중국, 천축국, 타타르의 위치를 추정하고 있었다. 포르투갈의 관구장 시몽 로드리게스에게 보낸 1549년 1월 28일자 편지에서도 하비에르는 일단 일본으로 가서 중국, 천축국 그리고 타타르에 순차적으로 복음을 전하겠다는 계획을 밝힌다.⁴ 하비에르는 일본으로 가는 항해가 생애 마지막이 될지도 모른다는 비장감에 젖어, 이냐시오에게 보내는 편지의 마지막을 이렇게 적는다.

"이제 곧 떠날 시간이 다가왔고, 이 편지를 마쳐야 할 때입니다. 이냐시오님, 제 영혼을 인도하시는 나의 신부님, 저는 지금 땅바닥에 꿇어 엎드려 이 편지를 쓰고 있습니다. 마치 지금 제 앞에 신부님이 서 계신 것 같습니다. 자애로운 열정으로 저를 가르치시고, 제 생애를 통해 하나님께서 요구하시는 뜻을 분별하고 자비로 함께해 주실 것을 간절히 기도해 주시는 신부님이 지금 바로 제 앞에 서 계신 것 같습니다. 신부님의 기도를 저도 따라 하겠습니다. 부디 모든 우리 예수회 형제들에게도 같은 분별과 자비의 은혜를 베풀어 주시길 간절히 기도드립니다. 1549년 1월 29일 코친에서 올립니다. 당신의 가장 미약하고 아무짝에도 쓸모없는 아들 프란치스코."⁵

1549년 4월 25일, 고아 항구를 떠난 배는 37일간의 비교적 순탄한 항해 끝에 말라카에 무사히 도착했다. 1549년 5월 31일이다. 그사이 말라카도 많이 변해 있었다. 이곳에 파송된 프란시스꼬 페레즈와 호끼 디 올리베이라(Roque de Oliveira) 신부의 헌신적인 노력으로 말라카의 영적 상태는 이전보다 훨씬 개선되어 있었다. 당시 바스꼬 다 가마의 넷째 아들 뻬드로 다 가마(Dom Pedro da Silva da Vasco Gama)가 말라카의 수비대장을 맡고 있었다.[6]

뻬드로 다 가마 수비대장은 이미 살아 있는 성자로 추앙받고 있던 하비에르의 말라카 방문을 열렬히 환영했다. 수비대장은 일본 선교 계획을 듣고 재정적인 지원을 자청할 만큼 하비에르를 깊이 신뢰하고 존경했다. 당시 말라카의 재정 수익원은 몰루카 제도에서 수확되는 각종 향신료 판매 대금에서 나왔다. 수비대장은 하비에르의 일본 선교를 위해 약 5톤에 이르는 엄청난 양의 후추 판매 대금을 지원하기로 선뜻 약속해 주었다. 말라카 시장에서 후추를 판매한 대금으로 일본 국왕에게 전할 선물과 하비에르 일행이 필요한 모든 재정을 부담하기로 한 것이다. 하비에르는 뻬드로 다 가마 수비대장의 호의에 감사하면서, 그의 직속상관인 포르투갈 국왕에게 이 사실을 보고한다. 하비에르는 수비대장의 환대와 재정 지원을 상세히 설명하면서 국왕께서 친히 수비대장의 선행을 격려해 주시고, 예수회 선교단이 진 빚을 대신 갚아 달라는 청원을 올린다.[7]

16세기 말라카에서 일본으로 가는 해상 항해는 유럽의 무역상들에게는 목숨을 건 도박이었다. 말라카가 위치한 적도 부근에서 북위 30도상의 일본 열도로 무역선을 밀어 올릴 수 있는 바람은 여름철 태평양 서쪽과 동아시아를 정기적으로 위협하는 태풍밖에 없었다. 태풍의 힘을 타고 돛을 단 포르투갈 상선이 말라카에서 일본으로 이동한다는 것은 옷에 기름을 묻히고 불 속으로 뛰어드는 것과 다를 바가 없었다.

일본 열도에서 말라카 해협까지 출몰하던 일본 왜구의 지속적인 위협은 더욱 심각한 것이었다. 당시 중국 명나라는 국가의 운명을 흔들어 놓을 만큼 중국 해안에 출몰하던 왜구 문제를 심각하게 보았다. 중국과 일본을 오가며 새로운 중개무역의 가능성을 엿보고 있던 포르투갈 무역상들에게도 왜구의 위협은 폭풍보다 더 심각한 것이었다. 그렇다면 왜 포르투갈 상인들은 이렇게 큰 위험에 노출된 상태에서 일본과 교역을 추진하려 하였을까? 약간의 시대 차이가 있지만 16세기 중후반 동아시아의 중개무역에 대한 간략한 소개가 필요할 것이다.

동아시아의 중개무역

오다 노부나가(織田信長, 1534-1582)에 이어 일본의 패권을 장악한 도요토미 히데요시(豊臣秀吉, 1536-1598)와 도쿠가와 이에야스(德川家康, 1542-1616)로 대표되는 일본의 집권자들은 포르투갈을 중심으로 한 유럽인들이 일본 해안에 출몰하는 것에 양면적인 입장이었다. 일본의 집권 세력은 유럽인들을 '남쪽에서 온 야만인'이란 뜻의 남만(南蠻)으로 부르면서도 그들의 도일(渡日)을 정책적으로 비호하는 것 같은 이중적인 태도를 취했다. 흔히 우리는 일본 막부의 이러한 이중 플레이를 조총을 비롯한 포르투갈의 발달된 무기와 화약류에 관심이 있어서였을 거라고 추측해 왔다. 그러나 사실 도요토미에서 도쿠가와로 이어지는 이 모호한 외교 정책은 중국 마카오와 일본 나가사키를 축으로 활발하게 전개되던 비단과 은(銀) 무역을 통한 막대한 재정적인 이익 때문이었다. 16세기 후반 일본 막부의 통치 자금은 상당 부분이 마카오-나가사키 무역으로 확보되고 있었다.

앞서 설명한 대로 당시 명나라는 왜구로 골머리를 앓고 있었다. 해적이라 하기엔 너무 조직적이고, 무자비하며 광범위한 약탈 행위 때문에 명나라와 일본의 외교 관계는 악화일로를 치닫고 있었다. 안으로 움츠러들던 명나라 말기의 외교 정책은 일본과의 모든 교역을 금지하기에 이르렀고, 어떤 외국인과의 교역도 국법으로 철저하게 금지했다.

하지만 중국은 일본에서 생산되는 은이 절대적으로 필요했다. 명나라 말기의 조세 징수는 철저하게 은 본위제였는데, 명나라에서 은 생산이 줄어듦에 따라 마카오를 통해 수입되던 일본 은의 수요가 폭발적으로 늘어났다. 그러나 중국 국법에 따라 일본과의 교역이 금지되었기 때문에 중국의

은 값은 계속 오를 수밖에 없었던 것이다. 반면 일본에서는 중국에서 생산되는 고급 비단의 수요가 매우 빠른 속도로 늘고 있었다. 일본 각 지역을 군웅할거(群雄割據)하던 막부들은 상승된 자신의 정치적 신분을 대내외적으로 과시하기 위해 많은 고급 비단이 필요했고, 중앙 집권 체제를 구축하고 있던 도요토미와 도쿠가와 가문에서도 엄청난 양의 비단 수요가 있었다. 중국은 일본에서 생산되는 은이 필요했고, 일본은 중국의 고급 비단이 필요했던 것이다. 포르투갈 상인들은 일본과 중국의 정치적 대립 관계를 정확하게 파악하는 한편 은과 비단이 초래하는 각국의 수요와 공급의 불균형을 간파하고 마카오-나가사키 중개무역에 뛰어들었다.[8] 그들은 광동에서 생산·판매되던 비단을 매점매석해서 교역 시기와 가격을 조절하여 일본과의 중개무역을 독점했다.[9] 포르투갈은 마카오-나가사키 중개무역으로 얻는 수익을 극대화하기 위해 교역되는 비단의 품질, 가격, 양을 철저히 통제했으며, 모든 운송 수단은 국왕이 임명한 포르투갈 선장이 관할하게 했다.

하비에르가 일본으로 향할 즈음, 포르투갈 무역상들에 의해 마카오-나가사키 국제 무역이 이제 막 태동 단계에 들어서고 있었다. 당시 일본은 내전 상태였고 중앙 집권 국가로 통일되는 과정에 있었음에도, 유럽에서 온 하비에르 일행에 관심과 호의를 보인 데는 이런 동아시아의 국제 무역 관계 때문이었다. 나중의 일이지만 오다 노부나가나 도요토미 히데요시는 하비에르와 그의 동료 선교사들이 일본에 거주하며 종교 활동을 펼치는 것에 부정적이었다. 그러나 마카오-나가사키를 오가며 중개무역을 하던 포르투갈 무역상들의 도움 없이는 비단 거래로 확보하던 막대한 수입을 포기할 수밖에 없기 때문에 선교사들의 입국을 허용하게 되었다.

말라카에서 가고시마로

1549년 5월 31일, 말라카에 도착한 하비에르 일행은 일본으로 데려다 줄 무역선을 수소문하고 있었다. 그러나 태풍과 왜구의 위협을 무릅쓰고 예수회 일행을 미지의 일본 열도로 데려다줄 용기 있는 포르투갈 선주(船主)는 쉽게 나타나지 않았다. 뻬드로 다 가마 수비대장의 노력과 수소문도 소용이 없었다. 아무리 하비에르가 살아 있는 거룩한 성자라 해도 자기 목숨과는 바꿀 수 없다는 것이 포르투갈 상인들의 한결같은 대답이었다.

하비에르는 자신 앞에 놓인 미래의 선교지 일본에 대해서만 생각한 게 아니라 뒤에 놓인 과거의 선교지 인도와 몰루카 제도에도 관심을 기울였다. 말라카에서도 마찬가지였다. 하비에르는 파울로 데 카메리노에게 편지를 보내, 안또니오 고미스와의 원만한 관계와 협력을 다시 한 번 강조하고, 일본 선교의 포부를 재삼 확인한다.[10] 이 편지에는 시암(Siam, 타이) 지역에서 활동하던 포르투갈 상인들이 일본에서 보내온 신임장에 대해 소개하고 있다. 무역 거래를 위해 시암으로 온 일본 상인들이 자신의 영주가 보낸 신임장을 말라카로 보냈는데, 그 내용은 하루속히 서양의 사제들을 일본에 파견해 달라는 놀라운 내용을 담고 있었다.[11]

하비에르는 이 신임장을 읽고 일본 선교를 낙관할 수밖에 없었을 것이다. 아직 한 번도 만나 보지 못한 선교단과 유럽 사제를 초청하는 신임장은 하비에르에게 복음과도 같은 기쁜 소식이었을 것이다. 하비에르는 말라카에서 몰루카 제도의 선교에도 지극한 관심을 기울였다. 같은 배를 타고 고아를 출발했던 마누엘 디 모라에스와 프란시스꼬 곤살베스를 몰루카 제도로 보내면서, 그 지역에서 이미 활동하고 있던 후안 디 베이라(Juan de Beira)에게도 따뜻한 격려의 편지를 보냈다.[12]

하비에르는 1549년 5월 31일 말라카에 도착하여 한 달 남짓 머물다가 6월 24일에야 일본을 향해 출항할 수 있었다. 선교사 일행을 태우고 일본으로 갈 포르투갈 무역선을 구하는 동안, 하비에르는 일본 선교에 대한 낙관적인 기대를 버리지 않았다. 그는 일본 선교가 하나님의 섭리에 의해 진행되는 매우 중요한 영적 사역임을 확신하고 있었다. 장차 아시아로 파송될 선교사들이 훈련받고 있는 포르투갈의 코임브라 대학으로 보낸 편지에서 그의 결연한 의지를 엿볼 수 있다. 어떤 '사악한 영의 힘'이 예수회의 일본 선교를 방해하고 있지만 결국 하나님은 이 선하신 뜻을 이루고야 말 것이라고 확신했다.

"사악한 마귀가 아무리 우리를 위협하고 방해한다 해도 저를 지탱해 주는 두 가지 확신이 있습니다. 그 사악한 마귀는 늘 우리를 위협하고 있고, 우리가 헤쳐 가야 할 길을 무시무시한 칼로 위협하고 있습니다. 저를 지탱해 주는 첫 번째 확신은 하나님께서 제가 계획하고 있는 이 항해에 대해 제 의도가 얼마나 순수한지를 믿고 계시다는 것입니다. 둘째 확신은 이 세상 모든 피조물의 세계는 하나님의 의지에 의해 완벽하게, 그리고 절대적으로 통치되고 있다는 사실입니다. 창조주이신 하나님의 허락이 없다면 피조물인 세상의 어떤 것도, 어느 누구도, 우리를 해치치 못할 것이라고 확신합니다."[13]

'사악한 영'이 방해하고 있다는 이 편지의 내용은 하비에르가 말라카에서 배를 구하지 못하고 있을 때의 절박한 심정을 반영한다. 당장 일본으로 갈 항해 수단이 없는 마당에 하비에르로서도 어쩔 도리가 없었고, 이러한 불가항력적인 일을 하비에르는 일본 선교를 방해하려는 사악한 마귀의 방해라고 본 것이다. 일본으로 하비에르 일행을 데려다 줄 포르투갈 무역선이 수배되지 않자 차선책으로 중국인 선장이 이끄는 대선(大船) 선단을 이용하기로 했다.[14]

중국 대선은 마르코 폴로나 무슬림 가문 출신인 명대의 환관 정화가 1405년부터 1433년까지 일곱 차례에 걸쳐 인도양 세계를 원정할 때 쓴 배로, 보통 두세 개의 돛을 달고 있으며 선체 길이가 최대 150미터가량인 원거리 항해용 선박이다. 당시 예수회의 기록에는 이 중국 대선 선단의 선장 이름을 아반(Avan)이라고 했는데, 하비에르는 그를 라드라오(Ladrão), 즉 '해적'으로 부른 것으로 보아 무역과 해적질을 필요에 따라 번갈아 하던 일단의 무리들을 이끌던 인물로 보인다.[15] 한마디로 해적선 선장이란 말이다.

뻬드로 다 가마 수비대장은 이 '해적 대장'을 신뢰하지 않았기에 몇 가지 안전조치를 마련했다. 이 중국인 해적은 말라카에서 말레이(Malay) 여성과 결혼하여 가정을 이루고 있었다. 수비대장은 중국인 해적이 만약 계약대로 하비에르 일행을 일본으로 데려다 주지 못하거나 항해 중간에 불상사가 생기면 인질로 잡아 둔 아내와 재산을 모두 몰수하겠다는 각서를 받아냈다. 그것도 모자라 수비대장은 부하 관리 도밍고스 디아스(Domingos Dias)를 함께 승선시켜 하비에르 일행을 호위하고, 해적 선장을 감시하라는 지시를 내렸다.

하비에르 일행을 태운 대선 선단은 1549년 6월 24일 말라카 항을 출발했다. 이날은 성 세례 요한의 축일이었다. 하비에르는 타고 있던 중국 대선에서 색다른 경험을 한다. 그것은 중국인 '해적' 선장과 그의 부하들을 관찰하면서 최초로 중국인들의 종교와 관습을 파악하는 기회였다. 마침 태풍이 불지 않아 중국 대선은 예정보다 훨씬 느린 속도로 북쪽으로 천천히 이동한 만큼 중국 선원들의 일상생활과 종교 활동을 관찰할 수 있는 시간이 많았다.

하비에르는 일본에 도착한 뒤 고아의 동료 선교사들에게 편지를 쓰면서, 이때의 경험을 자세히 설명한다. 이것은 16세기 예수회 선교사들의 기록에 최초로 등장하는 중국인들에 대한 자세한 언급이다. 말라카에서 일본으로 가는 도중 하비에르는 배가 너무 천천히 나아가서 답답했음을 먼저 언급하고, 중국인 선장과 선원들에 대한 관찰 결과를 이렇게 기록한다.

"이들 (중국인) 선장과 선원들은 우상을 배 위로 가져다가 제사를 올리는 우상숭배를 쉬지 않고 계속했습니다. 끔찍한 일이었습니다. 그러나 우리는 이들의 우상숭배를 저지할 길이 없었습니다. 일본으로 배를 옮겨 줄 바람이 불 것인지에 대해 그들은 끊임없이 막대기 같은 것을 던져 우상에게 미신적인 질문을 올렸습니다.[16] 그들은 막대기에 나타난 징조를 믿었고, 그것을 자주 우리에게 설명해 주었습니다. 어떤 때는 길조가, 어떤 때는 반대로 흉조가 나타난다고 합니다. (중략) 어느 날 길조가 나타나 더 이상 바람을 기다릴 것이 아니라 돛을 올리고 출항할 때가 왔다고 말했습니다. 그들은 매우 기분이 좋아서 촛불과 향을 계속 피워댔습니다. 그러나 우리는 하늘과 땅의 창조주이신 하나님과 그의 아들 예수 그리스도만 믿기로 했습니다. 바로 그 믿음 때문에 우리는 이곳에서 복음을 전하기 위해 길을 나선 것입니다."[17]

하비에르는 중국인 선장과 선원들의 '우상숭배'에 매우 민감한 반응을 보였다. 뱃길의 안녕을 위해 여러 번 하늘을 향해 제사를 드리고 도교(道敎) 식으로 점을 치는 중국인들에게 분노와 동정을 느끼면서도, 망망대해에서 살아남아 무사히 일본에 도착할 때까지 침묵을 지킬 수밖에 없는 자신의 처지를 한탄했다.

1549년의 여름, 태풍이 휘몰아치기 시작했다. 7월 21일, 가까스로 코친 차이나, 그러니까 지금의 베트남 남부 해안을 통과한 중국 대선은 갑자기 불어오는 큰 너울을 만나게 되었다. 이때 갑판에 서 있던 중국인 청년 마누엘(Manuel)이 갑자기 요동치던 배 위에서 몸을 가누지 못하고 바다에 빠지고 말았다. 모두 마누엘이 익사했을 거라고 안타까워하고 있을 때 기적적으로 그가 헤엄쳐 나왔다. 그러나 안도의 한숨도 잠시뿐, 또 다른 사고가 발생했다. 이번에는 중국인 선장의 딸이 흔들리던 배에서 떨어져 결국 익사체로 발견되고 말았다. 하비에르는 이 사건에 대한 자세한 경과를 설명하면서 예수회 선교단이 중국 선장의 대선에서 얼마나 어려운 처지에 있었는지를 간접적으로 밝혔다.

"파도가 너무 높아 우리는 선장의 딸을 구할 수 없었습니다. 그 딸은 아버지와 우리 모두가 바라보는 현장에서 익사하고 말았습니다. 이 불쌍한 이교도 아버지가 슬픔에 겨워 밤낮으로 곡하는데, 소리를 듣는 것은 정말 가슴이 미어지는 일이었습니다. 배를 탄 선원들이 매일 이런 위험한 환경에 처해 있다는 것도 안타까운 일이었습니다. 다음날, 중국인들은 새(鳥)를 잡고 다른 제사 제물을 바쳐 큰 위령제를 열었습니다. 그들은 다시 막대기를 우상 앞에 던져 왜 선장의 딸이 죽게 되었는지를 신에게 물었습니다. 결론은 '우리 중국인 마누엘이 물에 빠져 먼저 죽었더라면 선장의 딸이 익사하지 않았을 것'이라고 했습니다. 우리는 미신에 빠진 사람들이 던진 막대기에 우리의 운명을 걸 수밖에 없었습니다. 왜냐하면 그들이 우리의 목숨을 쥐고 있기 때문입니다. 만약 하나님께서 마귀들에게 역사하셔서 그 사람들이 우리를 마음대로 다룰 수 있게 하셨다면 우리는 그때 어떻게 되었을까요?"[18]

흥분을 감추지 못하는 중국 선원들에게 말라카 수비대장의 부하 관리 도밍고스 디아스는 진정할 것을 호소했다. 만약 하비에르 일행에게 위해가 가해지면 말라카에 인질로 잡혀 있는 가족들도 무사하지 못할 거라며 선장을 협박하기도 했다. 이런 우여곡절을 겪으며 말라카를 떠난 중국 대선은 항해 시작 7주 만에 일본 열도의 최남단 가고시마(鹿兒島)에 도착했다. 중국인 선장은 중국의 광동성 인근 해역을 경유하며 시간을 지체하려 했지만 하비에르의 거센 항의를 받고 일본으로 가는 뱃길을 서둘렀다. 1549년 8월 15일, 이날은 성모 승천 기념 축일이다. 하비에르는 상륙을 기다리며 일본 최남단의 도시 가고시마를 바라보았다. 이제 처음으로 고도의 문명 국가 일본에 그리스도의 복음이 전해지는 순간이 왔다. 하비에르는 안지로와 후안 페르난데즈의 어깨를 감싸 안으며 새로운 선교지의 도착을 함께 축하했을 것이다.

가고시마는 동경 130도, 북위 31도에 위치하며 현재 인구 약 60만 명의 작은 도시다. 지금도 시가지에서 4킬로미터쯤 떨어진 사쿠라지마(櫻島)는 활발한 화산 활동으로 유명하며, 베수비오 화산이 있는 나폴리와 비교되기 때문에 '아시아의 나폴리'라 불린다. 지금은 1914년의 화산 폭발로 인한 용암 분출로 사쿠라지마와 오스미(大隅) 반도가 육지로 이어져 있지만, 하비에르가 도착했을 당시 사쿠라지마는 화산섬이었을 것이다. 하비에르는 사쿠라지마를 보면서 몰루카 제도의 화산섬인 테르나테를 연상했을지도 모른다.

하비에르는 일본 선교에 큰 기대를 걸고 있었다. 인도 선교의 미래와 가

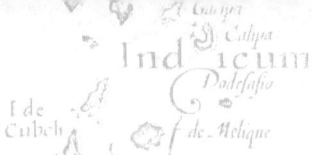

가고시마에 있는 하비에르 기념 성당 벽면 부조 조각의 일부.
하비에르와 안지로가 가고시마에 도착한 모습을 새긴 것이다.

능성에 다소 실망한 그는 일본이 아시아 선교의 새로운 교두보가 될 것으로 확신했으며, 안지로가 언급한 중국, 천축국, 타타르에 복음이 전파되기 위해서도 일본 선교는 급선무라고 생각했다. 하비에르는 처음 도착한 일본에 대해 매우 우호적인 평가를 내린다.

"일본인들은 지금까지 발견된 인종 중 가장 뛰어나다고 할 수 있습니다. 그리스도인이 아닌 인종 중에 일본인을 능가하는 인종을 찾기란 쉽지 않을 것입니다. 그들은 서로 우호적인 사회적 관계를 맺고 있으며, 다른 어떤 것보다 명예를 소중히 여깁니다. 전반적으로 볼 때 그들은 물질적으로 풍요로운 사람들이 아닙니다. 그렇다고 해서 귀족이나 평민들 모두 가난을 불명예로 여기지는 않습니다. 가난한 귀족 남자는 가난한 귀족 여성과 결혼할 생각을 하지 않지만, 그렇다고 해서 낮은 계급의 부유한 여성과 결혼할 생각도 하지 않습니다. 비록 가난하게 살더라도 명예를 지키는 것입니다. 이런 일은 그리스도인들 가운데서도 흔치 않은 일입니다.

일본인들은 서로 예의를 지키며 우호적으로 대합니다. 남자들은 무기를 많이 소지하고 다니며, 귀족 평민 할 것 없이 14세 이상이 되면 모두 칼이나 단검을 휴대하고 다닙니다. 그들은 약간이라도 모욕을 느끼면 참지 않습니다. 평민들은 무사 계급(사무라이)을 매우 존경합니다. 이들은 자기 영주에게 충성을 다하는데, 그들에게 어떤 공포를 느껴서라기보다 그렇게 하는 것이 자신에게 더 명예스러운 일이라고 믿기 때문입니다.

그들은 음식을 먹을 때도 절제하지만 쌀로 만든 특별한 술(사케)을 즐깁니다. 포도가 자라지 않아 포도주는 없습니다. 그들은 도박을 하지 않으며, 도박은 도적질로 간주되므로 매우 불명예스러운 행동으로 여깁니다. 맹세는 좀처럼 하지 않으며 만약 맹세할 경우 태양을 두고 합니다. 많은 사람들이 글을 읽고 쓸 수 있으며, 이 사실을 잘 활용하면 하나님에 대한 교리와 기도문을 그들에게 쉽게 소개할 수 있을 것입니다. 그들은 일부일처제를 지키고 있습니다. 도적질을 혐오하고 강도는 사형을 시킬 정도로 절도(竊盜)를 강력하게 금지하고 있습니다. 그리스도교인들을 포함해서 지금까지 제가 본 어느 민족과 인종보다 일본인들은 도적질에 대해 절대적으로 반대하는 입장을 보이고 있습니다. 그래서 일본에서는 도둑을 찾아보기 힘듭니다. 그들은 이해력이 남달라 잘 알아듣고, 새로운 것을 배우는 것에 열정이 있습니다. 그들은 고대 (중국) 철학자들의 지혜를 믿고 있습니다. 많은 일본인들이 해와 달을 숭배합니다. 그들은 이성적 판단을 존중하며 이성적으로 옳다고 판단되는 것에 따라 살아가는 사람들입니다."[19]

이 편지는 하비에르가 가고시마에 체류할 동안에 쓴 것으로, 현존하는 그의 편지 중에서 가장 긴 내용을 담고 있다. 1549년 11월 11일에 쓴 이 편지는 하비에르가 일본 선교에 거는 기대가 얼마나 컸는지를 잘 보여 준다. 일본과 일본인에 대한 긍정적인 기대가 넘쳐나며, 단기간의 선교 결과에도 낙관적인 견해가 펼쳐진다.

"한 가지 분명히 알려드리고 싶고, 또 하나님께 감사드려야 할 일은, 이 섬나라는 복음을 받아들이기에 가장 적절하고 잘 준비되어 있다는 것입니다. 우리가 일본어만 능통하다면, 수많은 일본인이 개종할 것을 믿어 의심치 않습니다. 하나님의 인도하심으로 우리는 모두 일본어에 능통하게 될 것입니다! 저도 벌써 약간의 일본어를 알아듣기 시작했습니다. 하나님께서 도와주신다면 우리는 6주 안으로 십계명을 일본어로 옮길 수 있을 것입니다.

제가 이 편지를 쓰는 이유는 (선교 결과에 대해) 모두 기뻐하셔도 좋고, 또 이로써 하나님께 감사의 경배를 드릴 수 있기 때문입니다. 일본에서 새로운 종교의 가르침이 시작되었고, 우리가 조금만 더 노력하면 거대한 영적 수확을 기약할 수 있으며, 덕분에 그리스도를 위해 고난당하겠다는 열정과 굳건한 믿음을 이곳에서 다시 세울 수 있게 되었기 때문입니다."[20]

물론 하비에르가 이런 낙관적인 견해를 펼 수 있었던 것은 아직 그의 일본 선교 경험이 가고시마에 한정되어 있었고, 장차 일본에서 만나게 될 여러 가지 시련과 박해를 겪기 전이었기 때문이다. 하비에르 자신도 훗날 깨닫게 되지만, 일본 선교는 인도 진주해변의 경우처럼 가시적인 결과가 쉽게 나타나지 않았다. 오히려 초기의 기대와는 정반대로 진주해변 선교보다 더 힘들 수 있다는 결론에 이르게 된다. 이러한 일본 선교의 어려움을 철저하게 고민한, 하비에르 다음 세대의 선교사 알레산드로 발리냐노(Alessandro Valignano)는 그 원인을 일본과 유럽의 세계관 차이라고 보았다.

가고시마에 도착한 하비에르 일행.

"일본의 풍습과 제도는 어떤 나라의 것과도 달라 보입니다. 마치 세상에 존재하는 다른 인종들과 의도적으로 다르게 보이려고 연구한 것처럼 보일 정도입니다. 일본이란 나라는 유럽이라는 세상과 정반대라고 보시는 것이 정확한 표현입니다. 모든 것이 우리 유럽인의 방식과 정반대입니다. 그들의 음식과 의복이 그렇습니다. 그들의 장례 방식, 축제, 언어, 사업을 경영하는 태도, 앉는 방식, 건축술, 살림살이, 의술, 유아를 위한 교육 그리고 다른 모든 살아가는 방식이 우리와 다릅니다. 그 차이는 말로 설명하기 쉽지 않습니다.

제가 정말 이해하지 못하는 것은, 일본인들이 이렇게 우리와 전혀 다른 방식으로 살아가고 있는데도 고도의 문명을 이루고 있다는 점입니다. 아직 제가 이들과의 생활 경험이 짧기 때문에 확신을 갖고 말씀드릴 수는 없지만, 우리와 감정 체계도 다르고, 미적 감각도 완전히 다릅니다. 예를 들면 우리는 흰색을 기쁨과 축제의 색으로 받아들이지만, 일본인들은 장례식에 사용하는 애도의 색으로 봅니다. 반대로 일본인들은 경축해야 할 기쁜 일이 있을 때 검은색이나 자주색 옷을 입는데, 우리는 반대로 검은색이나 자주색을 슬픔이나 애도의 표시로 이해하지 않습니까? 눈으로 보는 색깔에 대해서도 이렇게 다르지만, 귀로 듣는 소리에 대한 이해도 다릅니다. 우리 유럽 사람들의 악기에서 나는 소리나 성악곡은 일본인들에게 잡음으로 들리는 대신, 그들이 좋아하는 음악 소리는 우리에게 마치 고문과 같습니다."[21]

하비에르의 초기 낙관론은 일본 생활이 시작되면서부터 서서히 도전받기 시작한다. 생각했던 것처럼 일본어를 능숙하게 구사하기도 쉽지 않았고, 예상치 못한 일본의 겨울 혹한(酷寒)은 하비에르를 더욱 당혹스럽게 했다. 사실 하비에르는 처음부터 가고시마의 길거리를 돌아다니며 복음을 전하고 싶은 마음이 간절했지만 애써 자제할 수밖에 없었다. 안지로가 말해 준 정보 외에 일본에 대해 아는 것이 거의 없었던 하비에르 일행으로서는 전국(戰國)시대의 일본 거리에서 어떤 봉변을 당할지 몰랐고, 일본어에 대한 무지도 그들을 주눅 들게 했다. 하비에르는 이것을 솔직하게 고백한다.

"하나님께서 우리를 보살펴 주신다면 일본어를 조만간 익혀서 영원하신 진리의 말씀을 전할 수 있을 것이고, 우리가 무엇인가 선한 사역을 펼칠 수 있을 것입니다. 지금 우리는 정말 꿀 먹은 벙어리처럼(원문에는 '말 못하는 동상처럼') 일본인들 사이에서 그냥 우두커니 서 있을 수밖에 없습니다. 그들은 우리에 대해 많은 이야기를 나누고, 자기들끼리 많은 토론을 주고받습니다만, 우리는 늘 아무 말도 하지 못하고 있습니다. 그들의 언어를 모르기 때문입니다."[22]

안지로와 하비에르를 환대했던 가고시마의 영주
시마즈 다카히사의 묘비.

　인도와 동남아시아의 혹서(酷暑)에만 익숙한 그들에게 1549년 일본에서 맞는 첫 번째 겨울의 혹한은 고통 그 자체였다. 하비에르는 얇은 여름용 사제복을 입고 일본에 온 자신의 판단을 후회하면서 앞으로 일본에 올 선교사들에게는 양모로 만든 두꺼운 사제복과 튼튼한 방한화를 준비시키라고 조언한다. 체력과 인내심이 강하고 자기감정을 잘 드러내지 않던 하비에르조차 '추위 때문에 얼어죽을 지경(aqui morremos de frio)'이라는 표현까지 썼다.

　1549년 8월 말이나 9월 초, 안지로는 가고시마 영주의 초청을 받아 드디어 고쿠부(國分)의 성채를 방문하게 된다. 천축국에서 왔다는 정체불명의 사제는 아직 초청되지 못하고 안지로만 초대된 것이다. 일종의 탐색전이었다. 가고시마의 영주 시마즈 다카히사(島津貴久, 1514-1571)는 시마즈(島津) 가문의 15번째 다이묘(大名)로, 오랜 타국 생활을 마치고 고향으로 돌아온 안지로를 극진히 환대했다.[23]

포르투갈 상인들이 가져다 줄지도 모르는 막대한 경제적 이익에 관심이 많은 가고시마의 영주는 안지로로부터 최대한 많은 정보를 얻고자 했다. 포르투갈 사람들의 생활 습관, 갖고 있는 물건들의 종류와 기능, 특별히 선박과 대포를 포함한 각종 무기에 대해 몹시 궁금해 했다. 안지로는 성당의 주 제단에 올려놓으려고 가져온 성모상을 영주에게 보여 주었다. 영주는 성모상을 보자 바로 자리에서 일어나 앞으로 다가가 무릎을 꿇고, 그 그림 앞에서 경의를 표했다. 이때의 자세한 상황을 이해하려면 하비에르의 편지를 소개할 필요가 있다.

"영주는 파울로(안지로)의 방문을 무척 기뻐했고, 환대를 베풀었습니다. 영주는 파울로에게 포르투갈의 풍습과 (정치적) 영향력에 대해 많은 질문을 했습니다. 영주는 파울로의 답변을 듣고 매우 만족해했습니다. 파울로는 우리가 일본으로 가져간 성모자상의 성화 한 점을 보여 주었습니다. 그 그

가고시마의 하비에르 기념 성당 맞은편
하비에르 공원에 있는 하비에르(뒤)와
안지로(왼쪽)의 동상.

림은 영주에게 어떤 그림보다 큰 기쁨을 주었습니다. 그는 무릎을 꿇고 성화 앞에서 최대한의 경의를 표했습니다. 그 후 영주의 모친께서 그 그림을 보았는데, 역시 그분께도 큰 기쁨이 되었습니다. 며칠 뒤 안지로가 가고시마로 돌아왔는데, 영주의 모친은 귀족인 신하를 보내 그 성화의 복사본을 만들어 달라고 부탁했습니다. 그러나 우리는 모사화를 그릴 수 있는 재료를 갖고 오지 않았기 때문에 그 부탁을 들어 줄 수 없었습니다. 대신 모친은 그리스도교 신앙에 대한 개요를 글로 써서 보내 달라고 부탁했고, 파울로는 몇 날 동안 그 부탁을 들어 주려고 열심히 노력했습니다."[24]

안지로가 영주의 환대를 받은 지 며칠이 지나 다시 연락이 왔다. 성 미가엘의 수호성일인 9월 29일, 하비에르가 그토록 기대하던 가고시마 영주의 초청을 받게 된 것이다. 하비에르는 안지로를 대동하고 서둘러 영주의 성채로 들어갔다. 영주는 하비에르를 극진하게 대접했으며, 안지로가 쓴 그리스도교 신앙의 개요가 모두 사실이라면 하비에르 일행과 그들의 가르침을 존중하겠으며, 자기 신복들 중에 교인이 되겠다면 이를 말리지 않겠다는 약속을 그 자리에서 해주었다. 그 약속이 있은 지 며칠 뒤, 하비에르는 영주의 성채를 다시 방문하여 15명에게 세례를 베풀었다. 일본 현지에서 배출된 최초의 수세자(受洗者) 중에는 가고시마 영주의 아내와 자녀들 그리고 최측근 신하의 딸 등이 포함되어 있었다.

오해로 시작된 만남

하비에르와 시마즈 다카히사 영주의 만남은 서로에 대한 오해에서 시작되었다. 하비에르는 시마즈 다카히사를 자신의 편지에서 공작(Duke)이라고 표현했는데, 일본에 대한 그의 이해가 스페인의 정치·사회 제도에 대한 비교에서 출발함을 보여 주는 대목이다. 그는 오스미 반도의 중세 봉건 영주인 시마즈 다카히사에게 먼저 복음을 전하고, 계속해서 미야코(교토)의 일본 국왕 그리고 중앙집권적 거대 왕국인 중국 황제에게 복음을 전한다는 계획을 갖고 있었다. 따라서 하비에르에게 시마즈 다카히사는 원대한 동아시아 선교의 교두보였던 셈이다.

한편 시마즈 다카히사는 두 가지 이유로 하비에르를 자신의 영토에서 환영할 수밖에 없었다. 먼저 그는 중국과 거래하기 위해 위험한 바닷길을 오갈 수 있는 포르투갈의 중개무역이 필요했다. 하비에르의 복음이 필요한 것이 아니라 하비에르가 타고 온 배가 필요했던 것이다. 또 시마즈 다카히사는 인도와 말라카를 거쳐 들어오는 유럽의 희귀한 상품과 물건들에 대한 막연한 호기심과 기대감이 있었다. 하비에르가 가지고 온 여러 가지 진귀한 물건은 상업적 가치를 넘어, 새로운 미지의 세계에 대한 호기심을 충족시켜 주기에 충분했다. 당시 일본 막부에서 이런 진귀한 물품은 자신의 경제적인 부와 정치력 능력을 과시하는 수단이었다. 바로 이런 이유 때문에 하비에르가 정중하게 초청된 것이다. 큐슈 지역의 다이묘끼리 치열하게 전개되던 포르투갈 무역선단 유치 경쟁은 이런 경제적인 맥락에서 추진되었다. 하비에르는 시마즈 다카히사를 포함한 일본의 다이묘들에게 포르투갈의 무역선단을 이끄는 핵심 인물로 보인 것이다.

두 번째 오해는 종교적인 것이다. 시마즈 다카히사와 그의 모친 그리고 처음 '개종'하고 세례를 받은 15명의 일본인들은 하비에르가 불교를 전파하려고 인도에서 온 전법승(傳法僧)쯤으로 보았을 가능성이 크다.[25]

하비에르와 그의 일행이 석가모니 부처의 고향인 천축국(天竺國)에서 왔다는 것 외에, 일본인들이 오해할 수밖에 없었던 이유 중의 하나는 그리스도교가 믿는다는 절대자의 이름 때문이었다. 안지로의 번역으로 사용되기 시작한 그리스도교 절대자의 이름은 '다이니치(大日)'였다. 일본인에게 다이니치가 그리스도교의 하나님(Deus)으로 소개된 것이다. 하비에르와 동료들은 만나는 일본인들에게 '다이니치'를 믿으라고 권했다. 그러나 다이니치는 인도 밀교의 대광불(大光佛, Mahāvairocana)의 일본식 이름으로, 진언종(眞言宗) 불교에서 이미 사용하고 있는 일본 불교의 엄연한 신명(神名)이었다. 인도에서 왔다는 하비에르와 그의 동료들이 검은 사제복을 입고 '다이니치'를 믿으라고 했을 때, 대부분의 일본인들은 진언종 불교의 부처에 대해 설명하는 것이라고 생각했다. 그러나 가고시마의 하비에르는 다이니치를 둘러싼 오해의 가능성을 전혀 생각지 못했다. 대신 그는 가고시마에서 만난 어떤 일본 고승에 대해 설명한다.

"저는 불교 승려 중에서 가장 탁월하다고 알려진 사람과 자주 대화를 나누었습니다. 그 사람은 깊은 학식으로 모든 사람에게 존경받고 있었고, 삶의 성실한 자세, 높은 직위 그리고 80세에 이른 삶의 경륜 때문에 많은 사람들이 우러러보고 있었습니다. 그의 이름은 닌지츠(Ninxit로 표기됨)인데 일본말로 '진리의 마음'이란 뜻이라고 합니다.[26] 그는 일종의 주교(Bishop)와 같은 자리에 있으며, 본명과 직책의 이름을 하나로 사용하는 것으로 미루어 볼 때 매우 존귀한 사람임에 분명합니다.

대광불 다이니치의 모습. 다이니치는 인도 밀교를 수입한 일본 진언종 불교에서 대광불의 이름으로 사용되고 있었다.

우리는 많은 대화를 나누었는데, 그는 인간의 영혼이 불멸하는 것인지 아니면 죽음과 함께 소멸하는 것인지 확신하기를 주저하거나, 혹은 영혼불멸을 믿지 않는 듯했습니다. 그는 어떤 때는 확신한다고 했다가 또 어떤 때는 이를 번복하곤 했습니다. 다른 유명한 승려들도 마찬가지였습니다. 닌지츠와 제가 친해진 것은 참 경이로운 일입니다. 사실 모든 승려와 일반 (불교) 신도들은 우리를 친절하게 대했습니다. 그들은 우리가 포르투갈과 일본 사이에 놓인 11,000킬로미터가 넘는 바다를 건너온 것을 신기하게 생각했습니다."[27]

하비에르의 편지에 등장하는 닌지츠는 루이스 프로이스(Luis Frois)의 기록에도 등장한다. 1562년에 쓴 편지에서 프로이스는 닌지츠가 100여 명의 승려를 거느린 선불교 사찰의 주지스님이라고 밝히면서 하비에르와 나눈 대화에 대한 상세한 보충 기록을 남겼다. 이 기록은 16세기 중엽에 일어난 그리스도교와 불교의 초기 대화라는 측면에서 매우 소중한 것이다.[28]

"(하비에르가 만난) 이 승려들은 한두 시간 참선을 하는데, 보통 1년에 100여 차례 참선을 합니다. 이들은 참선을 하면서 '무(無)'에 대해서만 골똘히 생각합니다. 이들은 함께 모여 참선할 때 마치 황홀경에 빠져 있는 것처럼 자세를 취하면서 매우 절제된 행동을 합니다.

하루는 하비에르 님께서 닌지츠에게 '이 승려들이 지금 무엇을 하고 있습니까?'라고 물었습니다. 그러자 그 늙은 승려는 미소를 지으며 '이들 중 일부는 지난 한 달 동안 신도들에게 거둬들인 시주 돈을 생각하고 있고, 어떤 이들은 옷이나 음식을 생각하고, 마지막 세 번째 부류의 사람들은 사물의 결과에 대해 아무런 생각이 없는 그런 사람들입니다'라고 대답했습니다.

또 다른 어떤 날, 하비에르 님께서 다시 닌지츠에게 물었습니다. '인생의 황금기는 언제라고 생각하십니까? 청년의 때가 좋습니까, 아니면 스님의 지금 나이처럼 노년의 때가 좋습니까?' '당연히 청년의 때지요. 육신적으로 건강하고 원하는 욕망을 충족시킬 수 있는 것이 청년 때니까요.' 그러자 하비에르 님께서 다시 물었습니다. '폭풍이 불어 파도가 높아진 때가 있고, 안전한 항구가 눈앞에 보이는 순간이 있다고 합시다. 그럼 지금 있는 항구에서 다음 항구로 항해하기에 적절한 때는 언제입니까? 폭풍이 칠 때입니까, 아니면 안전한 항구에 도착했을 때입니까?' 그러자 닌지츠가 대답했습니다. '무슨 질문인지 잘 알겠습니다만, 제게는 해당하지 않는 질문입니다. 인생의 최종 목표를 아는 사람이라면 안전한 항구에 도착한 그때가 적절한 때일 것입니다. 그러나 나는 어디로 배를 몰고 가야 할지, 내 인생의 목표가 어떻게 달성될 것인지 알지 못하는 사람입니다.'"[29]

하비에르와 닌지츠의 대화는 또 다른 사람에 의해 기록되었다. 1562년,

꼬스메 디 또레스(Cosme de Torres) 신부의 지시로 가고시마에 파견된 루이스 알메이다(Luis Almeida) 수사는 하비에르와 대화를 나눈 닌지츠를 만나 당시 나눈 대화에 대한 정보를 얻게 된다. 하비에르와 대화를 나눈 고승에게 직접 증언을 들은 것이다.

"저는 이곳(가고시마)에서 하비에르 신부님께서 이 지역 중심 불교 사찰의 책임자인 닌지츠와 친밀한 관계를 유지하신 것을 알게 되었습니다. 저는 100세가 넘는 이 노승을 찾아갔는데 큰 환대를 받았습니다. 그는 제 앞에서 과거에 하비에르 신부님과 나눈 대화를 회상했습니다. 저는 그 사람이 배우겠다는 열의가 대단한 사람이란 인상을 받았습니다. 그는 일본인치고는 매우 겸손한 사람이어서 우리의 존경을 받았습니다. 눈에 염증이 생겨서 고통 받고 있기에 제가 액체로 된 연고를 주었고, 그는 분에 넘치는 감사를 표시했습니다. 그는 하비에르 신부님께서 전하시던 가르침을 정말 배우고 싶었지만, 논리적으로 그것을 이해할 수 있도록 (하비에르 신부님께서)

하비에르는 일본어를 할 수 없었기 때문에 선교에 큰 어려움을 겪었다.

설명할 수 없었기 때문에 솔직히 잘 알아들을 수 없었다고 했습니다."[30]

하비에르와 닌지츠 사이에 오간 종교적 대화에 대한 세 가지 다른 증언을 비교해 볼 때, 충분한 의사소통이나 명확한 개념 전달이 불가능했음을 짐작할 수 있다. 일반적인 대화 소통도 겨우 이루어지는 상태에서 선불교의 공(空)에 대한 가르침과 이에 대응하는 그리스도교 신학 체계를 설명하고 소통하기란 거의 불가능했을 것이다. 하비에르는 언어 소통 문제를 거듭 솔직하게 인정하고 있다.

"간절히 바라기는, 우리 주 하나님께서 자비를 베푸셔서 우리에게 이 (일본) 사람들과 소통할 수 있는 언어의 은사를 주시는 것입니다. 주님께서 도와주신다면 우리는 사역의 큰 열매를 맺을 수 있을 것입니다. 우리는 지금 말을 걸어오는 수많은 사람들 사이에서 굳어 버린 동상처럼 서 있을 수밖에 없습니다. 아무 말도 이해하지 못한 채 그냥 서 있어야 합니다. 우리는 처음 말을 배우는 어린 아기들처럼 되고 말았습니다. 덕분에 우리 영혼도 어린 아기처럼 단순해지고 순진해지게 하셨습니다."[31]

하비에르는 일본에 도착한 지 채 몇 달이 지나지 않았지만 안지로의 통역과 번역에 문제가 있음을 직감적으로 깨닫게 된다. 창조주 하나님과 구세주 예수 그리스도에 대한 설명을 듣던 일본인들이 간간이 웃음을 터뜨리기도 했고, 어떤 사람은 신경질적인 반응을 보였다. 하비에르는 이런 모습을 지켜보면서 뭔가 잘못되고 있다는 것을 짐작했다. 안지로가 한문을 읽을 수 없는 것과 일본 불교의 주요 경전이 모두 한문으로 기록되어 있다는 사실을 알고 난 다음부터 하비에르의 고민은 더욱 깊어질 수밖에 없었다.

가고시마에서 결정한 아시아 선교의 재배치

1549년 11월 11일, 하비에르는 가고시마에서 여러 번 펜을 들었다. 1549년 8월 가고시마에 도착해서 첫 번째 겨울을 맞아 하비에르는 일본 선교의 가능성과 이곳의 여러 현황에 대한 장문의 편지를 쓴다. 일본으로 항해하는 동안 일어난 일들, 안지로의 성채 방문, 선불교 승려들과의 접촉과 대화, 유럽과 정반대라고 할 수 있는 일본의 풍습 등에 대한 상세한 기록을 남긴 것이다. 앞에서 인용된 대부분의 내용이 바로 이때 쓴 것이다.

하비에르는 아시아 선교를 책임진 사람으로서, 비록 몸은 새로운 선교 개척지인 일본에 있지만 뒤에 남겨진 인도와 동남아시아 선교에 대한 염려를 놓지 않았다. 그는 먼저 인도에 체류하고 있는 세 명의 사제를 일본으로 재배치하기 위해 고아로 편지를 쓴다.[32] 1548년 인도에 도착한 가스빠흐 베르제, 발타자 가고 그리고 도밍고스 까르발류(Domingos Carvalho)에게 편지를 보내 즉시 일본으로 오는 배편을 알아보고 짐을 꾸릴 것을 지시한 것이다. 아예 이들의 도착 지점을 미야코(교토)로 지정하면서 자신도 가고시마를 떠나 곧 미야코로 이동하겠다는 계획을 편지로 밝힌다.

하비에르는 일본 선교를 일단락 짓고 다음 단계에서 추진할 중국 선교를 위한 미래까지 염두에 두고 있었다. 그는 고아의 성바울 신학교에 간략한 편지를 보내 장차 예수회가 펼칠 중국 선교를 위해 중국 어린이나 청소년을 교육시키고, 특별히 이중 언어를 훈련시켜 통역으로 활용할 수 있게 하는 지시를 내린다.[33] 하비에르는 성바울 신학교 교장 고미스의 좌충우돌하는 성품을 익히 알고 있었기에 인도를 떠나기 전 파울로 데 카메리노와의 관계에 대해 신신당부한 적이 있다. 그래도 파울로 데 카메리노의 성품이 더 유순했기 때문에 가능하면 고미스에게 양보하고 성바울 신학교 운영의 책임을 그에게 맡기라고 지시했었다. 그러나 가고시마에서 쓴 편지의 내용은 고미스에게 내리는 엄중한 경고와 지시로 가득하다. 하비에르가 파송을 지시한 사람과 지역에 대해 고미스가 거부권을 행사하고 특정 인물을 자기 옆에 두려 한다는 보고를 접했기 때문이다. 하비에르의 질책은 단호했다.

"만약 당신(고미스)이 예외적으로 선택할 수 있는 법적인 권리가 있다고 생각한다면, 거듭 말하지만 그것은 당치도 않은 일입니다. 만약 당신이 그렇게 한다면 그것은 하나님이 금하신 일이며 당신에게 맡겨진 (예수회의) 사명에 어긋나는 죄를 짓는 것일 뿐 아니라, 당신의 상급자에 대한 불복종의 죄를 짓는 것입니다. 이 죄에 대한 벌은 하나님께서 결코 가볍게 다스리지 않으실 것입니다. 당신을 위해 그리고 다른 형제들을 위해 나는 이런 일이 다시는 일어나지 않기를 바랍니다. 따라서 나는 지금 당신에게 거룩한 순종을 명령합니다. 내가 이미 지시한 대로 각 형제들을 모두 내가 지시한 곳으로 즉각 파송하십시오."[34]

하비에르는 말라카의 수비대장 뻬드로 디 가마에게도 편지를 보내 안부를 묻고, 새로 개척된 일본 선교를 위해 더 많은 유럽 선교사들이 파송될 수 있도록 포르투갈 국왕에게 청원을 올려달라고 부탁한다. 만일 일본 국왕이 개종한다면 오사카 만에 있는 사카이(堺)에 포르투갈의 대일 무역을 위한 항구를 설치할 수 있을 것이라는 청사진도 알려 준다. 일본과의 무역으로 얻을 수 있는 이익과 이 무역을 통해 포르투갈 국왕이 얻을 수 있는 경제적 혜택을 언급하면서 지속적인 관심과 후원을 부탁한 것이다.[35]

하비에르는 진주해변과 몰루카 제도에서 그랬듯이 일본에서도 기본적인 교리를 일본어로 암기하여 길거리 전도 때 사용하기 위해 일본어 번역 작업에 몰두했다. 1549년과 1550년 겨울, 가고시마에서 하비에르는 6주 동안 '십계명'을 일본어로 번역하고 그것을 암기하는 데 시간을 바쳤다. 간단한 교리서를 어렵사리 일본어로 번역하기도 했는데, 안지로와 후안 페르난데즈 수사의 공동 작업이었을 것으로 추측된다. 아쉽게도 이 책자는 유실되고 말았는데, 남아 있는 동시대의 다른 기록으로 미루어 하나님의 이름을 문제의 다이니치(大日)로 사용한 것이 분명해 보인다. 하비에르 일행은 처음 도착해서는 안지로의 거처에서 머물렀으나 이후 시마즈 다카히사 영주가 마련해 준 집으로 옮겨서 지내고 있었다.

가고시마의 개종자들

일본 도착 첫해(1549)를 가고시마에서 보내면서 고대했던 선교의 결과가 조금씩 나타나기 시작했다. 일본에서 첫 번째로 세례를 받은 사람은 베르나도(Bernardo)라는 젊은 일본 청년이었다. 그는 하비에르가 일본에서 체류한 7개월 동안 늘 동행했고, 본인의 소원대로 인도를 거쳐 포르투갈로 건너가 예수회에 정식 입단함으로써 일본 천주교회사의 중요한 인물이 되었다. 안지로가 가고시마에 머물며 배교(背敎)의 가능성까지 보이는 등 기대에 어긋나는 생애를 살았다면, 본토에서 최초로 개종한 일본인 베르나도는 초기 예수회뿐만 아니라 유럽 가톨릭교회의 아시아 확장을 상징하는 인물로 성장하게 된다.

베르나도의 생각과 행동은 많은 유럽인의 관심을 불러일으켰다. 초기 예수회의 명설교자이며 수사학 교수인 뻬드로 리바데네이라(Pedro Ribadeneira, 1526-1611) 신부는 베르나도를 '초대 그리스도교인의 살아 있는 이미지(retrato vivo)'를 가진 인물이라고 평했다. 베르나도는 히브리어에 능통한 신부를 만나자 "어떻게 우리 주님을 죽인 (이스라엘) 사람들의 언어를 배울 수 있습니까?"라고 질문했다고 한다.[36] 이냐시오 로욜라는 베르나도를 로마로 소환하여 예수회의 초기 지도자인 헤로니모 나달(Jerónimo Nadal, 1507-1580) 신부 밑에서 영적인 지도를 받게 했을 정도로 초기 예수회와 예수회의 아시아 선교에 큰 영향을 미쳤다. 일본 본토의 최초 개종자이자 예수회 회원이 된 베르나도는 고국으로 돌아가지 못하고 포르투갈의 코임브라에서 임종했다.

초기 일본의 중요한 개종자 가운데 두 번째 인물은 미카엘(Michael)이란 세례명으로 불린 사람이다. 그는 이치쿠 성에 거주하는 한 사무라이의 시종이었으나 우연히 방문한 가고시마에서 하비에르를 만나 세례를 받았다. 그는 고향으로 돌아가 자기 식구들과 모시던 사무라이의 부인과 자녀들에게 복음을 전했고, 흥미를 느낀 사무라이가 하비에르를 초청하여 모두 15명이 함께 세례를 받게 되었다.

가고시마의 세 번째 개종자는 앞에 소개한 두 사람보다 더 극적인 삶을 살았던 인물로, 초기 일본 선교사에서 주목받아 마땅한 사람이다. 그는 시마즈 다카히사 영주에게서 하사받은 집에서 기거하던 하비에르 일행의 숙식을 돌본 여주인의 딸이었다. 그녀의 이름은 일본 초기 선교사들의 기록에 마리아(Maria)로 등장한다. 하비에르가 1550년 가고시마를 떠나고 10여 년이 지난 뒤 알메이다(Almeida)가 다시 돌아왔을 때(1561년), 200여 명의 그리스도인들이 가고시마에 거주하고 있었는데, 마리아가 이 그리스도교 공동체의 실질적인 리더로 활동하고 있었다.

시간이 흘러 1583년, 알메이다가 다시 가고시마를 방문했을 때는 단 한 명의 그리스도인만 남아 있었다. 마지막까지 신앙을 지킨 사람이 바로 마리아였다. 다른 사람들은 모두 불교 승려들의 박해를 받아 사망하거나 그리스도교를 떠나 배교자가 되었다. 이듬해인 1584년, 일본인 예수회 수사 다미안(Damian)이 가고시마를 다시 방문했을 때 죽음을 앞둔 마리아를 만나게 된다. 다미안 수사는 마리아와의 만남을 기록으로 남겨, 일본 최초의 여성 개종자가 어떤 삶과 신앙을 간직하다가 죽음을 맞이했는지 증언했다. 다미안은 마리아에게 그렇게 공개적으로 그리스도인임을 사람들에게 알리면 불교 승려들의 핍박을 받는 게 두렵지 않느냐고 물었다. 그러자 마리아는 이렇게 대답했다.

"이곳 사람들은 모두 내가 그리스도인이란 것을 알지요. 만약 내가 하나님의 거룩하신 이름을 불렀기 때문에 승려들이 나를 죽인다면 그것은 참으로 기쁜 일일 것입니다. 그럼 내 영혼은 하나님의 은총으로 내게 세례를 베풀어 주신 하비에르 신부님께 갈 수 있으니까요. 나는 지금 이 방에서 늙어 죽는 것보다 하나님의 사랑 안에서 순교자로 생애를 마감하길 바라고 있습니다."[37]

임종을 앞둔 마리아의 고민은 죽고 나면 자신의 유해를 불교식으로 화장(火葬) 처리할 것이란 우려뿐이었다. 마리아는 다미안에게 이 문제를 호소했고, 결국 일본 예수회는 노쇠한 마리아를 나가사키로 옮겨 최후의 임종을 맞게 한다. 그녀의 죽음을 그리스도교 식으로 애도하고 시신을 개종자들의 공동묘지에 매장하기 위해서였다.

가고시마를 떠나며

몇 명의 중요한 개종자가 나왔지만 가고시마에서 시도된 첫 번째 일본 선교는 안지로가 예상하거나 하비에르가 기대한 것만큼 큰 성과가 나타나지 않았다. 세례를 베푸느라 팔이 마비될 지경이었던 인도 진주해변에서의 성과와는 완전히 달랐다. 하비에르는 가고시마에 체류하는 동안 100여 명에게 세례를 베풀었는데, 대부분 안지로의 전도를 통해 복음을 받아들인 사람들이다. 하비에르는 가고시마를 떠날 계획을 세운다. 큐슈와 가고시마가 일본 정치의 중심이 아니라 열도 최남단의 변방이란 사실을 알게 되었고, 일본 왕실이 있는 미야코(교토)로 가서 직접 천황에게 복음을 전하는 길이 더 현명한 선교 방식이라고 생각했다.

하비에르는 가고시마의 영주에게 도시를 떠날 수 있도록 허락해 달라고 부탁했다. 그러나 영주는 허락을 계속 미루었다. 어떻게 해서든 하비에르를 통해 포르투갈 상선을 가고시마 항구로 끌어들이려는 계획을 포기하지 않았기 때문이다. 그러나 초기에 우호적이었던 불교 승려들이 하비에르를 추방시켜야 한다는 쪽으로 영주를 설득하기 시작했다. 영주의 후원을 받고 있는 이상 하비에르를 공격하는 것이 자신들에게 결코 이로울 게 없는 줄 잘 알았지만 점차 개종자가 늘자 승려들은 위기감을 느끼기 시작했다. 가고시마를 떠나게 된 경위를 하비에르는 이렇게 설명한다.

"실제로 초기에 개종한 사람은 불교 승려들이 개종을 반대하지 않았기 때문에 가능했습니다. 점차 승려들은 영주에게 만약 주민들이 그리스도교의 하나님에게로 개종하면 결국 영주의 통치 영역을 잃게 될 것이며, 현재 그들이 믿고 있는 불교 사원도 허물어질 것이라고 말했습니다. 불교의 가르침과 그리스도교의 가르침이 다르기 때문에 그들이 개종하면 불교의 거룩한 가르침과 유물을 버리게 될 거라고도 경고했습니다. 결국 승려들은 영주를 설득하는 데 성공했습니다. 영주는 주민들에게 그리스도교 개종을 금지했으며, 만약 개종하면 사형에 처하겠다고 발표했습니다. 길거리에서 설교하는 것도 금지했습니다. 일본인들은 아주 머리가 좋고 이성적인 사람들이어서 자신들이 더 이상 개종하지 않는 이유를 이렇게 설명했습니다. 그리스도교의 진리를 인정하지 않거나 자신들의 종교가 지닌 오류를 인정하지 않는 것이 아니라 영주의 금교령 때문이란 것입니다."[38]

가고시마의 상황이 그에게 큰 부담을 주었는지, 하비에르는 1550년 6월에 심한 열병을 앓는다. 콜레라와 학질이 창궐하던 인도에서도 무쇠같이 강인하게 버티던 하비에르도 이제 서서히 늙어 가고 있었다. 지칠 줄 모르던 열정도 세월의 흐름 앞에서 어쩔 수 없었던 것일까. 일본에서 갑자기 쇠약해진 하비에르는 이전의 자신감을 조금씩 잃어 가고 있었다. 그렇게 큰 기대를 품고 온 일본에서의 첫해가 뚜렷한 성과 없이 마감되자 하비에르의 마음은 조급해지기 시작했다. 마침 큐슈 북단의 작은 섬인 히라도(平戶)에 포르투갈 무역선이 도착했다는 소문이 가고시마에까지 들려 왔다.[39] 하비에르는 히라도로 급히 떠날 준비를 한다. 유럽과 인도, 그리고 말라카와 몰루카 제도의 선교 현황을 담은 편지와 보고서들이 이 배편을 통해 도착했을 것이란 생각에 하비에르는 지체 없이 가고시마를 떠난다.

1550년 8월, 가고시마를 떠나 배편으로 히라도에 도착한 하비에르는 포르투갈 무역 선장을 급히 찾았다. 히라도는 큐슈 북단에 있는 무역항이다. 그러나 기대했던 편지와 보고서가 한 통도 배달되지 않았음을 알고 크게 실망한다. 로마, 포르투갈, 고아, 진주해변, 스리랑카, 말라카, 몰루카 제

히라도의 하비에르 기념 성당(왼쪽)과 이 성당 앞뜰에 있는 하비에르 기념 석상(오른쪽).

도에서 어떤 일이 전개되고 있는지 하비에르는 노심초사하지 않을 수 없었다.

하비에르는 히라도에서 일본 선교를 서둘러야겠다는 판단을 내린 듯하다. 어떻게든 승부를 보아야 한다는 절박감을 느꼈을 것이다. 원래 계획대로 미야코의 일본 국왕을 만나 이른바 '위에서 아래로'의 선교를 시도해야 한다는 결심이 선 것이다. 가시적인 결과가 보이지 않는다면, 일본 선교를 적임자에게 맡기고 다시 말라카를 거쳐 인도 고아로 돌아가야 한다고 판단했다. 아시아 선교의 총책임자로서 구체적인 성과도 없이 무작정 일본의 가고시마나 히라도에 머물 수는 없는 노릇이었다. 무엇보다 중국과 타타르라는 거대한 아시아 선교의 최종 목표가 남아 있지 않은가.

하비에르는 히라도에서 한 달쯤 머물다가 가고시마로 돌아왔다. 히라도의 젊은 영주 마츠우라 다카노부(松浦隆信, 1529-1599)는 하비에르의 방문을 크게 환영하면서 그를 통해 포르투갈과의 더 많은 교역을 바라고 있었다. 가고시마의 영주가 기대했던 것과 같았다. 히라도의 젊은 영주는 자신의 영지 안에서 선교의 자유도 보장했다. 하비에르는 히라도의 영주에게 곧 돌아오겠다는 약속을 남기고 안지로가 기다리는 가고시마로 귀환한다.

하비에르는 가고시마의 그리스도교 공동체를 안지로와 마리아에게 맡기고 떠나기로 한다. 그와 함께 떠날 사람은 꼬스메 디 또레스 신부, 후안 페르난데즈 수사, 일본인 개종자 베르나도, 안지로의 두 시종 주아옹(João)과 안또니오(Antonio), 인도인 시종 아마도르(Amador)였다. 하비에르와 그의 일행은 말라카의 수비대장이 기증한 일본 국왕에 줄 선물을 조심스럽게 꾸려 히라도로 돌아갈 준비를 했다. 하비에르와의 이별을 가장 슬퍼했던 사람은 안지로였다. 말라카에서 하비에르를 처음 만난 것이 1547년 12월이다. 이제 3년 남짓 함께 지낸 하비에르와 이별할 순간이 다가온 것이다.

안지로의 최후

1550년 9월, 하비에르와 안지로는 가고시마 항구에서 이별의 눈물을 함께 나눈다. 하비에르는 안지로에게 가고시마 교회의 책임을 맡기고 떠났다. 하비에르는 가고시마를 다시 방문하지 못했으므로 이것이 마지막 이별이었다. 그렇다면 이 최초의 일본인 개종자는 하비에르가 떠난 뒤 어떻게 되었을까?

1547년 12월 말라카에서 하비에르를 처음 만난 안지로는 일본인으로서는 최초로 세례를 받고 일본 선교의 초석을 놓은 인물이다. 선교 초기에 사용된 일본어로 된 교리서는 모두 그가 번역한 것이다. 그러나 남아 있는 기록에 의하면 안지로의 최후는 실망을 안겨 주기에 충분하다. 1550년 이후 하비에르의 기록에서 사라진 안지로는 루이스 프로이스의 《일본의 역사》에 잠깐 등장한다.

루이스 프로이스의 기록에 등장하는 안지로는 충격적이다. 그는 하비에르가 떠난 뒤 다시 해적이 되었으며, 해적질을 일삼다가 중국인 뱃사람들과의 싸움에 휘말려 피살당했다는 것이다. 물론 루이스 프로이스의 기록은 현장을 목격한 것이 아니라 피살 사건이 일어나고 10년쯤 지난 뒤에 입수된 내용을 바탕으로, 또 다시 10년이 흐른 뒤에 구체적으로 기록된 것이다. 따라서 과연 안지로의 최후가 그렇게 비참한 것이었는지는 더 깊이 연구할 필요가 있다. 배교자의 최후를 강조하고 싶어 했던 가고시마의 불교 승려들이 의도적으로 사건을 왜곡했을 수도 있다. 그러나 분명한 것은 일본에 처음 떨어진 복음의 씨앗은 옥토에 떨어진 것이 아니었다는 것이다. 워낙 척박한 땅이었기에 씨를 뿌린 사람의 기대와 더욱 달랐을 것이다. 남겨진 기록을 통해 안지로가 일방적인 유럽 종교의 수용자가 아니었음을 짐작해 볼 수 있다. 비록 그는 한문을 읽을 수 없는, 제한적인 교육을 받은 사무라이 출신이지만 논리적이고 비판적인 인물일 가능성이 크다. 이냐시오에게 보낸 편지에서 하비에르는 안지로와 나눈 인상적인 대화를 기록했다.

"일본의 문자 샘플을 적어서 보내 드립니다. 일본인은 우리가 글을 쓰는 방식과 완전히 다릅니다. 이들은 위에서 아래로 글을 씁니다. 하루는 제가 안지로에게 왜 일본인은 우리가 쓰는 방식(왼쪽에서 오른쪽으로)을 택하지 않느냐고 물었습니다. 그러자 안지로는 '왜 유럽 사람들이 우리가 쓰는 방식을 사용하지 않는지 제가 더 궁금합니다. 사람의 머리는 위에 있고 발은 아래에 있으니 글 쓰는 방식도 위아래로 쓰는 것이 자연의 이치와 같지 않습니까?'라며 날카로운 반응을 보였습니다."[40]

안지로는 단순히 일본과 유럽의 글 쓰는 방식에 대해 인문학적 의문을 제기한 것이 아니라 서양 종교인 그리스도교가 가르치는 것과 그 종교를 믿는 서양 사람들의 행실이 일치하지 않는다는 것을 지적할 정도로 매우 지적인 판단력을 가진 사람이었다. 1549년 여름, 처음 일본으로 향할 때 하비에르는 말라카에서 포르투갈 무역선을 구하지 못해 조바심을 내고 있었다. 이때 안지로는 매우 인상적인 비평을 남겨 하비에르의 주목을 끈 적이 있다. 그리스도교의 가르침을 따르지 않는 포르투갈 사람들이 일본으로 가지 않는 것이 차라리 하나님의 섭리라는 날카로운 논평을 한 것이다. 안지로의 말이다.

"이런 현실(일본으로 갈 포르투갈 무역선을 구하지 못하는 일)은 오히려 하나님의 특별하신 섭리가 드러나는 일입니다. 만약 우리 일본 사람들이 한편으로 하비에르 신부님께서 선포하시는 거룩하신 하나님의 가르침을 듣고 또 다른 한편으로 그리스도를 믿는 다른 사람들(유럽인)이 가르침에 어긋한 행동을 하는 것을 본다면, 아마 말로 하는 선포보다 보이는 행동이 더 중요하다고 지적할 것입니다. 그리스도인들은 죽음 이후의 좋은 것을 위해 산다고 하면서 이 세상에 살아 있을 동안에는 왜 그런 (나쁜) 행실의 삶을 사는 것입니까? 이 점에서 하비에르 신부님 외에 다른 유럽인들이 일본으로 가지 않는 것을 오히려 하나님께 감사할 일입니다."[41]

  루이스 프로이스는 안지로에 대한 최후의 기록에서 그가 비록 해적이 되었지만 배교(背敎)했다는 증거는 없다는 사족을 애써 달아 놓았다. 일본 역사를 최초로 외국인의 입장에서 기록한 로이스에게도 안지로의 최후는 충격적이었음에 분명하다.

미야코로 가는 험난한 길

1550년 9월, 하비에르는 히라도 영주와 맺은 약속을 지키기 위해 다시 히라도로 돌아왔다. 하비에르 일행은 육로로 이동한 것으로 보인다. 필요하면 언제든지 사용할 수 있는 성례전을 위한 도구를 모두 짊어지고 먼 길을 걸어서 이동했다는 기록이 남아 있다.

히라도의 영주 마츠우라 다카노부는 하비에르의 종교적 명성을 이용해 더 많은 포르투갈 무역선이 히라도로 기항할 것을 기대했다. 하비에르는 미야코가 있는 혼슈로 떠나기 전, 약 한 달간 히라도에 머물며 100여 명에게 세례를 주었다. 여기엔 일본어에 가장 능통했던 후안 페르난데즈 수사의 노력이 큰 역할을 했다. 하지만 히라도에서도 하비에르와 그의 동료들은 여전히 일본인들에게 다이니치(大日)를 믿으라고 외치고 다녔다. 하비에르는 히라도에서 '나의 특별한 친구(meu especial amigo)'라고 부르던 포르투갈 상인 프란시스꼬 페레이라 디 미란다(Francisco Pereira de Miranda)를 만났다.[42] 그는 후에 중국 광동성 인근에서 중국 상인들과 금지된 교역을 하다가 체포되어 중국 관리들에게 큰 곤욕을 치르게 된다. 중국 선교에 대한 하비에르의 관심은 이 '특별한 친구'가 중국 관리들에게 구금되어 고문당하고 있다는 소식이 알려지면서 시작된다.

하비에르는 미야코의 일본 국왕을 알현하기 위해 1550년 10월 말, 히라도를 떠났다. 지금까지 동행했던 꼬스메 디 또레스 신부에게 히라도에서 개종한 이들의 신앙 지도를 맡겼다. 히라도를 오가는 포르투갈 무역상들과 관계를 돈독히 하는 것도 꼬스메 디 또레스 신부에게 맡겨진 임무였다. 1550년 10월, 하비에르는 일본어에 능통한 후안 페르난데즈 수사와 일본인 개종자 베르나도를 대동하고 히라도에서 혼슈로 가는 배에 올랐다. 일단 하카타(博多) 항으로 가는 배편을 이용했을 것이다. 계속해서 하카타에서 모지(門司) 항구까지 육로로 걸어간 다음, 큐슈를 떠나 혼슈로 가는 배편을 다시 이용했을 가능성이 높다. 혼슈의 시모노세키(下關)에 도착한 뒤, 야마구치(山口)까지는 다시 걸어서 이동했을 것이다.

1550년 겨울의 일본 육로 여행은 낭만과는 거리가 먼 것이었다. 무엇보다 이동 시기를 겨울로 택한 것이 큰 실수였다. 가고시마의 겨울과는 비교할 수 없는 혹독한 추위와 눈보라가 혼슈에서 하비에르 일행을 기다리고 있었기 때문이다. 하비에르와 동행한 후안 페르난데즈 수사는 오랜 세월이 지난 뒤 루이스 프로이스에게 그 여행의 자초지종을 생생하게 들려주었다.

"혹독한 추위, 눈보라, 예측할 수 없는 일본인들의 태도가 아무리 극심했다 해도 하나님을 섬기겠다는 하비에르 신부님의 굳은 결심을 바꿀 수는 없었습니다. 배를 타고 이동할 때면 우리 주위에는 숱한 해적들이 득시글거렸습니다. 해적들의 시선을 피하기 위해 우리는 배 선창에 숨어 있었습니다. 육로 이동은 더 힘들었습니다. 우리는 프란체스코 수도회의 수도사처럼 작은 가방을 두 개 메고 다녔습니다. 그 속에 든 것은 흰 수도복과 서너 벌의 셔츠 그리고 낡은 담요가 전부였습니다. 밤이면 하비에르 신부님과 저는 그 담요를 같이 덮고 잤습니다. 일본의 여관에는 침대가 없기 때문에 짚으로 된 매트와 나무 베개를 구하는 날은 큰 행운입니다. 늦은 밤, 여관에 도착하면 뼛속 깊이 파고드는 추위와 끔찍할 정도의 배고픔이 몰려왔지만, 여관에서 쫓겨나기 일쑤였습니다. 추위를 피할 수 있는 공간조차 빌려 주지 않았습니다. 어떤 때는 산길을 걷다가 거친 눈보라와 얼음

미야코로 가는 길에서 하비에르 일행은 여러 가지 봉변을 당한다. 선교사 일행의 시련을 묘사한 작가 미상의 인쇄물.

같은 칼바람 때문에 죽을 고생을 했습니다. 발은 퉁퉁 부어올랐고, 더 이상 걷지 못해 쓰러지곤 했습니다. 우리는 아무 것도 가진 것이 없었고, 추위를 피할 수 있는 옷도 없었으며, 그곳은 완전히 낯선 땅이었습니다. 어떤 마을에서는 추위보다 더 냉혹한 사람들의 차가운 시선을 느껴야 했습니다. 마을 어린이들이 우리 뒤를 따라다니며 욕설을 퍼붓고, 우리에게 돌팔매질을 했습니다."[43]

가고시마나 히라도에서와 달리 혼슈의 일본 사람들은 매우 배타적이며 냉소적으로 하비에르 일행을 대한 듯하다. 루이스 프로이스가 기록한 후안 페르난데스 수사의 증언에 의하면 하비에르는 하카타의 한 선불교 사원에서 승려들과 큰 충돌을 일으킨다.

"천축국에서 왔다는 하비에르 신부님을 보고, 그 승려(하카타의 선불교 사원 소속)들은 우리(그리스도교)의 주교처럼 높은 직책에 있는 스님에게 모셔 갔습니다. 우리의 갑작스런 출현은 그 스님에게 큰 기쁨을 주었고, 그는 맛있는 과일을 내놓으며 우리를 환대했습니다. 하지만 우리 신부님은 그 고승과 나머지 승려들에게 소돔의 죄악(동성애)을 짓지 말라고 호통을 쳤습니다. 사람들에게 죽음 이후 아무 것도 없다고 가르치면서 망자를 위한 제물을 빼앗고, 그것으로 자기 배를 불리는 승려들의 태도를 질타하셨습니다. 승려들은 처음 보는 사람이 그렇게 심하게 야단치는 것을 보고 당혹감을 감추지 못했습니다. 일부 승려들은 웃음을 터뜨렸지만 대부분의 승려들은 놀란 눈으로 우리를 노려보기만 했습니다. 다른 덕담은 하지 않은 채 신부님은 그 사찰에서 떠나 버렸고, 우리도 신부님을 따라 나갔습니다."[44]

하비에르와 그의 일행이 거친 눈보라를 헤치며 미야코로 향하던 1550년의 겨울은 전국시대 일본의 군사적인 긴장감이 최고조에 이른 시기였다. 일본의 각 지역을 차지하고 있던 다이묘(大名)들이 치열한 무력 경쟁을 벌였으며, 곳곳에서 해적과 모리배들이 출몰하여 일본 민초들을 괴롭히고 있었다. 하비에르는 만약의 사고를 대비해서 일본 국왕에게 바칠 선물을 지참하지 않고 히라도를 떠났다. 중간에 도적을 만나 값비싼 물건을 강탈당할 위험이 있었기 때문에 말라카의 수비대장이 준 진귀한 선물은 모두 히라도에 숨겨 둔 것이다.

야마구치에서 사역

야마구치에 도착한 하비에르 일행은 가고시마와 히라도에서 보지 못했던 거대한 도시의 규모에 깜짝 놀란다. 곳곳에 우뚝 솟은 수많은 불교 사원도 이전에는 보지 못하던 것이었다. 큰 도시를 주된 선교 무대로 삼았던 하비에르 일행은 야마구치 선교에 바로 착수했다. 우선 야마구치에서 묵었던 여관의 주인인 우치다(內田) 부부에게 세례를 베풀었다. 혼슈에서의 첫 번째 개종이었다. 위험을 무릅쓰고 길거리에 서서 복음을 외치기도 했다. 그러나 전반적인 야마구치의 선교 결과는 기대에 훨씬 미치지 못했다. 야마구치 사람들은 큐슈 사람들보다 더 배타적이었으며, 이상한 차림으로 생소한 종교를 말하는 하비에르 일행에게 모욕을 주기에 바빴다. 하비에르는 야마구치에서의 경험을 이렇게 설명한다.

"우리는 매일 두 번씩 길거리에서 설교를 하기로 했습니다. 가져온 책에서 한 구절을 읽고 그것에 대해 설명을 곁들이는 식이었습니다. 많은 행인들이 모여들었습니다. 어떤 사람들은 하나님의 법을 새롭게 듣는 것을 기뻐했지만, 어떤 사람들은 우리를 모욕했습니다. 분명한 것은 몇몇 사람들이 골똘히 생각하기 시작했다는 것입니다. 길거리를 지나다닐 때면 어린이들과 노인들이 우리를 심하게 괴롭혔습니다. 이들은 '이 작자들은 데우스(Deus)를 섬겨야 구원받을 수 있다면서 세상 만물을 만드신 창조주 신께서만 우리를 구원시킬 수 있다고 떠들고 있다'며 소리 질러 면박을 주었습니다. 어떤 사람은 '이 작자들은 동성애가 죄라고 한다'며 비난했는데, 이들은 동성애를 대수롭지 않게 여깁니다. 이들은 또 다른 십계명의 내용을 들먹이며 우리를 조롱했습니다. 우리는 계속 길거리에서 설교를 했지만 겨우 몇 명만을 그리스도인으로 만들 수 있었습니다."[45]

하비에르와 야마구치에서 활동하였으며, 그의 설교를 통역한 후안 페르난데즈 수사는 야마구치에서의 선교 현황을 더 실감나게 소개했다. 후안 페르난데즈 수사는 하비에르가 언급한 야마구치 설교의 내용을 창조주 하나님의 존재, 동성애의 죄악성, 인위적으로 유산하는 여성들에 대한 경고로 요약했다. 후안 페르난데즈의 기록에 의하면 하비에르는 타협적인 설교로 야마구치 귀족들의 마음을 사려 하지 않고, 오히려 강경하고 질책하는 어조를 구사했다.

"우리는 매일 길거리 설교를 했습니다. 그 큰 도시(야마구치)에서 우리가 가지 않은 길목이 없을 정도로 열심히 다니며 설교했습니다. 또 우리는 한 귀족의 초대를 받고 가서 같은 방식으로 설교했습니다. 어떤 사람들은 단지 시간을 죽이기 위해 우리를 불렀고, 어떤 사람들은 기괴한 이야기를 듣고 싶거나, 단순히 우리를 가지고 놀기 위해 초대했습니다. 극소수의 사람들만이 우리에게 동정과 관심을 보였습니다. 정말 많은 귀족들이 단지 우리를 놀리기 위해 불렀다고 생각합니다.

저는 가져간 책에서, 교만했던 루시퍼가 천국에서 어떻게 지옥으로 떨어졌는지 설명하기 위해 큰 소리로 그 부분을 읽었습니다. 교만한 사람이 지옥에서 어떤 참혹한 고통을 받게 될지 큰 소리로 설명해 주었습니다. 그러자 한 귀족이 제게 모욕을 주며 불쾌한 감정을 숨기지 않았습니다. 저를 통역으로 사용하시던 하비에르 신부님께서 귀족에게 말씀하셨습니다. '비록 당신이 힘 있는 귀족이라 해도 겸손하게 행동하지 않고 당신의 죄를 참회하지 않으면 하나님께서 당신을 지옥의 나락으로 떨어뜨릴 것입니다'라고 신랄하게 비판하셨습니다. 신부님의 말에 화가 난 그 귀족은 우리에게 바짝 다가왔는데, 그의 화난 얼굴이 붉게 변했고 눈빛은 분노로 이글거렸습니다. 저는 '당신이 믿지 않겠다면 할 수 없습니다. 그러나 겸손하게 행동하지 않는다면 지옥의 고통이 당신을 기다릴 것입니다'라고 말하고는 그 집을 나왔습니다. 신부님은 그 집을 떠나면서 제게 이렇게 말씀하셨습니다. '저 귀족 때문에 내 마음이 너무 아픕니다. 그들이 더 높아지면 높아질수록 보통 사람들이 하나님의 은총을 받을 기회는 점점 줄어들 것입니다.'"[46]

야마구치에서의 선교 활동이 소문을 타고 널리 퍼져 나가자 거의 유일하게 한 귀족이 하비에르와 그의 가르침에 관심을 갖게 되었다. 그는 나이토 다카하루(內藤隆春)란 이름으로 각종 기록에 남아 있다. 그는 당장 개종을 결정하지는 않았지만 유럽에서 온 이 생소한 사람들에게 친절을 베풀었고,

하비에르가 오우치 요시다카를 접견하기 위해 찾아갔던 야마구치 성.

따뜻한 음식으로 이방인을 환대하는 넓은 마음씨를 보였다. 하비에르는 나이토 다카하루로부터 큰 은혜를 입게 된다. 바로 야마구치의 실력자이자 당대 일본의 가장 강력한 다이묘의 하나를 이끌던 영주 오우치 요시다카(大內義隆, 1507-1551)와의 알현을 그가 주선했기 때문이다. 하비에르는 야마구치의 영주를 '왕자(Prince)'로 기록했다.[47] 오우치 요시다카가 그만큼 강력한 권력자임을 하비에르는 처음부터 알고 있었던 것이다. 영주 오우치 요시다카와의 첫만남은 후안 페르난데즈 수사가 자세히 기록했다.

"궁정에서 온 사람이 우리를 호위하여 궁궐로 들어갔습니다. 큰 방으로 들어갔는데, 그곳은 왕(페르난데즈는 오우치 요시다카를 왕으로 표현함)이 외국의 대사들이나 공식 방문자들을 접견하는 곳이었습니다. 왕이 방으로 입장했을 때, 우리는 무릎을 꿇고 큰절을 두 번 올렸습니다. 그 방 안에는 왕과 높은 직책의 승려 한 사람 그리고 우리를 소개한 귀족(나이토 다카하루)만 있었지만, 방 뒤쪽과 현관 등에서 많은 사람들이 모여들었고, 우리를 지켜보고 있었습니다. 왕은 우리를 환대하며 일본으로 온 머나먼 항해에 대해 물었고, 인도와 유럽에 대한 많은 질문을 던졌습니다. 왕은 우리가 자신의 왕국에서 전하고 싶어 하는 종교의 내용을 알고 싶어 했습니다. 하비에르 신부님은 제게 하나님의 창조에 대한 내용과 십계명의 내용을 일본어로 옮긴 소책자를 읽어 주라고 하셨습니다. 우상숭배에 대한 내용과 다른 죄악에 대해 설명한 다음, 저는 자연의 이치에 순응하지 않는 죄악(동성애)에 대해 설명했습니다. 제가 읽은 그 소책자에는 그런 죄악을 범하는 사람은 돼지보다 못하고, 천한 개보다 못하며, 아무 생각이 없는 동물과 같다는 표현이 있었습니다. 이 부분을 읽자 왕의 얼굴이 시뻘게지며 분노가 가득한 것을 확실히 알 수 있었습니다. 그러나 그 귀족이 빨리 방에서 나가라고 지시했고, 왕이 한마디도 하기 전에 우리는 밖으로 나갔습니다. 솔직히 말해서 그때 저는 분노하던 왕이 우리의 목을 치라고 할 것 같아 무척 두려웠습니다."[48]

오우치 요시다카 영주와 하비에르의 첫만남은 파국 일보 직전까지 가는 아슬아슬한 장면을 연출했다. 가까스로 목숨을 건진 것이 기적이었다. 만약 우호적이었던 귀족 나이토 다카하루가 그 자리에 없었다면 일본 선교 역사는 처음부터 붉은 피로 기록되었을지도 모른다. 영주가 공개적으로 하비에르 일행에게 분노를 표시했다는 소문이 삽시간에 야마구치로 퍼져 갔다. 결과는 간단했다. 야마구치에서는 더 이상 선교가 불가능했다. 영주의 진노를 산 새로운 종교에 누구도 관심을 가질 엄두를 내지 못한 것이다. 흥미롭게도 하비에르가 쓴 편지에는 이 사건이 매우 간략하게 언급되어 있다. 하비에르는 1551년 7월경 야마구치(두 번째 체류 중)에서 쓴 편지에서 이 사건을 언급하면서 영주는 "우리가 교리서를 낭독하는 것을 진지하고 열심히 들었으며, 우리를 돌려보내 주었다"라고만 기록했다.[49]

초라한 천황의 모습

하비에르는 1550년 12월, 성탄절을 며칠 앞두고 야마구치를 급히 떠날 수밖에 없었다. 혹독한 추위가 기다리고 있다는 것을 뻔히 알면서도 일행은 짐을 꾸렸다. 영주의 분노가 야마구치 사람들에게 알려지자 더 이상 선교가 불가능했다. 일행은 야마구치에서 약 64킬로미터 떨어진 이와쿠니(岩國) 항구까지 육로로 이동했을 것이다. 마침 이 지역에 폭설이 내려 끔찍한 여정이 일행을 기다리고 있었다. 후안 페르난데즈 수사는 흰 눈길에서 하비에르의 발에서 난 핏자국을 따라 걸었다고 기록했을 정도다. 중간 기착지에서 겨우 찾은 여관에서 하비에르 일행은 다다미를 깔지 않고 아예 그것을 덮고 잘 수밖에 없었다. 뼛속 깊이 파고드는 추위를 피하기 위한 궁여지책이었다.

이와쿠니 항구에서 일행은 다시 배편을 구해 히로시마에서 멀지 않은 미야지마(宮島)를 거쳐 사카이 항구에 도착했을 것으로 추정된다. 이동하는 배 위에서도 시련은 계속되었다. 동승한 젊은 일본 상인이 하비에르와 그의 일행을 끊임없이 괴롭혔다. 하비에르를 바보라고 놀리기 시작하더니 나중에는 아예 짐승 취급을 하면서 주위 친구들과 희롱했다. 이를 말리는 일본인 베르나도의 가고시마 사투리를 흉내 내면서 모욕을 주기도 했다.

사카이 항구에 도착했을 때, 그곳 사정이 더 열악하다는 것을 깨닫는 데는 그리 오랜 시간이 걸리지 않았다. 처음 보는 유럽인의 모습에 흥미를 느끼는 것도 잠시뿐, '남쪽에서 온 야만인'들에 대한 돌팔매질이 바로 이어졌다. 사카이에서 일말의 희망을 걸 수 있는 곳은 야마구치의 귀족 나이토 다카하루가 추천해 준 쿠도우(工藤)라는 상인뿐이었다. 야마구치에서 가져온 추천서 한 장을 들고 하비에르 일행은 동네 꼬마들의 돌팔매질을 피하며 쿠도우의 집으로 찾아갔다. 쿠도우는 우려와 달리 일면식도 없던 하비에르 일행을 환대했고, 미야코에서 도움을 청할 수 있는 지인인 고니시 류사(小西隆佐)를 다시 소개해 주었다.

하비에르에 대해 묘사한 현존하는 많은 기록 중에, 가장 친근하고 인간적인 하비에르의 모습이 이 시기에 남겨진다. 사카이 항구에서 미야코로 향하는 여행에 동행한 후안 페르난데즈와 베르나도는 일본의 수도로 향하는 하비에르의 기쁨과 행동을 자세히 묘사했다. 하비에르는 어린아이처럼 기뻐하면서 발걸음을 재촉했다고 한다. 또 동남아시아 사람들이 쓰는 밀짚모자를 하나 구해 쓰고는 천진난만하게 즐거워했다고 한다. 길을 걸으면서 하비에르는 장난까지 쳤다. 사과를 구해 높이 던졌다가 아래로 떨어질 때 이것을 낚아채는 장난을 치면서 가벼운 발걸음으로 일본의 수도인 미야코로 향했다는 것이다.[50]

하비에르 일행은 큰 기대를 안고 미야코에 도착했다. 미야코는 지금의 교토로, 일본 국왕이 거주하는 곳이자 당대 일본의 최대 도시였다. 하비에르는 이곳에서 국왕을 알현하고 히에이잔(比叡山)에 있는 유명한 불교 대학을 방문하여 동서양의 문물과 지식을 비교해 보려 했다. 먼저 일행은 사카이에서 추천을 받은 고니시 류사의 집으로 찾아갔다. 갑작스런 유럽인들의 방문을 받고 고니시 류사는 예절을 지키며 일행을 환대했지만 기대 밖의 소식을 하비에르에게 전해 준다. 일본 역사서에 고나라(後奈良, 1497-1557, 1526-1557 재위) 천왕으로 기록되어 있는 당시의 일본 국왕은 정치·군사적 실권이 전혀 없고, 명목상으로만 존재하는 일종의 상징일 뿐이란 것이었다.

하비에르는 이 일본의 국왕을 보(Vo)로 표현했다. 워낙 왕실이 가난해서 접견을 원하는 사람은 반드시 일정량 이상의 조공을 바쳐야 하는데, 하비에르는 말라카 수비대장의 선물을 모두 히라도에 두고 온 형편이었다. 하비에르 일행의 남루한 행색을 보고 고니시 류사는 한숨을 쉬며 고개를 가로저었다. 그런 차림으로는 절대로 국왕을 만날 수 없다는 사실을 일러 주면서, 정말로 국왕을 만나고 싶으면 비단 옷부터 지어 입으라고 충고했다. 히에이잔에 있다는 거대한 규모의 불교 대학에 대해 묻자, 그곳은 일본 천태종 불교의 본산이지만 일반인의 출입을 엄격히 금지하고 있다고 했다.

하비에르는 두 눈으로 그 모든 사실을 확인하고 싶었다. 실제로 국왕의 궁 근처를 배회하기도 했다. 그러나 고니시 류사의 말은 모두 사실이었다. 일본 국왕의 미약한 군사·정치력과 초라한 왕궁은 하비에르에게 큰 충격이었다. 하비에르는 이른바 '상류층 우선 선교 정책'을 중시하는 예수회 선교의 선구자로서 일본 국왕에게 먼저 복음을 전해 '위에서 아래로'의 일본 선교를 계획하고 있었다. 그런데 16세기 중반 일본 국왕은 전국에 군웅할거하고 있던 다이묘들을 통제할 정치력이나 군사력이 없다는 것을 알게 된 다음, 예수회의 선교 방식을 일본에 적용하기가 어렵다는 것을 깨닫게 된다. 일본은 스페인이나 포르투갈과 같이 강력한 국왕에 의해 통치되는 나라가 아니었던 것이다. 모든 계획이 수포로 돌아가는 순간이었다.

하비에르가 일본 선교에 대한 꿈을 비교적 짧은 시간 안에 접고 중국 선교를 계획한 것도 이런 맥락에서 이해할 수 있다. 하비에르는 스페인 출신으로, 포르투갈의 국왕이 후원하는 아시아 선교를 지휘하고 있었다. 그에게 익숙한 스페인과 포르투갈의 중앙 집권적 군주제는 일본의 그것과 완전히 달랐다. 하비에르에게는 스페인이나 포르투갈처럼 강력한 절대 군주가 통치하는 중국이 선교를 위해서는 더 익숙한 환경이었던 것이다.

하비에르는 11일 동안 미야코에 머물다 철수하기로 한다. 더 이상 국왕의 수도에 머물 필요가 없었던 것이다. 미야코에서 얻은 수확은, 일본의 실권자는 국왕이 아니라 바로 야마구치의 오우치 요시다카 '왕자'란 사실을 깨달았다는 것이다.[51] 첫 만남에서 오우치 요시다카를 과소평가한 것이 실수였다. 이제 일본 선교의 마지막 가능성은 야마구치의 최대 실력자를 통해 '위에서 아래로'의 선교를 시도하는 것이었다.

하비에르는 급히 배편을 마련하여 오사카에서 히라도로 바로 돌아간다. 일행이 다시 히라도에 도착한 것은 1551년 3월이다. 이번엔 아예 배로 이동하여 일본의 힘든 겨울 여정을 어느 정도 극복할 수 있었다. 하비에르에게는 지체할 시간이 없었다. 어떻게든 일본 선교의 물꼬를 터야겠다는 생각에 그는 서둘러 오우치 요시다카와의 알현을 다시 시도한다. 하비에르는 미야코에서 배운 교훈을 거울삼아 다시는 실수하지 않기로 결심한다.

오우치 요시다카와의 두 번째 만남

야마구치의 영주이자 당대 일본의 가장 강력한 다이묘였던 오우치 요시다카와의 만남은 일본 선교뿐만 아니라 장차 예수회의 동아시아 선교 전체에 영향을 미치는 근본적인 변화를 가져왔다. 이른바 '위에서 아래로'의 선교 방식을 고수한 예수회는 상류층에 접근하기 위해 그들의 문화적 수준에 맞추는 방안을 택하기 시작한 것이다. 상류층에 접근하려면 상류층처럼 행동하고 그에 맞는 격식을 차려야 한다.

하비에르는 오우치 요시다카와의 두 번째 만남을 위해 값비싼 비단으로 만든 화려한 관복을 입기로 했다. 오랜 여행으로 낡아 버린 검은 사제복을 벗고 화려한 비단옷으로 갈아입었다. 포르투갈 국왕의 명령을 받는 인도

하비에르가 오우치 요시다카를 두 번째 만났던 야마구치 성의 접견실.

총독의 신임장을 지참한 공식 대사로서 화려한 외교관의 복장을 갖춘 것이다. 말라카 수비대장이 기증한 열세 가지 진귀한 선물도 지참했다. 원래 이 선물들은 일본 국왕에게 바칠 것이었지만 하비에르는 생각을 바꾸어 오우치 요시다카에게 바치기로 했다. 그 선물들 중에는 차임벨 기능이 있는 회중시계, 뮤직 박스, 세공 유리 거울, 조총 한 자루와 세 통의 화약, 수(繡)를 놓은 가방, 망원경 두 개, 유럽에서 만든 책, 크리스털 물병, 유화 몇 점 그리고 포르투갈산 와인 등이 있었다.

하비에르는 화려한 비단옷을 차려입고 오우치 요시다카의 성채로 다시 들어갔다. 첫 만남에서 그의 도덕성을 신랄하게 비난한 것과 달리 이번에는 최대한 예의를 지키며 포르투갈 국왕과 교황청을 대신하는 외교관의 역할에 충실했다. 열세 가지 진귀한 선물들과 함께 포르투갈 국왕 요한 3세와 교황 율리우스 3세를 대신한 고아의 주교 주아옹 디 알부케르케의 공식 서한을 정중하게 전달했다. 하비에르는 1552년 1월 29일자 편지에서 이때의 상황을 상세히 보고한다.

"오우치 요시다카 영주는 우리가 전한 선물을 아주 기쁘게 받아들였습니다. 그는 답례로 많은 양의 금과 은을 하사했습니다. 저희는 그 선물을 모두 사양했고 단 한 가지만 청을 들어 달라고 했습니다. 영주의 영토 내에서 하나님에 대한 가르침을 전할 수 있도록 허락해 주는 것과, 새로운 종교로 개종하는 사람을 보호해 달라는 것이었습니다. 그는 기꺼이 우리의 청을 들어 주기로 약속했습니다. 즉각 신하들에게 명령을 내려 도시 전역에 방을 붙이고, 우리의 포교 활동을 공식 허락하며, 개종하는 사람들도 아무런 제재를 받지 않을 것이란 내용을 자신의 서명으로 확인시키라고 지시했습니다.

또 그는 우리가 거주할 수 있도록 비어 있는 사찰 한 곳을 하사했습니다. 우리는 그때부터 하루 두 번씩 그 사찰에서 야마구치 사람들과 모임을 가질 수 있었습니다. 설교가 끝날 때마다 모여든 청중은 여러 가지 주제를 놓고 열띤 토론을 벌였습니다. 우리는 그 질문에 답하거나 설교하는 데 모든 시간을 썼습니다. 제법 많은 승려들과 비구니들이 우리 설교를 듣기 위해 찾아왔습니다. 귀족과 평민들도 찾아와 더 이상 우리가 받아들이지 못할 정도였습니다. 그들과 질의응답을 하는 동안 지금까지 그들이 믿고 있던 많은 것들이 잘못되었다는 것과 하나님의 가르침만이 진리란 사실을 확인할 수 있었습니다.

며칠 동안 질문과 토론이 계속되면서 개종자가 나오기 시작했습니다. 가장 극렬하게 우리의 설교를 반대하던 사람들이 먼저 개종했습니다. 개종자 중 많은 사람들이 사무라이 출신인데, 이들은 세례를 받은 뒤부터 우리의 절친한 친구가 되었습니다. 그들은 불교의 여러 종파들의 교리에 대해 정확하고 솔직하게 털어놓았습니다. 앞서 설명드린 대로, 일본에는 아홉 개의 큰 불교 종단이 있습니다. 이들에게서 알아낸 사실로부터 우리는 각 종단의 교리를 면밀히 연구하고 교리의 거짓됨을 분석했습니다. 그것을 바탕으로 (불교에 대한) 우리의 공격이 계속되었는데, 어떤 승려나 주술사, 다른 어떤 사람도 우리의 공격에 답변하지 못했습니다. 승려들이 쩔쩔매는 것을 보면서 개종자들은 크게 기뻐했고, 그 수도 매일 늘어났습니다. 승려들은 많은 사람들이 개종하는 것을 슬픈 눈으로 바라보았습니다."[52]

하비에르는 야마구치에서 두 달 반 동안 머물렀다. 그 짧은 기간 동안 약 500명에게 세례를 베풀었다. 1549년 8월 15일 일본에 도착한 이래 처음으로 대규모 개종이 야마구치에서 일어난 것이다. 영주 오우치 요시다카의 공식적인 허락이 방으로 붙여져 공지된 이후, 수많은 사람들이 하비에르의 숙소로 찾아와 설교를 듣고 질문을 했으며, 마침내 세례를 받고 개종자가 되었다. 너무 많은 사람들이 몰려왔고 너무 많은 귀족들이 하비에르를 사저로 초청하여 아침부터 저녁까지 밥 먹을 시간이 없을 지경이었다고 한다.

하지만 늘 좋은 일만 있었던 것은 아니다. 하루는 많은 사람들이 모인 길목에서 후안 페르난데즈 수사가 열심히 설교하고 있었다. 일본어를 하지 못했던 하비에르는 그 옆에서 후안 페르난데즈의 설교를 돕는 기도를 드리고 있었다. 그런데 무리 속에 하비에르에게 반감을 품고 있던 남자가 있었다. 그는 설교하고 있는 후안 페르난데즈의 얼굴에 갑자기 침을 뱉으며 저주를 퍼부었다. 일촉즉발의 순간이었으나 후안 페르난데즈는 침착하게 종이 수건으로 얼굴에 묻은 침을 닦으며 설교를 계속했다. 후안 페르난데즈의 순수한 열정에 가장 감동받은 사람은 바로 수사의 얼굴에 침을 뱉으며 모욕한 그 젊은이였다. 그는 큰 충격을 받고 고민하다가 하비에르에게 세례를 베풀어 줄 것을 간청했다.

야마구치에서 가장 인상 깊은 개종자는 로렌조(Lorenzo)란 세례명을 받은 젊은 시각장애인이었다.[53] 그는 비와(琵琶, 일본 비파, 비와호시로 불림)를 켜며 구걸해서 먹고사는 일종의 걸인이었다. 당시 일본인들은 이런 사람을 비파법사(琵琶法師)라 불렀다. 로렌조는 한쪽 눈은 실명했고 다른 한쪽 눈도 거의 보이지 않았으며, 프로이스의 기록에 의하면 "얼굴이 정말 못생긴" 사람이었다. 그는 1526년생으로 큐슈 서북부의 히젠(肥前) 출신인데, 천축국에서 온 성자가 야마구치에 나타났다는 소문을 듣고 하비에르를 찾아왔다. 그는 1551년 하비에르를 만나 세례를 받았고, 하비에르는 젊은 장애인의 순수한 신앙에 감동을 받았다. 그는 하비에르가 야마구치를 떠난 다음에도 야마구치의 이웃에게 복음을 전하는 사람으로 활동하다가 1563년 예수회 도우슈쿠(同宿, 수사와 비슷한 의미)가 되었다. 로렌조를 초기 일본 예수회 역사에서 중추적인 역할을 한 수사로 발탁한 사람은 꼬스메 디 또레스였다. 로렌조는 예수회 신부 가스빠흐 빌레다(Gaspar Vileda) 등과 교토 지역에 복음을 전하다가 1592년 2월 3일, 66세로 나가사키에서 임종했다.[54]

아시카가 각코(足利學校)라는 이름으로 등장하는 사람도 야마구치에서 개종한 소중한 일본 선교의 자원이었다. 사실 아시카가 각코는 사람 이름이 아니라 중국 유학을 가르치는 당대 일본에서 가장 유명했던 대학이다. 초기 예수회의 기록에 등장하는 아시카가 각코란 인물은 '중국 유학에 정통한 아시카가 각코 출신의 학자'란 의미일 것이다. 어쨌든 아시카가 각코는 야마구치 최고의 유학자였다. 송(宋)·명(明)의 중국 신유학에 정통한 그는 당대 중국에서 유행하던 양명학을 따라 진보적인 사고를 하던 사람이었다. 명대의 양명학은 송대의 주자학이 추구하는 엄격주의에서 벗어나 자유로운 사고를 장려했고, 불교의 가르침에 개방적인 입장이었다.

아시카가 각코는 한때 불교에 귀의하여 승려가 되기도 했지만 불가의 가르침에 만족하지 못하고 환속하여 명대의 양명학을 공부한 학자였다. 새롭게 아내도 맞아들인 그는 하비에르의 가르침에 지적 호기심을 느끼고 접근했다. 특히 하나님께서 이 세상 만물을 창조하셨다는 가르침에 큰 충격을 받았고, 고민을 거듭하다가 그리스도교로 개종하게 된다.

그의 개종은 야마구치에서 엄청난 사건으로 받아들여졌다. 당대 최고의 유학자가 그리스도교로 개종했다는 사실은 야마구치 사람들에게 충격적인 사건이었다. 한문과 유학에 능통하고 중국의 사정에 밝은 아시카가 각코를 통해 하비에르가 중국 선교에 대한 생각을 서서히 세워 나갔을 가능성도 크다. 그의 개종은 하비에르와 초기 예수회 선교사들에게 큰 도움을 주었다. 그리스도교의 교리를 논리적으로 설명하는 데 그의 뛰어난 학문이 많은 도움을 준 것이다.

한편, 하비에르가 야마구치에서 사역하는 동안 또 한 가지 큰 변화가 생겼다. 그것은 그리스도교 하나님의 일본식 이름을 완전히 바꾸는 근본적인 조치였다. 하비에르는 안지로의 번역을 믿고 야마구치에서 활동할 때까지 그리스도교 하나님의 이름을 '다이니치(大日)'로 사용해 왔다. 그러나 그 이름이 완전히 잘못된 것이란 것을 깨닫게 되었다. 바로 야마구치의 영주 오우치 요시다카를 세 번째 알현하고 나서였다.

다이니치를 믿지 마시오!

하비에르 일행이 세 번째로 오우치 요시다카 영주의 성채를 방문했을 때 그 자리에는 불교 승려 한 사람이 배석했다. 그의 이름은 기록으로 남아 있지 않지만 진언종(眞言宗) 불교의 고승으로 추정된다. 앞에서 설명한 대로 일본 진언종 불교는 중국에 수입된 인도의 밀교를 9세기 초반에 일본 유학생 승려 쿠카이(空海, 774-835)가 일본에 수입한 종파다.[55] 쿠카이는 816년에는 코오야산(高野山)에서 곤고우호우지(金剛峰寺)를 열어 진언종 활동을 시작했고, 823년에는 동사(東寺)를 하사받아 진언종의 근본 도량으로 삼았다. 진언다라니종(眞言陀羅尼宗)이라고도 부르는 이 종파는 대일여래(大日如來, 다이니찌 뇨라이), 즉 '다이니치(大日)'를 근본 부처로 삼고 있었다. 바로 이 진언종의 근본 부처인 다이니치가 안지로가 번역한 그리스도교 하나님의 일본 이름이었던 것이다.

하비에르는 그 진언종 고승의 설법에 큰 관심을 갖는다. 그 고승은 자신이 믿는 다이니치의 가르침과 하비에르가 믿는 하나님(大日)의 가르침에 유사점이 많다고 설명했다. 그가 열거한 두 종교의 외형적인 유사점은 하비에르에게도 큰 충격이었다. 절대자의 강력한 존재와 힘을 믿는다는 것, 성스러움을 상징하는 여러 가지 물건들, 미사와 예불의 의식적인 유사성, 향을 피우는 행동, 수도원 제도와 수도자의 결혼을 금지하는 독신주의, 순례 의식, 성자 혹은 보살의 도우심을 간구하는 행위, 심지어 절대자의 이름까지도 같다는 것을 지적했을 때, 하비에르는 이 문제를 그냥 무시할 수 없다고 생각했다. 지금까지 선교사들은 일본 진언종 불교의 절대자를 기독교의 하나님으로 불렀는지도 모른다!

오우치 요시다카의 성채에서 만난 진언종 불교의 고승도 이 유사성은 신기했던 모양이다. 그 고승은 하비에르에게 몇 가지 사실을 물었는데, 모두 다이니치에 대한 것이었다. 유럽 종교의 '다이니치'의 몸은 어떤 색깔인가? 그리스도교의 '다이니치'는 어떻게 탄생하게 되었는가? 하비에르의 답은 간단했다. 그리스도교의 '다이니치'는 만물의 근원 그 자체이므로 색깔이 있을 수 없으며, 무(無)에서 나온 창조주여서 '스스로 존재하는 분'이라고 설명한 것이다. 전통적인 토마스 아퀴나스(Thomas Aquinas, 1225-1274)의 신(神) 존재 증명을 그대로 설명한 것이다. 그런데 진언종 불교의 고승은 하비에르의 기대와 전혀 다른 엉뚱한 말을 던졌다. "그렇습니다. 바로 그런 신이 우리가 믿는 (진언종 불교의) 다이니치입니다. 비록 우리는 서로 말이 다르고 풍습이 다르지만, 신의 속성으로 보자면 우리는 하나인 것입니다."[56]

진언종 불교의 고승이 내뱉은 이 한마디에 하비에르는 온몸이 얼어붙은 듯 아무 말도 하지 못했다. 1547년 8월부터 그 순간까지 일본인들에게 그토록 믿으라고 설교한 다이니치가 바로 진언종 불교의 근본 부처라는 사실을 처음으로 확인했기 때문이다. 영주의 성채에서 나온 하비에르는 유학자 출신으로 야마구치에서 개종한 아시카가 각코에게 도움을 청했을 것이다. 다이니치란 이름을 가진 신(神)의 신적인 속성(Divine attribute)이 무엇이며, 이 불교의 부처 이름이 어떻게 일본으로 전해졌으며, 예수회 선교사들이 다이니치를 믿으라고 설교했을 때 일본 사람들이 어떻게 이 단어를 이해했는지 처음부터 다시 검토했을 것이다.

하비에르는 치밀한 숙고 끝에 모든 것이 처음부터 잘못되었음을 깨달았다. 안지로의 번역을 신뢰한 것 자체가 문제의 출발이었지만, 실은 더 큰 신학적인 문제를 안고 있었다. 하나님의 이름은 선교지에서 그 나라나 부족의 언어로 번역될 수밖에 없는데, 이때 차용되는 언어는 이미 그 문화권에서 특정한 음가(音價, Semantic value)를 확보하고 있다. 어떤 용어를 사용하든지 그 용어의 의미에는 선교지의 토착적인 신 개념이 자리 잡고 있기 때문이다. 그렇다고 해서 기존 음가에서 완전히 독립시킬 수 있는 번역 수단도 없다. 라틴 아메리카처럼 아예 토착 언어를 멸절시키고 모든 원주민에게 새로운 언어(스페인어)를 가르쳐 하나님의 이름(Dios)을 주입하는 방법도 생각할 수 있지만, 일본과 같이 고도로 발전한 문화권에서 완전히 새로운 언어로 바꾸는 일은 거의 불가능했다. '번역은 반역'이란 말은 어느 정도 사실인데, 하나님의 이름의 경우 반역의 정도가 아니라 거의 신성모독 수준이다. 하비에르는 지금까지 일본에서 설교한 모든 내용을 부정해야 할 형편에 놓였다. 그리스도교 하나님의 이름을 진언종 불교의 근본 부처 이름으로 불러 왔으니, 이것은 거의 하나님에 대한 신성모독에 해당하는 일이었다.

하비에르는 당장 후안 페르난데즈를 대동하고 야마구치의 길거리로 나갔다. 그리고 지나가는 사람들에게 "절대로 다이니치를 믿지 마시오, 절대로 다이니치에게 기도하지 마시오"라며 큰 소리로 외쳤다. 야마구치 사람들은 갑자기 어리둥절해질 수밖에 없었다. 지금까지 이들 '남쪽에서 온 야만인'들이 다이니치를 믿으라고 하지 않았던가? 그런데 왜 갑자기 더 이상 다이니치를 믿지 말라는 것인지, 이미 그리스도교로 개종한 야마구치 사람들은 혼란스러워하며 하비에르에게 물었다. "그럼, 이제부터 다이니치를 뭐라고 불러야 합니까?" 하비에르는 큰 소리로 대답했다. "데우스(Deus)를 믿으십시오. 데우스가 우리가 믿어야 할 신이십니다." 그러자 옆에 서 있던 많은 사람들이 큰 소리로 웃었다. 하비에르의 '데우스'는 일본인들에게 '다이우소'처럼 들렸는데, 일본어로 '다이(大)'는 크다는 뜻이고, '우소(嘘)'는 거짓말이란 뜻이다. 그러니까 일본인들의 귀에는 그리스도교의 새로운 하나님의 이름이 '위대한 거짓말'쯤으로 이해된 것이다. 야마구치의 어린 꼬마들은 하비에르 일행에게 "다이우소, 다이우소, 다이우소!"라고 큰 소리로 놀리며 그들을 따라다녔다.

이 다이니치 문제는 하비에르가 일본을 떠난 후에도 거듭 나타난다. 앞에서 가고시마에서 개종한 일본인 미카엘(Michael)에 대해 소개했다. 미카엘은 이치쿠 성의 사무라이를 주인으로 섬기던 시종이었는데, 결국 이 사무라이도 1561년 12월에 세례를 받게 된다. 미카엘에 의해 명맥을 유지해 오던 이치쿠 성의 그리스도교 공동체는 사무라이가 개종하기로 하면서 활력을 띠게 되고, 마침내 알메이다(Almeida) 수사를 초청하여 세례식을 거행하게 된다. 이름이 밝혀지지 않은 이치쿠 성의 사무라이는 문제의 다이니치가 그리스도교의 절대자가 될 수 없다는 사실을 본격적으로 제기한 첫 번째 일본인이다. 그는 세례를 받은 후 알메이다 수사와 저녁 시간을 같이 보내게 된다. 알메이다 수사가 쓴 편지를 바탕으로 두 사람의 대화를 재구성해 보면, 다이니치 문제가 얼마나 심각한 것이었는지 확인할 수 있다. 워낙 중요한 신학적 사안이다 보니 대화체로 그들의 논의를 재구성해 본다.

"수사님, 그런데 한 가지 궁금한 것이 있습니다."

낮에 세례를 받은 이치쿠 성의 사무라이는 짐짓 심각한 표정으로 알메이다 수사의 얼굴을 쳐다보며 물었다.

"무엇이든 물어보십시오."

알메이다 신부의 얼굴에는 갓 세례를 받은 일본인 개종자에 대한 애틋한 자부심이 묻어 있다.

"수사님께서 제게 세례를 베풀어 주실 때 제가 알아들을 수는 없었지만 데우스(Deus)란 이름을 여러 번 사용하셨지요? 저는 그 이름이 수사님 나라에서 그리스도교의 절대자 이름이라고 추측했습니다. 그런데 그 데우스가 우리가 믿는 다이니치(大日)와 어떤 관계인지 궁금합니다. 데우스와 다이니치가 수사님 나라와 우리 일본에서 사용하는 절대자의 이름이라면 둘은 같은 신인가요? 수년 전 하비에르 신부님께서 저희 성채에 오셨을 때 저와 제 아내에게 다이니치를 믿어야 한다고 말씀하시던 생각이 납니다. 그때도 저는 이 점이 의아했습니다."

알메이다 수사는 당혹스러워하며 급한 어조로 대답을 서둘렀다.

"아닙니다. 우리가 믿고 기도드리는 데우스, 그리스도교의 절대자는 절

일본에서 가장 적극적으로 하비에르의 복음을 받아들였던 야마구치에 있는 하비에르 기념 성당.

대로 다이니치가 아닙니다. 하비에르 신부님은 일본에 도착하시기 전에 잘못된 정보를 얻어 데우스를 다이니치로 번역하신 것입니다. 나중에 이 잘못을 알고 절대로 다이니치를 믿지 말라고 여러 번 설명하셨습니다."

그러나 사무라이의 궁금증은 해소되지 않은 듯했다. 그는 다시 말했다.

"우리 일본 사람들은 솔직히 매우 혼돈스러웠습니다. 다이니치를 이미 알고 있던 우리로서는 하비에르 신부님께서 다이니치를 믿으라고 하실 때, 인도에서 온 불교 승려인 줄 알았습니다. 다이니치는 쿠카이라고 불리는 홍법대사가 중국에서 전래한 인도 불교의 한 분파에서 믿는 부처의 이름이기 때문이지요."

후나이 성에서 온 초청장

야마구치에서 하나님의 이름 때문에 수모를 겪고 있을 무렵, 하비에르는 지금의 큐슈 오이타(大分)현을 통치하던 강력한 다이묘 오토모 요시시게(大友義鎭)의 초청을 받게 된다.[57] 당대 예수회의 기록에서 이 지역은 분고(豊後)로 불렸다.

하비에르는 1551년 9월, 히라도에서 사역하던 꼬스메 디 또레스를 불러 후안 페르난데즈 수사와 함께 야마구치의 그리스도교 개종자들을 책임지게 하고, 자신은 가고시마 출신의 베르나도, 안지로의 시종이었으며 고아에서 세례를 받은 주아옹 그리고 야마구치에서 세례를 받은 일본인 마태오(Mattheo)와 함께 큐슈 북동부로 황급히 떠난다. 1551년 9월 초의 일이다. 하비에르는 직접 모든 짐을 짊어지고 분고로 발걸음을 재촉했다.

분고의 후나이 성(府內城)에 가까이 이르자 영주의 사신이 마중을 나왔다. 오토모 요시시게의 사신은 하비에르에게 말을 타고 갈 것을 제안했지만 그는 정중히 거절한다. 대신 이미 후나이 성에서 무역 거래를 하던 포르투갈 상인들에게 연락하여, 최고의 예우를 다한 환영식을 준비시킨다. 포르투갈 무역상의 실질적인 리더였던 에두아르도 다 가마(Eduardo da Gama)는 하비에르를 성자로 존경하던 사람이다. 실제로 하비에르가 후나이 성에 도착했을 때 모든 포르투갈 선박은 성자의 도래를 축하하는 예포를 쏘아 올렸고, 이 거대한 화포 소리는 후나이 성의 일본인들을 놀라게 했다.

하비에르는 분고의 영주 오토모 요시시게가 거주하던 후나이 성에서 대대적인 환영을 받았다. 영주는 독실한 선불교 신자였지만 포르투갈 무역선과 함께 들어온 새로운 종교에 많은 관심을 보였다. 큐슈 동북부의 불안한 정치적 상황에서 강력한 신무기를 지닌 포르투갈과 거래를 트는 것이 여러 모로 유리한 점이 많다고 판단한 영주는 하비에르의 선교를 최대한 지원해 주겠다고 약속했다. 당시 기록은 유명한 《뻬흐그리나송(Peregrinação, 순례)》이라는 아시아 여행기를 쓴 페르나웅 디 멘디시 뻰또(Fernão de Mendes Pinto)에 의해 남아 있지만 다소 과장이 섞여 있어 정확한 사정을 확인할 수는 없다. 후나이 성에 머무는 동안 하비에르는 600~700명에게 세례를 베푼 것으로 추정된다. 그중에서 뻰또가 가장 관심 있게 기록한 사건은 하비에르와 후나이 성의 유명한 불교 승려 간에 벌어진 종교 논쟁이다.

이 승려는 하비에르가 오토모 요시시게 영주의 지원과 후광을 받으며 분고에서 활발한 선교 활동을 펼치자 반격에 나섰다. 하비에르가 개종자들에게 사찰에 가서 불상 앞에서 절하고 시주를 바치는 행위를 중단하라고 가르치자 더 이상 지켜 보지 못하겠다는 듯, 영주에게 직접 이 문제를 따져 물으며 공개적인 종교 토론을 제안했다. 뻰또는 하비에르와 불교 승려의 종교 토론을 극적으로 묘사한다. 영주가 지켜보는 가운데 3,000여 명의 참관인이 배석했고, 그리스도교와 불교를 각각 대표하는 두 지도자가 신의 존재, 우주의 기원, 죄의 문제, 하나님의 본성 등의 주제를 놓고 열띤 논박을 주고받는 장면을 실감나게 그렸다. 물론 뻰또의 낭만적인 현장 중계는 하비에르의 논리적인 설명과 논박이 승리를 거두었고, 불교 승려는 자기 잘못을 자복하는 것으로 끝이 난다.[58]

어쨌든 하비에르는 후나이 성에서 대대적인 개종을 이끈 뒤 일본을 떠나기로 결심한다. 그는 후나이 성에서 야마구치로 돌아가지 않고 바로 말라카로 귀환하기로 한다.

이제 막 태동하기 시작한 일본 선교를 뒤로하고 왜 갑자기 말라카를 거쳐 인도로 돌아가려 했을까? 1547년 8월 일본에 도착한 이래 단 한 통의 서한도 받지 못한 하비에르는 몹시 불안했을 것이다. 그는 후나이 성에서 로마, 포르투갈, 고아, 진주해변, 말라카, 몰루카 제도로 이어지는 선교의 연결 루트 어딘가에 문제가 생긴 것이 틀림없다고 생각했다. 어느 한 지역에서 선교사들이 탄압을 받고 몰살당했을 가능성도 있었다. 아시아 선교의 책임자인 하비에르로서는 하루속히 그 단절된 연결고리의 원인을 찾아야 했다. 그래서 급히 후나이 성을 떠나는 포르투갈 무역선을 타고 중국 광동 지역을 거쳐 말라카로 돌아갈 계획을 세운 것이다.

또 다른 이유는 후나이 성에서 벌어진 불교 승려와의 논쟁 때문이다. 하비에르는 일본에서 선교가 성공을 거두려면 인도나 몰루카 제도에 투입되던 선교사와는 차원이 다른, 특출한 선교사가 필요하다고 결론을 내린 것으로 보인다. 일본에서 활동할 선교사는 고도의 철학적 이론으로 무장한 불교 승려들과 신학적 논쟁을 벌일 수 있는 훈련을 받은 사람이어야 했다. 그래서 그는 전혀 다른 훈련을 받은 선교사를 준비시키기 위해 급히 인도 고아로 돌아가기로 한 것이다. 하비에르는 정치적 혼란 중에도 어렵사리 야마구치 선교를 책임지고 있던 꼬스메 디 또레스에게 편지를 보내 말라카로 급히 귀환하려는 자신의 계획을 알렸다. 말라카에서 모든 선교 상황을 점검한 다음 새로운 선교사를 발탁하고, 1년 안에 다시 야마구치로 돌아오겠다는 전갈을 보낸 것이다.

하비에르는 호의적이었던 오토모 요시시게 영주에게 작별을 고했다. 영주는 이별을 아쉬워했지만 다시 돌아오겠다는 하비에르의 약속을 믿어 주었다. 영주는 신임하던 신하 한 명을 하비에르와 동행시키며[59] 고아의 포르투갈 총독에게 보내는 신임장과 포르투갈 국왕에게 바칠 일본의 무기를 선물로 지참시켰다. 하비에르는 불교 승려 몇 명을 데려가려 했지만 거친 항해를 두려워하던 승려들은 이 제안을 사양했다. 1551년 11월 20일, 하비에르는 에두아르도 다 가마의 무역선을 타고 후나이 성을 떠나 중국 해안을 향해 남진하기 시작했다. 하비에르가 탄 배에는 베르나도, 일본인 개종자 마태오, 안지로의 시종 주아옹과 안또니오 그리고 후나이 성에서 하비에르의 행적을 다소 과장된 여행 기록으로 남긴 상인이자 탐험가 뻰또가 타고 있었다.

  그 무렵 야마구치에서는 비극적인 일이 벌어지고 있었다. 야마구치의 영주로 전 일본을 호령하던 오우치 요시다카의 심복 스에 다카후사(陶隆房, 훗날의 스에 하루카타陶晴賢, 1521-1555)가 반란을 일으키면서 야마구치는 내란의 공포에 휩싸였다. 반란을 피해 도망치던 오우치 요시다카는 자결로 생애를 마감했고, 야마구치를 중심으로 강력한 다이묘를 이룩했던 오우치 가문은 마침내 문을 닫고 말았다. 이 정치적 격랑 중에 오우치 요시다카의 강력한 후원을 받고 있던 야마구치의 그리스도교 공동체도 큰 타격을 입었다. 꼬스메 디 또레스 신부와 후안 페르난데즈 수사는 급히 짐을 꾸려 나이토 다카하루의 거처로 몸을 숨겼다. 그의 도움이 아니었으면 예수회 선교사들은 야마구치에서 죽음을 면치 못했을 것이다.

5부 중국을 찾아서

지팡구를 떠나며

    1549년 8월 15일 일본 가고시마에 도착했던 하비에르는 1551년 11월 20일 후나이 성을 떠나 인도로 귀환하는 대장정에 오른다. 그가 일본에 체류한 기간은 약 27개월이다. 하비에르는 다시는 돌아오지 못할 일본을 떠나 남쪽으로 항해하는 동안 그동안 미지의 땅으로만 알려져 있던 이 섬나라에 대한 정보와 선교를 위한 장래 계획 등을 틈틈이 기록했다. 이 종합 보고서는 1552년 1월 29일, 그가 코친에 머무는 동안 유럽의 예수회 형제들에게 보내는 편지 형식으로 완성되었다. 처음 일본에 도착했을 당시의 낙관적인 일본 선교의 전망은 퇴색하고, 실제로 경험한 일본 선교의 현실적인 문제들과 난관들에 대해 솔직한 평가를 내린 장문의 편지다.[1]

    하비에르는 이 편지에서 일본인들이 매우 호전적이란 사실을 강조하고 일본 불교의 아홉 종파, 그리고 일본과 중국의 관계에 대해 상세히 설명한다. 불교의 주요 교리인 다섯 가지 계율도 언급하면서, 일본 선교의 가장 큰 걸림돌인 불교에 대한 연구가 필요함을 역설한다. 이 장문의 편지는 신학적인 면에서 매우 중요한 가치를 지닌다. 하비에르는 이 편지에서 자연계시에 입각하여 일본인들의 선한 본성을 인정했는데, 이는 예수회의 신학 기조로 유지될 토마스 아퀴나스의 자연 계시 이론에 근거를 둔 것이다.

"그들(야마구치의 개종자들)은 세례를 받기 전에 심각하게 고민하고 매우 힘들어 했습니다. 우리가 그곳에 도착하기 전에, 하나님은 자기 (일본) 조상들에게 아무런 자비를 베푸시지 않았다는 자각 때문이었습니다. 우리가 설교하듯이, 자기 조상들이 하나님을 경배하지 않았기 때문에 지옥에서 영원한 형벌을 받을 것이란 생각에 미치자 그들은 심각한 괴로움을 토로했습니다. 그들은 하나님께서 영원한 죽음의 형벌로 향해 가던 자기 조상들의 구원을 잊어버리셨거나 방관하셨을지도 모른다고까지 생각했습니다. 이런 생각이야말로 그들이 하나님을 믿지 않을 수 없는 가장 큰 이유였습니다. 그러나 하나님의 거룩하신 자비로 모든 오해와 고민은 사라졌습니다. 우리는 거룩하신 구원의 법이 모든 인류에게 이미 오래전부터 임하셨다는 사실을 가르치기 시작했습니다. 중국에서 종교(불교)를 받아들이기 전에 이미 일본인들은 자연의 가르침을 통해 사람을 죽이는 것은 사악한 죄이며, 물건을 훔치거나 거짓 맹세하는 것, 십계명에 해당하는 규율을 어기는 죄 등에 대한 양심의 가책이 있음을 강조했습니다. 이런 죄악에 대해 죄책감을 느끼는 것에서 이런 사실을 확인할 수 있다고 가르쳤습니다. 우리는 이성(理性) 자체가 우리로 하여금 악을 피하게 하며 이런 이성의 역할은 모든 인류의 마음에 보편적으로 심겨 있다는 것을 가르쳤습니다. 그래서 외부의 도움으로 깨닫기 전에 이미 거룩하신 하나님께서 친히 이러한 거룩한 법의 지식을 우리에게 주셨다는 것을 가르쳤습니다. (중략) 개종자들은 이 설명에 매우 만족했습니다. 더 이상 어려움을 겪지 않았습니다. 마침내 근심의 그물은 걷히고 우리 주님의 사랑스러운 인도하심을 기쁜 마음으로 받아들이게 되었습니다."[2]

하비에르의 이러한 발견과 신학적 해결 방안은 장차 마테오 리치와 로베르토 데 노빌리(Roberto de Nobili)로 이어지는 예수회 선교의 신학적 지침으로 발전하게 된다. 하비에르가 괴로워하는 일본인들에게 "구원의 법은 모든 인류에게 이미 오래전부터 임하셨다"고 강조한 것은 자연 계시의 가능성을 인정했다는 말이다. 모든 인간이 태어날 때부터 가지고 있는 양심의 판단을 통해 구원의 길이 개방적으로 이해된 것이다. 자연 계시의 가능성을 인정한 이러한 개방적인 구원론은 장차 예수회의 선교적 기초로 정교하게 다듬어진다.

상천도에서 다시 만난 디오고 페레이라

한편 1551년 11월 20일, 후나이 성을 떠난 하비에르는 출항한 지 7일 만에 큰 태풍을 만난다. 또다시 망망대해에서 죽음의 고비와 마주친 것이다. 하비에르는 선박과 배에 실린 화물을 포기하려는 선장을 설득한 뒤 끝까지 희망을 잃지 말라고 선원들에게 설교한다. 결국 태풍은 잦아들었고 1551년 12월 7일, 광동강(廣東江) 어귀가 태평양과 만나는 곳에 있는 상천도(上川島)에 도착했다. 상천도는 광동성에서 두 번째로 큰 섬으로, 내륙에서 14킬로미터 정도 떨어진, 포르투갈 상인들의 작은 무역항이 있는 곳이다. 이 섬은 중국 선교의 꿈을 간직한 채 숨을 거둔 하비에르의 유해가 처음 묻힌 곳으로 유명하다. 이제 그는 장차 자신의 마지막 선교지이자 임종 장소가 될 중국 남동부 해안의 작은 섬에 도착한 것이다.

하비에르는 상천도에서 놀랍게도 코친에서 예수회 선교를 적극적으로 후원했던 포르투갈 무역상 디오고 페레이라(Diogo Pereira)를 만난다. 디오고 페레이라는 자신의 무역선 산타크루즈 호를 이끌고 상천도에서 말라카로 떠날 준비를 하고 있었는데, 옛 친구이자 성자로 칭송받던 하비에르가 일본에서 상천도로 온다는 소문을 듣고 무작정 기다린 것이다. 디오고 페레이라는 하비에르와 반갑게 해후한 후 한 통의 편지를 내밀었다. 광동에 포로로 잡혀 있는 포르투갈 무역 상인들로부터 온 호소문이었다. 더욱 놀랍게도 그 편지를 쓴 사람은 바로 1550년 9월경 히라도에서 만났던 포르투갈 상인 프란시스꼬 페레이라 디 미란다(Francisco Pereira de Miranda)였다. 하비에르는 그를 '나의 특별한 친구(meu especial amigo)'라고 불렀었다. 그 친구가 지금 광동성의 감옥에 갇혀 있는 것이다. 그는 쇄국 정책으로만 일관하던 중국 명나라의 외교 정책을 너무 쉽게 생각하고 중국 내륙으로 들어갔다가 광동성에서 체포되었다. 그는 중국 감옥에서 고통스러운 고문을 견디고 있다고 썼다. 그리고 하루속히 중국과 외교 및 교역 관계를 맺어 감옥에 갇힌 자신과 동료들을 구출해 달라고 호소했다.

디오고 페레이라와 하비에르는 산타크루즈 호를 타고 즉각 남하하기 시작했다. 첫 번째 기착 예정지는 싱가포르 항구였다. 두 사람은 파도를 헤치며 나아가는 산타크루즈 호의 선창에 서서 진지한 대화를 나누었다. 디오고 페레이라는 하비에르에게 중국 선교를 제안하면서 감옥에서 고문당하고 있는 프란시스꼬 페레이라 디 미란다를 구출하기 위해서라도 하비에르의 결단을 촉구했다. 중국 선교를 권유하는 선장의 말에 하비에르는 아마 이렇게 대답했을 것이다. "글쎄요. 그 사람의 사정도 딱하고 중국이라는 나라에도 복음을 전해야 하는 것은 분명한 사실입니다만, 지금 일본의 사정도 매우 긴박합니다. 제가 후나이 성을 떠날 때 야마구치란 도시에 있던 두 명의 우리 형제들이 목숨을 건 탈출을 했다는 소식을 들었습니다. 지금 제가 당장 해야 할 급한 임무는 일본에서 일할 선교사들을 말라카나 인도에서 더 차출해서 그들과 일본으로 돌아가는 것입니다."

물론 이 가상 대화는 디오고 페레이라가 1557년에 기록한 증언을 바탕으로 재구성한 것이다.[3] 하비에르는 일본을 떠나면서 바로 일본 선교를 포기하고 중국을 다음 선교지로 선택한 것이 아니었다. 다만, 포르투갈의 무역상이자 중국과의 외교 및 교역 관계를 수립하고자 했던 디오고 페레이라의 선상 설득과 광동성에 잡혀서 고문 받고 있는 친구가 있었기 때문에, 하비에르는 아시아 선교의 방향을 중국으로 튼 것이다. 사실 그때까지 하비에르의 생각은 온통 전국(戰國)시대의 혼돈과 전쟁의 소용돌이 속에 있는 일본의 예수회 형제들과 미약한 일본의 그리스도교 공동체에 대한 걱정으로 가득했다. 그러나 온화한 성품과 단호한 결단력을 겸비한 디오고 페레이라는 하비에르를 계속 설득했다. 일본 선교의 성공 여부는 결국 중국이라는 동아시아 패권 국가의 선교에 달려 있음을 직감한 하비에르는 이제 중요한 결정을 내려야 했다.

최종 결정을 내리기 전에 하비에르는 우선 아시아 전체의 예수회 선교 현황을 점검해야 했다. 중국이라는 새로운 선교지를 개척한다 할지라도 고아, 코친, 진주해변, 실론, 산토메, 말라카, 몰루카, 가고시마, 히라도, 야마구치, 후나이에서 전개되는 선교 현황을 점검하고 적절한 방향을 제시할 책임이 있었던 것이다. 유럽에서 계속 들어오는 선교사들을 적절한 곳에 배치하는 것도 그의 임무였다.

싱가포르 항구에 도착한 하비에르는 말라카에서 사역하고 있던 프란시스꼬 페레즈 신부에게 급히 서한을 보냈다.[4] 편지의 배달은 안지로의 시종 안또니오가 맡았다. 1551년 12월 27일까지 말라카에 도착할 예정이니 만약 성탄절을 말라카에서 보내고 인도로 떠나는 무역선이 있으면 자신이 올 때까지 배를 대기시켜 놓으라는 지시였다. 중국 선교를 위해 공식적인 외교 및 교역 관계를 수립하려면 결국 인도 고아에 있는 포르투갈 총독의 공식 신임장이 필요하기 때문에 하비에르는 반드시 고아로 돌아가야 했던 것이다.

약속대로 하비에르는 1551년 12월 27일, 말라카 항에 도착했다. 말라카의 수비대장, 각 성당과 수도회의 대표자들, 말라카 선교를 책임지고 있던 예수회 신부 프란시스꼬 페레즈, 하비에르의 급한 전갈을 받고 자신의 무역선인 갈레가(Gallega) 호를 대기시킨 안또니오 페레이라(Antonio Pereira)

선장(상천도에서 동승한 디오고 페레이라와 다른 인물), 그리고 수많은 말라카 사람들이 일본에서 돌아온 성자를 환영하기 위해 항구에서 기다리고 있었다. 정박해 있던 포르투갈 함선에서는 예포를 쏘며 성자의 귀환에 경의를 표했고, 사람들은 찬송을 부르며 감격의 눈물을 흘렸다. 하비에르의 두 눈에서도 눈물이 흘렀다.

하비에르는 말라카에서 그토록 기다리던 유럽에서 온 편지 꾸러미를 받았다. 그 중 가장 중요한 것은 당연히 이냐시오가 하비에르에게 보낸 편지였다. 1549년 10월 10일에 쓴 이냐시오의 이 편지에는 하비에르를 아시아 선교의 전체 지부장(Visitor)으로 임명한다는 내용이 있었다. 지금까지 교황대사 자격으로 아시아에서 제한적인 임무를 수행하던 하비에르는 인사권을 포함한 확대된 책임과 권리를 가진 아시아의 최고위직 사제가 된 것이다.

갈레가(Gallega) 호의 선장 안또니오 페레이라는 단순하지만 굳건한 믿음을 가진, 아시아로 온 중세적인 포르투갈 사람이었다.[5] 그는 하비에르를 모시고 말라카를 출발하여 1552년 1월 24일 코친에 당도할 때까지 성자를 극진히 대접했다. 인도의 사정도 그동안 많이 변해 있었다. 포르투갈에서 파견된 인도 총독도 새로운 인물로 바뀌었다. 새로 부임한 인도 총독(Affonso de Noronha, 1550-1554 통치)은 코친 항에서 하비에르를 영접했다. 말라카 항과 마찬가지로 코친 항에서도 예포 소리가 크게 울려 퍼졌고, 사람들은 하비에르를 보며 감격의 눈물을 흘렸다. 그러나 하비에르의 표정은 그리 밝지 않았다. 인도에서 처리해야 할 일들이 산적해 있었고, 일본에서는 예수회 형제들의 목숨이 경각에 달려 있었으며, 거대한 제국 중국이 복음을 기다리고 있었기 때문이다. 광동성의 감옥에 갇혀 고문당하고 있는 포르투갈 상인의 절규도 그의 귓가에 맴돌고 있었다.

마지막으로 인도를 돌아보다

1552년 1월 24일, 인도 코친으로 귀환한 하비에르는 그해 4월 다시 고아를 떠나 중국을 향한 최후의 항해에 나선다. 3개월 정도 인도에 머문 것이다. 하비에르의 마지막 인도 체류는 그리 길지 않았다. 그는 그 짧은 기간 동안 여러 가지 업무를 신속하게 처리해야 했다. 우선 하비에르는 일본 선교 현황을 보고하기 위해 황급히 펜을 들었다. 하지만 그를 보려고 찾아오는 사람들이 너무 많았고, 유럽으로 돌아가는 배는 그를 오랫동안 기다려 줄 수 없었다. 그는 서둘러 일본 선교 현황을 보고하면서도 자세히 쓸 시간이 없음을 안타까워했다.[6]

제일 먼저 쓴 편지는 말라카에서 전달받은 이냐시오 로욜라의 서한에 대한 답장이다. 그는 마룻바닥에 무릎을 꿇고 이냐시오의 편지를 읽고 또 읽었다. 하비에르의 야윈 얼굴 위로 눈물이 흘러내려 마룻바닥으로 떨어졌다.

"나의 신실하신 이냐시오 신부님, 저는 일본에서 돌아오는 길에 말라카에서 신부님께서 친히 보내신 편지를 받았습니다. 그때의 제 기쁨은 정말 우리 주 하나님만 아실 것입니다. 제게 생명처럼 고귀하신 신부님이 건강하게 살아 계신다는 것 자체가 제게 크나큰 위안과 기쁨이 됩니다. 편지에 쓰신 여러 가지 고귀하신 말씀과 위로 중에 제일 마지막에 '잊어버릴 수도, 잊어버릴 가능성도 없는 하비에르에게 이냐시오가 씀(Todo vuestro, syn poderme olvydar en tyempo alguno, Ygnatyo)'이라고 쓰신 부분을 저는 눈물을 쏟으며 읽고 또 읽었습니다. 그리고 저는 지금도 눈물을 흘리며 이 편지를 쓰고 있습니다. 과거에 제게 베풀어 주신 신부님의 크신 사랑과 지금도 계속되고 있는 그 한량없는 사랑을 생각하면서 저는 눈물을 흘립니다. 제가 일본에서 그렇게 많은 시련과 위험한 순간들을 극복할 수 있었던 것은 신부님의 쉬지 않는 기도 덕분이라고 믿습니다.

저는 일본에서 만난 사람들에 대한 기록을 중단할 수 없습니다. 그 사람들 덕분에 저는 제 악한 속성에 대해 더 깊이 이해할 수 있었습니다. 일본에서 그 고통과 위험을 겪으면서 그동안 제 속에 숨어 있던 악한 내면의 모습을 발견하고 누군가가 제 영혼을 염려하고 기도해 주어야 한다는 것을 하나님께서 깨닫게 해 주셨습니다. 지금 이 순간 신부님께서 제게 맡기신 임무, 즉 아시아에 있는 우리 예수회의 여러 영혼을 돌보라고 하신 그 임무를 생각할 때, 저는 부적격자임을 솔직히 고백합니다. 이제껏 예수회를 이끌 사람이 저 자신이라고 믿어 왔고, 다른 예수회 회원들은 저를 따라야 한다고 생각했습니다. 하지만 저는 부족합니다. 신부님은 보내신 편지에서 죽기 전에 저를 다시 보고 싶다고 말씀하셨습니다. 저는 그 내용이 담고 있는 애절한 사랑을 생각할 때마다 눈물을 흘리지 않을 수 없습니다. 저 역시 절대 순종 가운데 어떤 것도 불가능하지 않다는 것을 알기에 그런 기쁨을 함께 누리고 싶습니다."[7]

도착하는 곳마다 성자께서 친히 방문하셨다며 대대적인 환영을 받은 하비에르지만, 이냐시오에게 편지를 쓸 때는 한없이 낮아지고 겸손해졌다. 장검(長劍)을 차고 있는 다이묘 앞에서 "회개하지 않으면 지옥으로 떨어질 것"이라고 당차게 경고하던 하비에르였지만 이냐시오 앞에서 그는 눈물을 흘리며 한없는 그리움을 호소했다. 하비에르는 죽음이 둘 사이를 갈라놓기 전에 이냐시오를 다시 만나고 싶다는 소망을 편지에 담아 유럽으로 보냈다. 하지만 이 편지가 이냐시오에게 전해지기까지 2년 3개월이란 긴 세월이 필요했다. 이냐시오는 하비에르에게 당장 유럽으로 귀환할 것을 지시하는 서한을 다시 보냈지만 이미 그때는 하비에르가 임종한 후였다. 하비에르에게 보낸 이냐시오의 마지막 편지는 수신자를 찾지 못하고 말았다.

하비에르는 포르투갈의 관구장이자 오랜 동료였던 시몽 로드리게스에게도 편지를 보내 일본 선교에 대해 보고하고 중국 선교의 청사진에 대해서도 의견을 나눴다. 일본에서 선교할 사람은 혹한에 잘 견뎌야 하므로 북유럽 출신이 좋겠다는 견해도 펼치고, 불교 승려와도 토론에 능해야 하므로 이탈리아 출신이나 스페인 출신의 학문적 수련이 잘 된 사제를 보내 줄 것을 부탁했다.[8] 인도에서는 설교를 잘하고 겸손한 사람이 필요하다면 일본에서는 토론을 잘하고 신체가 건강한 사람이 필요하다는 것이 하비에르의 판단이었다.

일본 선교에 대한 자세한 보고서와 이냐시오와 시몽 로드리게스에게 보내는 편지를 부친 하비에르는 인도 선교의 현황을 파악하고, 막힌 곳을 뚫고 굽은 곳을 펴는 작업을 서둘러야 했다. 무엇보다 하비에르의 가슴을 미어지게 한 것은 이미 하나님의 부르심을 받은 동료들의 소식이었다. 하비에르가 인도로 돌아왔을 때 안또니오 크리미날리 신부는 이미 노환으로 임종했고, 몰루카 제도로 파송된 누노 리베이로 신부는 암보니아 원주민들에게 독살당해 거룩한 순교자의 반열에 올랐다. 또 두 명의 사제는 예수회로부터 강제 탈퇴를 당해 하비에르의 마음을 아프게 했다. 상급자에게 순종할 의무를 어긴 마누엘 디 모라에스와 프란시스꼬 곤살베스가 문제의 추방당한 예수회 회원이었다. 몰루카에서 임의로 선교지를 이탈한 이들은 코친에서 머물고 있었는데, 하비에르는 이들을 파울로 데 카메리노에게 보내 예수회 탈퇴 절차를 밟게 했다.[9]

무엇보다 코친에서 해결해야 할 큰 문제가 있었다. 고아에서 문제를 일으키고 있던 안또니오 고미스가 코친에서 일으킨 불필요한 충돌이었다. 안또니오 고미스는 코친에 화려한 예수회 성당과 대학을 짓겠다는 계획을 발표하고 주아옹 디 알부케르케 주교를 동원하여 사람들을 깜짝 놀라게 할 만한 조치를 발표했다. 포르투갈이 자랑하는 빈민 구호 병원인 카사 다 미제리코르디아(Casa da Misericordia)가 소유한 마드레 디 데우스(Madre de Deus) 성당을 예수회 성당으로 지정해 버린 것이다. 그것은 매우 독단적인 조치였다. 코친의 유럽인 공동체는 이 문제를 놓고 예수회의 전횡이 극에 달했다는 비판의 목소리를 높였다. 예수회의 명성이 코친에서 땅에 떨어졌다는 탄식이 사람들의 입에서 흘러나왔다.

하비에르는 빈민 구호단체의 성당을 강탈했다고 비난받는 예수회의 명성을 되찾기 위해 단호한 조치를 취했다. 그는 코친에서 사역하던 모든 예수회 신부들과 수사들 그리고 카사 다 미제리코르디아에서 일하던 모든 수사들을 한 자리에 모아 놓고 화해의 미사를 올렸다. 하비에르는 예수회 대표 자격으로 성당 앞으로 나와 바닥에 무릎을 꿇은 채 마드레 디 데우스 성당의 열쇠를 원래 주인들에게 돌려주는 예식을 올렸다. 이렇게 해서 코친에서의 분쟁도 해결되었고, 땅에 떨어진 예수회의 권위와 명성도 극적으로 회복되었다.

하비에르가 인도에서 처리해야 할 가장 중요한 현안은 역시 안또니오 고미스 문제였다. 새로 부임한 인도 총독이 임지에서 제일 먼저 제기한 문제도 바로 성바울 신학교의 교장 안또니오 고미스의 독단적인 성격과 일방적인 행동이었다. 안또니오 고미스는 성바울 신학교를 인도의 코임브라 대학으로 만들겠다는 야심으로 아시아와 아프리카에서 온 현지인 출신 소년들을 모두 내쫓고, 포르투갈 사람이나 그 후손에게만 입학 자격을 주었으며, 재정 상태를 고려하지 않은 건축 계획을 추진해 고아에서 큰 물의를 일으켰다. 새로 부임한 총독은 인도의 상황을 포르투갈 국왕에게 보고하면서 "안또니오 고미스가 인도로 오기 전에는 이곳에서 사역하던 예수회 신부들이 존경을 받았는데, 그가 온 뒤부터 명성을 잃고 있습니다"라고 기록했다.[10] 하비에르도 안또니오 고미스가 일으키고 있는 문제를 잘 알고 있었다. 그는 이냐시오에게 쓴 편지에서 안또니오 고미스가 지도자 자격이 없음을 분명히 밝힌 바 있으며, 본인에게도 자중할 것을 강력하게 촉구하는 편지를 써 보내기도 했다.

결국 이 문제는 하비에르가 고아로 가서 직접 처리해야 했다. 하비에르는 급히 코친을 떠나 1552년 2월 고아에 도착했다. 일본에서 돌아온 하비에르를 환영하는 인파가 고아 항구를 가득 메웠다. 낯익은 고아 항구에 도착한 하비에르는 마중 나온 사람들과 일일이 포옹하면서 반가운 해후의 시간을 가졌다. 고아에 도착한 뒤 그의 첫마디는 "고아에 있는 우리 형제들 중에서 지금 아프거나 임종을 앞둔 사람이 있습니까?"였다. 그는 사람들이 알려준 임종을 앞둔 사람에게 먼저 가서 그를 품에 안고 함께 축복기도를 드렸다. 고아 사람들은 하비에르가 도착하면 안또니오 고미스 문제 때문에 큰 소동이 일어날 거라고 짐작하고 있었다. 그러나 하비에르가 처음 고아에 도착해서 한 일은 소동을 일으키는 것이 아니라 평화와 안식을 위해 죽어 가는 형제를 위해 기도드리는 것이었다.

하비에르는 고아의 모든 예수회 사제들이 한 자리에 모인 가운데 성바울 신학교의 상황을 보고받았다. 가장 큰 문제는 이 신학교에 재학 중이던 원주민 출신 학생들을 안또니오 고미스가 모두 퇴학시켜 버린 조치였다. 하비에르는 신속하게 문제를 처리했다. 그가 가장 신임하면서도 호르무즈라는 오지로 내보내 훈련시킨 가스빠흐 베르제를 새로운 성바울 신학교의 교장으로 임명하고, 안또니오 고미스는 디우(Diu)로 파송한 것이다. 안또니오 고미스에게는 좌천에 해당하는 조치였다. 안또니오 고미스가 하비에르의 결정에 불복하자 하비에르는 결국 그를 예수회에서 축출하기로 한다.

하비에르의 임지 변경 결정에 반발했던 안또니오 고미스는 로마로 돌아가서 이냐시오 로욜라에게 재심을 청구할 계획이었다. 그러나 그를 태우고 유럽으로 돌아가던 배가 파선하여 목숨을 잃고 말았다. 하비에르가 성바울 신학교와 안또니오 고미스의 문제를 처리하는 과정을 지켜본 가스빠흐 베르제는 이런 기록을 남겼다.

"무엇보다 중요한 것은 하비에르 신부님께서 실질적인 관구장(Provincial)의 역할을 하시는 것과 상관없이, 반드시 인도 영토 안에 계셔야 한다는 사실입니다. 그분의 명성은 누구도 의심하지 않으며, 이곳 인도에서 그분은 모든 사람들의 엄청난 존경과 사랑을 받고 계십니다. 그래서 이번 문제(안또니오 고미스의 문제)도 그분의 성품과 평판 때문에 해결될 수 있었습니다. 애써 만드신 이 선교의 울타리를 지키기 위해 그분은 인도에 남아 계셔야 합니다. 일본 선교는 하나님께서 다른 사람에게 맡겨 주실 것입니다."[11]

하비에르는 1552년 2월 고아로 가서 중국으로 항해를 시작한 4월까지 두 달 동안 남은 문제를 신속하게 해결했다. 가스빠흐 베르제를 성바울 신학교 교장으로 임명함과 동시에, 인도의 예수회 전체를 책임질 부관구장(Vice-Provincial)의 직책도 맡겼다. 포르투갈의 관구장 시몽 로드리게스의 파송을 받고 고아로 온 질 바레투(Gil Barreto) 신부는 지금의 뭄바이(봄베이) 북단에 있는 바세인의 책임자로 파송했다. 하비에르는 새로운 임지로 파송된 가스빠흐 베르제와 질 바레투에게 각각 정성 어린 편지를 보내, 맡은 직책에 소홀하지 말 것과 개인적으로도 순수한 영성을 유지하는 것이 얼마나 중요한지를 강조한다. 신규 예수회 회원을 받아들일 때 유념해야 할 몇 가지 조건에 대해 하비에르는 철저한 규칙을 부과했다. 유대인은 가능하면 받지 말고, 지적 능력이 뛰어난 사람을 선별적으로 받아들이라는 구체적인 지침을 내린 것이다.[12]

하비에르는 만약의 사태를 대비해 밀봉한 편지를 가스빠흐 베르제에게 남겼는데, 만약 자신이 인도를 떠난 뒤 사망하면 아시아 선교를 책임질 사람을 미리 임명해 놓기 위해서였다. 그의 계획은 치밀했다. 만약 가스빠흐 베르제가 사망할 경우, 아시아 선교를 책임질 사람은 파울로 데 카메리노지만 실론에서 사역하고 있는 마누엘 디 모라이스(Manuel de Morais)가 고아에 도착할 때까지 그 임무를 수행하게 했다.[13] 만약 마누엘 디 모라이스가 사망하면 바세인에서 사역하고 있는 질 바레투 신부에게 책임을 넘길 것을 문서로 남겨 두었다. 이렇게 매사에 철두철미한 하비에르는 성바울 신학교 학생들과 교수들의 빨랫감을 처리하는 방법과 예수회 성당의 정원을 관리하는 방법에 대한 충고도 남길 정도로 세심한 데까지 관심을 기울였다. 하비에르는 이제 마지막이 될 인도 선교 현장 전체를 살피며, 죽음을 앞둔 사람처럼 유언의 메시지를 길게 남긴 것이다.

하비에르의 관심 영역은 아시아 선교에 제한되어 있지 않았다. 그는 뉴스페인(멕시코)을 떠난 많은 스페인 무역선들이 아시아 쪽으로 항해하다가 산호초에 좌초되거나 태풍으로 비참한 최후를 맞는다는 소식을 듣고, 인도적인 차원에서 이 사실을 포르투갈 국왕에게 보고한다. 이웃 스페인 국왕에게 그 위험에 대해 알려 더 이상의 피해를 막아 보자는 생각에서였다.

하비에르는 포르투갈 국왕에게 그 사실을 알림과 동시에 시몽 로드리게스에게도 편지를 보내 이 내용을 다시 숙지시키고, 불의의 피해를 막아 보려는 노력을 기울인다.

"스페인 사람들은 일본을 '은(銀)의 나라'로 부릅니다. 일본에 있을 때 포르투갈 사람들로부터 들은 이야기를 알려 드립니다. 스페인 사람들이 뉴스페인에서 배를 타고 서진(西進)하여 몰루카 제도를 발견하고 일본 근처까지 왔다가 항로를 잃게 되었다고 합니다. 일본인을 통해 스페인 사람들은 산호초가 숨어 있는 위험한 항로를 선택했으며 결국 파선하고 말았다는 소식을 들었습니다. 나의 형제 되신 시몽 로드리게스 신부님께 이 소식을 전하는 것은 부디 이 사실을 포르투갈 국왕에게 알리셔서 스페인 국왕에게 전달되기를 바라기 때문입니다. 절대로 뉴스페인에서 '은의 나라'를 찾기 위해 배를 출항시키지 말기를 바랍니다. 이런 무모한 시도들은 슬픈 결과만 안겨 줄 뿐입니다. 거친 바다에서 살아남아 일본에 도착한다 할지라도 나아질 것은 없습니다. 일본인은 매우 호전적이고 탐욕스러운 민족이어서 뉴스페인에서 배가 도착하면 모든 것을 강탈하고 말 것입니다. 음식이 부족하여 스페인 사람들은 일본에서 굶어죽기 십상입니다. 그뿐만 아니라 적절한 피항(避港)을 구하지 못한다면 스페인 배들은 모두 태풍에 침몰되고 말 것입니다. 앞에서 거듭 강조한 것처럼 일본인들은 욕심이 많아서 만나는 스페인 사람들을 모두 죽이고 무기를 빼앗을 것입니다. 이 사실은 이미 제가 국왕님께 따로 보고를 올렸습니다만, 공무에 바쁘셔서 제 조언을 잊어버렸을지도 모르기 때문에 이렇게 다시 연락드립니다. 이것은 제 양심에서 우러나온 조언입니다. 많은 스페인 배들이 '은의 나라'를 찾아 항해에 나섰다가 비참한 최후를 맞이한다는 소식에 가슴이 아픕니다."[14]

하비에르는 장차 아시아 선교 전체를 이끌고 갈 가스빠흐 베르제에게 특별한 정성을 쏟았다. 그에게 성바울 신학교 교장 자리와 부관구장의 임무를 동시에 맡겼다는 것은 하비에르가 베르제를 얼마나 신임했는지를 짐작케 한다. 실제로 베르제는 인도 고아에 오기 전부터 유명한 설교자로 명성을 날리던 인물이다. 하비에르는 이 전도유망한 다음 세대의 지도자에게 '겸손'의 미덕에 대해 가르친다. 자신의 경험을 들려주며 진정한 설교자가 어떤 사람인지를 보여 준 것이다.

"매일 편리한 시간에 저는 한 시간 혹은 그 이상씩 아래 여러 가지 주제를 명상했습니다. 첫째, 제가 선포했던 설교의 내용을 생각하면서 스스로 겸허한 반성의 시간을 가집니다. 잘 된 것이 있으면 그것은 모두 하나님의 은총이란 사실을 기억합니다. 둘째, 제 설교를 열심히 들은 착한 사람들을 기억합니다. 그들이 열심을 낼 수 있었던 것은 하나님께서 그들의 영혼을 이끄셨고 제가 열심히 설교할 수 있는 은총을 베푸셨기 때문이란 사실을 기억합니다. 셋째, 저는 그 사람들에 대한 사랑을 유지할 수 있도록 노력하겠다는 각오를 다집니다. 그것이 저의 의무이기 때문입니다. (중략)

당신께 거듭 부탁 말씀드립니다. 최대한 겸손하도록 하십시오. 그렇지 않으면 당신의 영혼을 잃어버릴지도 모릅니다. 지옥에는 수많은 유능한 설교자들이 우글거린다는 것을 기억하십시오. 당신보다 훨씬 유창한 언변으로 말씀을 전하던 그 설교자들이, 당신보다 훨씬 더 성공적이었던 설교자들이, 당신보다 더 많은 사람들을 개종시켜 천국으로 보낸 그 설교자들이 불행히도 지옥의 나락으로 떨어져 있다는 사실을 기억하시기 바랍니다. 그들은 하나님께서 받으셔야 할 영광을 가로챈 사람들이며, 세상을 향해 손을 내민 사람들이며, 다른 사람들의 칭송에 기쁨과 자만을 느낀 사람

들입니다."¹⁵

모든 문제가 평화롭고 신속하게 처리되었다. 갈등은 치유되었고, 분쟁 당사자들은 하비에르의 결정을 하나님의 뜻이라고 받아들였다. 새로 임지를 떠나는 사람들에게는 하비에르의 따뜻한 위로와 충고의 편지가 보내졌으며, 만약의 경우를 대비한 사후 조치도 마련되었다. 약관 20세의 나이로 고아에서 하비에르를 다시 만난 루이스 프로이스는 당시의 느낌을 이렇게 시적으로 표현했다.

"고아의 성바울 신학교에 하비에르 신부님께서 도착하신 이래, 하나님의 영광이 드러나는 놀라운 일들이 벌어지기 시작했습니다. 예수회에도 거룩한 광채가 다시 비치기 시작했습니다. 예수회가 있는 곳에 백화가 만발했으며, 나뭇가지에는 물이 올랐고, 거북의 울음소리가 다시 들리기 시작했습니다. 꽃밭에서는 포도나무가 아름다운 향취를 뿜어냈습니다."¹⁶

고아의 성바울 신학교 교장으로 임명되어 왔지만 하비에르의 지시에 따라 바세인으로 다시 파송된 질 바레투는 하비에르에 대한 느낌을 다음과 같이 솔직하게 표현했다.

"(1552년) 2월 초에 하나님은 갑자기 일본으로부터 하비에르 신부님을 우리에게 보내 주시는 축복을 베푸셨습니다. 저는 신부님이 오신 것을 인간의 계산보다 앞선 하나님의 섭리의 결과라고 믿습니다. 인도에서 있었던 예수회의 여러 복잡했던 문제들을 일시에 정리하시기 위해 하나님께서 하비에르 신부님을 우리에게 보내신 것입니다. 오, 그분이 오심이 내 영혼에 얼마나 큰 기쁨이 되었던지! 형제 여러분, 한번 상상해 보십시오. 천국의 대화를 나누시는 분이 지상에서 우리와 길을 걷고 있다는 것을!

몇 날 동안 저는 그분과 대화를 나눌 기회를 얻었습니다. 내가 목격한 것은 하나님의 사랑으로 불타는 그분의 심장이었습니다. 하비에르 신부님의 심장은 사람들에 대한 사랑으로 불타올랐으며, 죄인들을 은혜의 높은 단계로 끌어 올리려는 쉼 없는 노력으로 불타올랐고, 상냥함으로 모든 사람에게 친근했으며, 유쾌하고도 진지한 모습으로 자신을 진정으로 태워 갔습니다. 그는 늘 웃고 있는 듯했지만 다시 보면 절대로 웃지 않는 것 같았습니다. 그의 얼굴에는 자비로움과 즐거움이 넘쳐나며 충만한 기쁨으로 언제나 웃고 있는 듯했습니다. 동시에 그는 창조된 만물 가운데 절대로 희망을 두지 않았기 때문에 언제나 사색하는 사람처럼 보였습니다. 그래서 어떤 사람들에게는 절대로 웃지 않는 것처럼 보인 것입니다. 저는 하나님의 영광을 향한 그분의 열정이 경이로웠으며, 어떤 때는 소름이 끼칠 정도였습니다. 그분은 어떤 때는 형제들의 부족한 부분에 날카롭게 대응하시면서도 다른 한편으로는 언제나 인내하시며 사랑과 친절로 주위 사람들을 대하셨습니다."[17]

아시아 선교의 종착지 중국을 향해

1552년 4월, 중국을 향한 마지막 항해에 오르기 전에 하비에르가 공식적으로 처리해야 할 일은 포르투갈 국왕의 신임장을 고아의 총독에게서 수령하는 일이었다. 외국과의 통상이나 외교 관계를 거부하고 있던 중국 명나라에서 선교를 시도하려면 포르투갈 국왕의 공식적인 외교 채널이 확보되어야 했고, 당장 광동성 감옥에 갇혀 있는 포르투갈 인질의 석방을 협의하기 위해서도 공식적인 신임장이 필요했다. 출발에 앞서 하비에르는 포르투갈 국왕에게 다시 편지를 보낸다.

"최근에 저는 전하께 중국으로 가겠다는 계획을 말씀드렸습니다. 우리의 거룩한 복음이 중국에 널리 전해질 가능성이 매우 높다고 저는 확신합니다. 저는 고아에서 출발하여 5일 만에 말라카에 도착할 예정입니다. 말라카는 중국으로 가는 길에 있는 항구 도시입니다. 디오고 페레이라와 중국으로 입국하여 황제를 알현할 계획입니다. 황제에게 바칠 귀한 선물도 준비했습니다. 이 선물들은 모두 디오고 페레이라의 개인 재산으로 마련한 것입니다. 전하께서 보내 주신 귀한 선물도 함께 가지고 가는데, 이것은 이 세상 어떤 사람도 줄 수 없는 고귀한 선물입니다. 그것은 바로 우리 구세주이자 주님 되신 예수 그리스도의 복음입니다. 전하께서 (후원해 주셔서) 보내 주신 이 귀한 선물의 가치를 알게 된다면 중국 황제는 모든 권위와 능력보다 그것을 더 자랑스럽게 여길 것입니다. (중략) 저와 디오고 페레이라 외에 한 명의 신부와 다른 한 명의 수사가 중국으로 함께 갑니다. 디오고 페레이라를 외교대사로 임명하여 광동성에 갇혀 있는 포르투갈 포로를 석방하도록 협상케 하고, 중국과 외교 관계를 수립하여 중국 황제와 전하가 교류할 수 있게 하겠습니다."[18]

하비에르는 일본 선교를 통해 이미 많은 외교적인 경험을 쌓았다. 유럽과 그리스도교에 관심을 가질 수 있도록 진귀한 선물을 준비한 것은 일본에서의 외교적 경험을 반영한 것이다. '위에서부터 아래로' 선교 정책도 유지했다. 애초부터 포르투갈 국왕의 외교 신임장을 가지고 중국 황제를 직접 만나 복음을 전하겠다는 의도인 것이다. 하비에르는 포르투갈 국왕이 중국 선교에 관심을 가질 수 있도록 가급적 중국에 대한 좋은 정보를 상세히 보고했다. 아직 아무도 중국의 정치적 실상과 종교·사상적 배경을 확인하지 못한 상태였지만 하비에르는 말라카와 일본에서 모은 단편적인 정보를 바탕으로 중국이란 나라를 긍정적으로 묘사했다.

"중국은 매우 큰 나라입니다. 평화로운 나라이며, 강력한 국법에 의해 통치되는 곳입니다. 중국에는 단 한 명의 통치자가 존재하며, 모든 사람들은 그에게 철저하게 복종합니다. 일본과 매우 가까운 거리에 있으며, 경제적으로 매우 부강한 나라입니다. 모든 생산물자가 풍부한 곳입니다. 중국인들은 매우 똑똑합니다. 새로운 것을 배우는 데 열심이고, 특별히 나라를 통치하는 기반인 법률을 공부하는 것에 열심입니다. 그들은 피부색이 흰 인종입니다. 얼굴에 수염이 없으며, 눈이 매우 작고, 자유로운 사상체계를 가진 온화한 사람들입니다. 그들은 서로 전쟁을 벌이지 않습니다. 우리 예수회 형제들의 노력에 의해 저는 중국인들과 일본인들이 모두 우상을 버리고 하나님을 경배하며 예수 그리스도를 세상의 구주로 섬기게 될 것이란 큰 희망을 품고 있습니다. 중국인들과 일본인들은 서로 대화할 수 없습니다. 그들은 전혀 다른 언어를 사용하기 때문입니다. 중국어를 읽을 수 있는 일본인들이 있지만 대화는 불가능합니다."[19]

1552년 4월 중순, 하비에르와 그의 일행을 태운 배는 고아 항구를 출발했다. 하비에르는 장차 일본 선교의 중요한 역할을 감당하게 될 발타자 가고(Baltasar Gago), 예수회 수사 알바로 페레이라(Alvaro Ferreira), 성바울 신학교에서 8년간 수련을 받은 중국 청년 안또니오(Antonio) 그리고 하비에르의 시종이었던 말라바르 사람 크리스토봉(Cristovão)를 택하여 말라카로 향하는 배에 함께 올랐다. 하비에르가 탄 배에는 일본으로 파견되어 가는 선교사 일행도 동승했다. 하비에르가 일본에서 고아로 귀환할 때 후나이의 대사 자격으로 함께 왔다가 고아에서 세례를 받고 그리스도교로 개종한 일본인 로렌조 페레이라(Lorenzo Pereira)가 타고 있었으며, 일본으로 파송되는 예수회의 뻬드로 디 알까소바(Pedro de Alcaçova)와 두아흐띠 다 실바(Duarte da Silva)도 있었다. 물론 하비에르와 일본에서부터 동행해 두 번째로 고아를 방문한 안지로의 두 시종 안또니오와 주아옹도 다시 일본으로 돌아가는 길이었다. 하비에르는 동행할 모든 일행들과 고아의 대성당에 모여 미사를 드리고, 남아 있던 예수회 형제들에게 잊지 못할 이별의 말을 남겼다. 당시 현장에 있었던 루이스 프로이스는 하비에르가 고아를 떠나던 모습을 이렇게 적었다.

"떠날 날이 다가오자 하비에르 신부님은 밤마다 권면할 말씀을 우리에게 해주셨습니다. 성당에 모인 우리는 큰 위로를 받았습니다. 그의 말씀에는 은혜와 능력이 넘쳐났습니다. 그는 우리 심장을 모두 태웠으며, 새로운 것으로 만들었습니다. 그는 마지막으로 우리 모두를 한 사람씩 껴안고 많은 눈물을 흘렸습니다. 우리는 그의 따뜻한 심장을 느꼈습니다. 마지막 말씀을 주셨는데, 그것은 우리의 처음 소명을 잊지 말고, 지식을 추구하는 것보다 먼저 겸손을 구하며, 무엇보다 순종의 믿음을 보이라는 것이었습니다. 우리 예수회의 순종의 믿음은 하나님께서 가장 기뻐하시고 자랑스럽게 생각하시는 것이라고 말씀하셨습니다.

성 목요일의 세족식(Maundy)이 엄숙하게 끝나고 그는 동료들과 출발했습니다. 형제 여러분, 한번 상상해 보십시오. 우리가 그때, 그렇게 사랑하던 사람을 떠나보내던 우리가 어떤 마음이었는지를! 하지만 슬픔보다 위로가 우리 마음을 송두리째 사로잡았습니다. 그가 향해 가던 위대한 사역의 길과 분명한 순교의 길을 우리는 잘 알고 있었기 때문입니다. 우리 중 몇몇 형제들은 해안을 달려가며 그의 마지막 모습을 보고자 했습니다. 그러나 우리 대부분은 성당에 모여 온 마음을 모아 하나님께 기도드렸습니다."[20]

하비에르와 일행이 탄 배는 코친에 잠시 기착했다. 코친은 진주해변과 실론 섬의 선교 현황이 즉각 보고되는 곳이었으므로 하비에르는 급히 그곳 사정을 다시 점검했다. 상황은 예상보다 심각했다. 진주해변 지역을 담당하던 신부가 병으로 죽고 유대인 혈통을 이어받은 엔히끼 엔히끼스(Henrique Henriques)만이 고립되어 사역을 겨우 유지하고 있었던 것이다. 하비에르는 또 다른 유대인 혈통의 예수회 선교사인 안또니오 디아스(Antonio Dias)를 급히 진주해변으로 파송해 엔히끼 엔히끼스의 외롭고 힘든 사역을 돕도록 조치한다. 인도 선교가 한계점에 부딪쳐 있었지만 그렇다고 중국을 향한 항해를 미루거나 중단할 수는 없었다. 1552년 4월 24일, 하비에르 일행이 탄 배는 코친 항을 떠나 말라카로 향한다. 약 한 달이 걸린 항해에서 큰 폭풍을 만나 또 한 번 죽을 고비를 넘기지만, 말라카에서 기다리고 있던 시련에 비하면 아무 것도 아니었다.

말라카에서의 시련

말라카에 도착한 하비에르 일행을 제일 먼저 반긴 사람은 포르투갈 상인이자 중국과의 외교 관계 수립과 선교 확장을 주장했던 디오고 페레이라였다. 그는 자신의 무역선 산타크루즈 호에 머물며 하비에르가 말라카로 귀환하기만을 학수고대하고 있었다. 말라카에서 고조되고 있던 정치적 갈등 때문에 자신의 목숨도 위태로울 수 있다는 위기감에 그는 상륙하지도 못하고 배 안에서 전전긍긍하고 있었던 것이다.

말라카의 시련은 이미 오래전의 정치적 갈등에서 싹트고 있었다. 1497년, 아프리카 남단의 희망봉을 돌아 최초로 인도 항로를 개척한 바스꼬 다 가마에게는 모두 여섯 명의 아들이 있었다. 그 중에서 넷째 아들인 뻬드로 다 실바 다 가마(Pedro da Silva da Gama)는 말라카의 수비대장으로, 하비에르의 일본 선교를 적극 후원했던 인물이다. 하비에르가 일본으로 가져간 값비싼 선물은 대부분 이 말라카의 수비대장이 사재를 털어 마련해 준 것이었다. 그런데 뻬드로의 바로 밑 동생인 다섯째 아들 알바로 디 아따이드 다 가마(Alvaro de Ataide da Gama)가 아버지와 형들의 뒤를 이어 정치적 야심을 키우고 있었다. 그는 포르투갈의 정치적 역학 관계를 이용하여 형을 대신할 말라카의 수비대장으로 임명 받았다.

하비에르와 알바로는 이미 서로 잘 알고 있던 사이였다. 알바로가 리스본을 떠나 인도 고아로 향할 때, 아시아 선교의 첫 장정에 나섰던 하비에르도 같은 배에 탔다. 그러니까 이 두 사람의 인연은 하비에르가 포르투갈의 리스본 항구를 떠나던 1541년 4월로 거슬러 올라간다. 그러나 아시아로 가는 포르투갈 무역선에서 이루어진 이 두 사람의 만남은 그리 유쾌한 것이 아니었다. 앞에서 상세하게 설명되었지만, 문제의 발단은 하비에르와 알바로를 태운 배가 아프리카 대륙의 동해안 도시인 모잠비크에 도착해서 시작되었다(1541년 8월-1542년 2월). 현직 인도 총독이었던 슈테봉 다 가마와 새로 부임하는 총독 아폰소 디 소자 세력 간의 충돌이 발생했다. 하비에르와 동승하고 있던 알바로 디 아따이드 다 가마는 반역 혐의를 받은 현직 총독 슈테봉 다 가마의 동생이었다. 따라서 신임 총독 아폰소 디 소자는 알바로를 모잠비크에서 체포했다. 당시 같은 배에 타고 있던 하비에르는 정치적 문제에 개입되기를 원치 않았기 때문에 알바로의 체포 구금에 특별한 입장을 보이지 않았다. 감옥에 갇혀 있던 알바로는 하비에르의 이런 중립적인 태도가 불만스러웠을 법하다.

그런데 거의 10년의 세월이 흘러 이제 상황이 반전되었다. 반란 혐의로 체포와 압송을 당했던 알바로는 정치적으로 재기하는 데 성공했고, 형 뻬드로 다 실바 다 가마의 뒤를 이어 말라카의 수비대장으로 임명된 것이다. 당연히 10년 전에 불편한 관계였던 하비에르에게 알바로가 우호적일 수 없었다. 그는 말라카의 수비대장이라는 자신의 위치를 이용하여 하비에르를 강하게 압박했다. 자신이 말라카의 최고위 직책을 가진 포르투갈의 봉신(封臣)이므로 만약 중국과의 외교 수립을 추진한다면 그것은 자신의 임무이자 고유 권한이란 주장을 편 것이다. 디오고 페레이라를 중국 대사로 임명하는 인도 총독의 신임장을 가지고 중국으로 들어가려던 하비에르의 계획에 분명한 반대 의사를 밝히면서 알바로는 자신이 중국 대사가 되지 않으면 말라카에 정박한 어떤 배도 항구를 떠날 수 없다고 목소리를 높였다. 디오고 페레이라의 산타크루즈 호도 예외일 수 없었다.

말라카 수비대장과의 갈등이 빨리 해소되지 않으면 중국 선교는 불가능하다고 판단한 하비에르는 신속하고 강경한 조치를 취한다. 교황 바오로 3세가 하비에르 자신을 아시아 선교의 총책임자로 임명했다는 사실과 인도의 주교 주아옹 디 알부케르케의 신임장과 인도 총독의 외교 신임장을 공증하여 알바로 수비대장에게 보내면서 자신의 입장을 담은 서한을 함께 보냈다. 이 서한의 수신인은 말라카의 주교대리인 주아옹 소아레즈(João Soares)였다.

"말라카의 수비대장께서는 우리가 사용하고 있는 선박이 말라카 항구에 정박하고 출항하는 것을 금지시켰습니다. 그래서 인도에 계신 주교님을 대신하고 하나님의 거룩하신 뜻을 대신하여 수비대장에게 다음 사항을 통지해 주시기 바랍니다. 교황 교서에 입각하여 아시아 선교 총책임자로 임명된 저의 임무 수행을 방해하는 것은 파문에 해당하는 명백한 죄임을 분명히 알려 주시기 바랍니다. 하나님과 주교님의 이름으로 수비대장에게 호소하시기 바랍니다. 인도 총독 각하께서 추인하신 우리 계획을 방해하지 말도록 말입니다. 만약 우리 계획을 계속 방해하면 그는 파문될 것이며, 그 파문은 제가 내리는 것도, 인도 주교에 의한 것도 아니고, 바로 교황 성하께서 직접 내리게 될 것임을 분명히 알려 주시기 바랍니다. 예수 그리스도의 수난과 죽음을 걸고 저를 위해 수비대장을 설득해 주십시오. 저는 정말 끔찍한 파문을 수비대장에게 내리고 싶지 않습니다. 그렇게 되면 그는 하나님의 피할 수 없는 형벌을 받을 것입니다. 주교대리님, 가능하면 최대한 빨리 수비대장의 회신을 받을 수 있을까요? 우리는 장마가 끝나기 전에 빨리 중국으로 떠나야 합니다."[21]

하비에르의 서신은 말라카 주교대리를 거쳐 수비대장에게 전달되었지만 알바로의 입장은 더욱 강경하고 단호해졌다. 노골적으로 하비에르의 중국 선교를 방해하기 시작한 것이다. 교황의 교서와 인도 총독의 신임장도 무시할 만큼 알바로는 하비에르에게 깊은 반감을 보였다. 알바로는 하비에르의 편지를 주교대리가 낭독하자 욕설을 퍼부으며 땅바닥에 침을 뱉는 등의 거친 행동을 했다. 알바로는 하비에르를 처음부터 싫어했고, 포르투갈과 인도 고아로 연결되는 정치적 라인에 반감이 있었다. 그는 부하들을 동원하여 하비에르와 그의 일행을 비난하며 길거리에서 위협을 가했고, 결국 하비에르는 말라카 항구를 떠나 디오고 페레이라 소유인 산타크루즈 호에서 머물 수밖에 없었다.

시간이 지나면서 알바로는 일종의 타협책을 제시했다. 하비에르는 말라카 항구를 떠날 수 있지만 대사로 임명된 디오고 페레이라와 동행할 수 없다는 조건이 붙은 것이다. 산타크루즈 호에는 알바로가 지명한 선장이 대리로 승선하는 조건도 제시되었다. 하비에르는 이 조건을 받아들일 수밖에 없었다. 더 시간을 지체하면 중국으로 떠날 수 있는 여름철이 지나 버릴 수 있기 때문이다. 하비에르는 함께 중국으로 데려가려 했던 발타자 가고 신부를 일본으로 파송하고, 예수회 수사 알바로 페레이라와 중국인 청년 안또니오 그리고 인도인 시종만을 대동하여 말라카 항구를 급히 떠난다. 1552년 7월 21일이다. 말라카에서 중국으로 향하던 산타크루즈 호에서 하비에르는 말라카에서 겪은 고초와 알바로 수비대장 문제를 매듭짓는 서한을 보낸다. 수신자는 고아의 부관구장 가스빠흐 베르제다.

"제가 말라카에서 얼마나 심한 고초를 겪었는지 신부님은 짐작도 하지 못할 겁니다. 프란시스꼬 페레즈 신부님께 제가 겪은 시련에 대해 상세히 설명해 주라고 지시했습니다. 그가 알바로 수비대장의 파문에 대한 자초지종을 설명해 줄 것입니다. 알바로 수비대장은 중국 선교를 방해하는 죄를 지었고, 교황 바오로 3세께서 예수회를 통해 내리신 교서를 거부하는 큰 죄를 지었습니다. 이 문제를 서둘러 주교님께 보고하시기 바랍니다. 하루빨리 파문이 공식적으로 선언되어 중국이나 일본으로 가는 우리 예수회 신부님들이 방해받지 않게 하시기 바랍니다. (중략) 제가 이런 조치를 내린 것은 앞으로 예수회 선교 사역이 방해 받지 않기 위함입니다."[22]

동아시아의 중심은 중국!

하비에르가 승선한 산타크루즈 호는 느린 속도로 말라카 해협을 지나 북상하고 있었다. 싱가포르 부근에서 바람이 불지 않아 몇 날 며칠 항해하지 못하는 어려움도 겪었고, 어느 날 갑자기 불어닥친 큰 바람 때문에 계획보다 훨씬 빠른 속도로 항해해야 하는 정반대의 어려움도 있었다. 어쨌든 배는 중국을 향해 항해를 계속했다. 아시아 선교의 미래와 가능성은 모두 중국에 달려 있음을 하비에르는 확신하고 있었다. 사실 하비에르는 일본에 도착한 첫해부터 중국 선교의 필요성과 가능성을 심각하게 고려하고 있었다. 1549년 11월 5일, 가고시마에서 쓴 긴 편지에서 그는 중국 선교의 가능성에 대해 상세히 언급한다.

"일본 국왕의 신분 보장을 받을 수 있다면 우리는 중국으로 안전하게 이동할 수 있을 것입니다. 저는 일본 국왕이 우호적으로 이 편의를 보아 주리라 확신하고 있습니다. 일본 국왕은 중국 국왕과 친구입니다. 일본 국왕은 중국과의 우호적인 관계를 증명하기 위해 중국 연호를 새긴 인장을 가지고 있습니다. 따라서 이 인장을 받으면 우리의 신변 보장이 더욱 확실해질 것입니다. 일본에서 중국까지 가는 뱃길은 10일에서 12일이면 충분하고, 정기적으로 두 나라를 오가는 배도 많습니다. 하나님께서 제게 10년만 생명을 연장해 주신다면 저는 중국에서 벌어지는 놀라운 일들을 목격할 수 있을 것입니다. 유럽에서 선교사들을 중국으로 보내 주시면 그런 엄청난 일들이 분명히 일어날 것입니다."[23]

하비에르는 중국 선교에 큰 희망을 걸고 있었다. 무엇보다 강력한 중앙 집권적 군주가 통치하는 중국에서 황제에게 먼저 복음을 전파하면 이른바

'위에서 아래로' 선교가 가능할 것이라고 생각했다. 물론 하비에르의 이런 판단은 명 왕조의 국운이 쇠퇴하기 시작한 16세기 중엽의 중국 상황을 잘 몰랐기 때문이다. 당시 중국은 북으로는 만리장성을 넘어 침노하는 북방 민족들과 힘겹게 대치했고, 남으로는 왜구의 노략질에 시달렸다. 환관 정화가 이끄는 대규모 해군을 보내 세계를 제패하려던 명 왕조 초기의 기개는 사라지고 외부 세계와의 단절을 선언한 쇄국 정책으로 명 왕조는 쇠퇴 일로를 걷고 있었다.

하비에르가 승선한 산타크루즈 호는 항로를 잃고 헤매다가 광동성 해안의 상천도에 가까스로 기착했다. 알바로가 보낸 선장은 초행길에 항로를 잃자 크게 당황했다. 일본에서 귀환할 때 잠시 체류했던 상천도의 지형적 특성을 알아본 하비에르의 조언을 받아들여 겨우 상천도 해안에 배를 댈 수 있었다. 중국 본토에서 14킬로미터쯤 떨어진 상천도에 무사히 도착한 것만으로 하비에르는 큰 위안을 삼았다.

상천도는 외국과의 교역이 금지되어 있는 중국에서 포르투갈 무역상들과 물자를 사고파는 밀거래 장소였다. 밀수 거래를 위한 항구인 셈이다. 포르투갈 상인들은 이 섬을 샴쇼옹(Samchoão)으로 표기했고, 당시 예수회 기록에는 라틴어로 산치아눔(Sancianum)이란 이름으로 등장한다. 하비에르가 도착한 상천도에는 이미 몇 척의 포르투갈 무역선이 정박해 있었다. 포르투갈 상인 중에 마누엘 디 샤뷔스(Manuel de Chaves)란 사람이 있었는데, 그가 바로 광동성에 잡혀 있던 포르투갈 상인들의 석방을 위해 디오고 페레이라에게 중국과 외교 관계를 수립할 것을 제안한 인물이다. 그는 말라카의 수비대장이 반대하여 디오고 페레이라가 함께 오지 못한 것을 못내 아쉬워하면서 상천도에 도착한 하비에르를 극진하게 대접했다.

그러나 상천도에 정박하여 광동성 중국인들과 물물교환 형식의 암거래를 하던 포르투갈 상인들은 하비에르의 중국 선교 계획과 외교 관계 수립에 반대하는 입장을 보였다. 실현 가능성이 낮은 외교 관계 수립을 무리하게 추진하다가 오히려 지금의 위태로운 교역 관계마저 차질을 빚을까 염려했기 때문이다. 상천도에서 중국 본토로 타고 갈 수 있는 배편을 알아봐 달라고 부탁했지만 포르투갈 상인들은 하비에르의 부탁을 외면했다. 광동성에 잡혀 있는 상인들이 석방되지도 않은 비상시국에 목숨을 건 모험을 할 용기가 없었던 것이다.

상천도의 포르투갈 상인들은 하비에르가 임시로 머물며 미사를 드릴 수 있는 작은 움막을 지어 주었다. 하비에르는 갈댓잎으로 만든 그 작은 움막에 기거하면서 중국으로 입국할 수 있는 선박을 수소문한다. 상천도에 도착한 지 약 한 달이 지난 1552년 10월 22일, 하비에르는 말라카에 있던 프란시스꼬 페레즈 신부에게 이런 편지를 쓴다.

"하나님의 선하신 자비로움으로 저와 일행은 디오고 페레이라의 배를 타고 무사히 상천도의 항구에 도착했습니다. 항구에서 우리는 (포르투갈) 상인들의 배가 정박해 있는 것을 보았습니다. 상천도는 광동에서 56킬로미터가량 떨어져 있는데, 그곳에서 많은 (중국) 상인들이 이 섬으로 건너와 포르투갈 상인들과 교역을 하고 있었습니다. 저는 그 상인들 중 한 명에게 광동성으로 데려 달라고 간청했습니다만, 그는 완강히 거절했습니다. 만약 저의 존재가 알려지면 자기들은 모두 광동성 영주에게 체포되어 목숨과 재산이 날아갈 것이라고 했습니다. 어떤 제안을 해도 저를 데려다 줄 만한 이동 수단을 찾을 수 없습니다.

우리 주 하나님의 선하신 인도하심에 따라 광동성의 한 중국인 귀족 상인이 200크루자도스(Cruzados)를 받고 저를 광동성으로 데려다 주겠노라고 약속했습니다. 그의 아들과 하인이 중국식 대선(大船)으로 저를 몰래 광동으로 데려다 줄 계획입니다. 그뿐만 아니라 그는 광동성에 있는 자기 집에 저를 4~5일 숨겨 주겠다고 약속했습니다. 책과 작은 소지품을 가지고 새벽에 영주의 성 안으로 들어갈 수 있도록 절 도와주겠다는 것입니다. 그러면 저는 광동성의 영주에게 우리가 중국으로 온 목적을 밝히고 황제를 알현하게 해 달라고 요구할 것입니다. (중략) 그런데 다른 중국인들은 우리가 추진하는 계획에 두 가지 위험이 도사리고 있다고 말해 주었습니다. 첫째, 광동성으로 데려다 주겠다고 약속한 그 상인은 일단 약속한 돈을 받으면 우리를 무인도에 내려놓고 도망치거나 바다에 던져 버릴 것이라고 경고했습니다. 둘째, 우리가 광동성의 영주를 만날 수 있다 하더라도, 결국 체포되어 감옥에서 고문을 받게 될 거라고 했습니다. 왜냐하면 중국 황제가 외국인의 중국 입국을 엄격하게 금지했기 때문입니다. 이 두 가지 사실보다 더 염려되는 것은 중국인들이 우리말을 전혀 이해할 수 없다는 것과 서로 소통할 수 있기까지 생각보다 훨씬 많은 시일이 걸릴 것이란 사실입니다.

하지만 무엇보다 가장 큰 위험은 우리가 하나님의 자비로우심에 대해 신뢰와 확신을 잃어버리는 것입니다. 우리에게 가장 큰 위험은 구원자이신 예수 그리스도를 통해 드러나신 하나님의 사랑을 신뢰하지 않는 것입니다. 그분을 신뢰하지 않는 것이야말로 어떤 육체적 고난보다 끔찍한 시련이 될 것입니다. 하나님께서 허락하시지 않으면 어떤 악마의 시련이나 인간의 궤휼도 우리를 넘보지 못할 것이므로, 우리는 그분을 절대적으로 신뢰해야 합니다. 하나님이 우리와 함께 계시면 누가 우리를 감히 넘어뜨릴 수 있겠습니까?"[24]

상천도의 초라한 움막에서 하비에르는 중국 상인의 배가 항구로 들어올 날을 손꼽아 기다렸다. 동행한 예수회 수사 알바로 페레이라와 중국인 청년 안또니오는 열병을 심하게 앓고 있었다. 며칠 동안 쉬면서 상태가 호전되기는 했지만 안또니오는 이미 중국어를 잊어버렸기 때문에 당장 광동성으로 들어갈 수 있는 배가 마련된다 해도 중국인과의 소통에 큰 애로가 있을 것이었다.

다행히도 상천도에서 만난 뻬드로 로뻬스(Pedro Lopes)라는 사람이 하비에르의 중국어 통역을 자청했다. 그는 포르투갈어와 중국어를 구사할 수 있는 시종이었다. 하비에르는 뻬드로 로뻬스에게 기초적인 중국어를 배우면서 입국을 조심스럽게 준비하고 있었다. 그러나 기다리던 배는 오지 않고 날씨는 점점 추워지기 시작했다. 하비에르는 초조한 마음을 달래기 위해 말라카에 반강제적으로 머물러 있던 디오고 페레이라 선장에게 편지를 썼다. 이 편지에서 하비에르는 1552년 말까지 중국 입국을 시도해 보고 만약 불가능하다고 판단되면 시암(Siam, 타이)을 통해 중국으로 입국하든지 아니면 인도로 다시 돌아갈 계획이라고 밝혔다.[25]

초조하게 기다리던 배는 오지 않은 채 1552년의 10월 한 달이 그렇게 조용히 지나갔다. 그동안 상천도 항구에 정박해 있던 포르투갈 무역선들은 하나 둘씩 출항했고, 이제 항구에는 하비에르가 타고 온 산타크루즈 호와 말라카의 알바로 수비대장이 보낸 무역선 한 척만 남았다. 하비에르는 말라카로 떠나던 포르투갈 무역선의 선장을 설득하여 350크루자도스를 빌렸다. 당초 배 삯으로 계약했던 200크루자도스로는 중국 상인을 설득하는 데 부족하다고 느끼고 하비에르는 더 많은 비용을 지불하더라도 중국 입국을 서두르기로 했다. 당시 화폐 기준으로 350크루자도스는 후추 2톤의 매매대금에 해당하는 금액이었다. 하비에르는 말라카에 체류하고 있는 디오고 페레이라에게 서한을 보내, 중국 선교를 위해 빌린 후추 2톤에 해당하는 돈을 대신 갚아 달라고 부탁했다. 그러나 배 삯을 올려도 광동성으로 하비에르를 데려다 줄 배는 여전히 나타나지 않았다.

하비에르의 순교

1552년 11월 21일, 하비에르는 이름을 확인할 수 없는 어떤 사람의 장례 미사를 집전하고 난 뒤 열병으로 쓰러졌다. 극심한 추위와 거친 음식에 무방비로 노출되었다가 죽음의 문턱까지 이르게 된 것이다. 하비에르의 최후는 다른 사람의 설명보다 현장에서 그의 죽음을 끝까지 지켜본 중국인 시종 안또니오의 기록으로 재구성하는 것이 좋겠다. 이 기록은 하비에르의 최후를 지켜본 안또니오가 약 2년 뒤 고아에 있는 예수회 신부들에게 쓴 편지의 내용이다.

"매일, 매 시간, 우리 하비에르 신부님은 그 중국 상인이 돌아오길 손꼽아 기다리며 큰 소망에 사로잡혀 있었습니다. 이미 신부님과 중국 상인은 계약을 맺고 우리를 광동으로 데려가 줄 예정이었습니다. 그러나 우리 주님은 다른 계획을 갖고 계셨던 것 같습니다. 주님의 영광을 위해 감내한 엄청난 수고와 고통에 대해 다른 상급을 내릴 계획이셨던 모양입니다.

모든 무역선이 인도로 떠나고 포르투갈 상인들이 항구에서 사라졌을 때, 신부님은 홀로 남게 되었습니다. 아무도 없고, 아무 것도 없이 말입니다. 신부님은 제게 남아 있는 한두 명의 포르투갈 상인들에게 가서 먹을 것을 동냥해 오라고 하셨습니다. 신부님은 아무 것도 드시지 않았습니다. 정말 아무 것도 가진 것이 없었습니다. 그분에게 남겨진 것은 광동으로 가고 싶은 열망밖에 없었습니다. 그러다가 결국 11월 21일, 그분은 쓰러지고 말았습니다. 상천도에서 사망한 한 사람을 위한 미사를 마쳤을 때, 신부님은 쓰러지셨습니다. 신부님은 항구 밖 해안에 임시로 정박해 있는 디오고 페레이라 대사님의 무역선(산타크루즈 호)으로 가는 것이 어떤지 제 생각을

상천도에서 임종을 맞이하는
하비에르의 모습.

물어 보셨습니다. 그 배에는 병 드신 신부님을 모실 수 있는 여유 있는 공간이 있고, 배에 타고 계신 것이 육지에 계신 것보다 안전하다 싶어 저는 좋은 생각이라고 말씀드렸습니다. 그래서 신부님은 화요일 정오쯤 무역선으로 가셨습니다. 그러나 신부님은 하루 저녁만 산타크루즈 호에 계시다가 다시 상천도의 육지로 돌아오셨습니다. 배가 파도에 너무 심하게 흔들려 많이 힘들어 하셨습니다. 밤새 신부님의 체온은 더 올라갔습니다.

결국 신부님은 다음날 육지로 돌아오셔서 제가 있는 곳으로 겨우 걸어 오셨습니다. 극심한 추위를 피하시라고 선원들이 준 헝겊을 두 팔로 끼고 겨우 육지로 돌아오셨습니다. 고열에 좋다는 아몬드 몇 알도 얻어 오셨습니다. 너무 높은 열에 시달리고 계셨기 때문에 포르투갈 상인은 하비에르 신부님을 자기 움막에 모시기로 하고, 병을 치료하기 위해 피를 뽑아내도

5부 중국을 찾아서 319

록 간청했습니다. 신부님이 생각하시는 것보다 사태는 훨씬 심각했습니다. 신부님은 피를 뽑아내는 치료법은 한 번도 시도해 보지 않았다고 말씀하셨지만 다른 대책이 없었기에 최선을 다해서 피를 뽑아내는 치료를 시도했습니다. 그 상인은 즉각 신부님의 피를 뽑아냈고 신부님은 잠시 기절했습니다. 형제 여러분, 잘 아시는 대로 그분은 담즙(膽汁)형 체질과 성격을 가진 분이십니다. 그날은 수요일이었으며, 또 한 번 피를 뽑아내자 하비에르 신부님은 지독한 메스꺼움을 느낀다며 더 이상 아무 것도 드시지 못했습니다.

다음날 다시 피를 뽑아내자 신부님은 또 실신하셨습니다. 정신이 겨우 돌아왔을 때 신부님은 씻고자 하셨지만 체온이 너무 올라 불가능했습니다. 스스로도 크게 근심하기 시작했습니다만 한숨을 쉬거나 고통을 호소하지 않고 묵묵히 고통을 견디셨습니다. 신부님의 정신이 혼미해지면서 말씀이 꼬이기 시작했습니다. 앞뒤가 맞지 않는 말씀을 몇 마디 하셨는데, 예수회 형제들에 대해 말씀하시는 것처럼 들렸습니다. 신부님은 하늘을 향해 눈을 크게 뜨고 밝고 환한 표정으로 본인만이 아는 몇몇 언어로 오랫동안 우리 주님과 대화하는 것 같았습니다. 이 말씀을 여러 번 반복하는 것을 들었습니다. "Jesu, fili David miserere mei; tu autem meorum peccatorum miserere" (다윗의 아들 예수여, 나를 불쌍히 여기소서! 내 죄를 기억치 마시고 오직 나를 불쌍히 여기소서).

월요일인 11월 28일이 되었고, 신부님께서 병마와 싸우신 지 8일째 되는 날이었습니다. 그날 신부님은 말할 힘조차 없었으며, 목요일 정오쯤 되던 약 3일 동안 아무 말씀도 하지 않으셨습니다. 그동안 아무도 알아보지 못하셨습니다. 목요일 정오에 신부님은 잠시 의식을 되찾았습니다. 그러나 신부님은 "삼위일체 하나님, 성부님, 성자님, 성령님"만을 끊임없이 불렀습니다. 다시 저는 하비에르 신부님께서 "다윗의 자손 예수여, 나를 불쌍히 여기소서"라고 반복해서 말씀하시는 것을 들었습니다. "성모여, 나를 기억하소서"라는 말씀도 계속 반복하셨습니다. 신부님은 이와 비슷한 말씀을 계속 반복하셨는데, 토요일 새벽 미명이 밝아 오던 금요일 밤까지 계속되었습니다.

토요일 새벽, 저는 하비에르 신부님께서 운명하시는 것을 지켜보았습니다. 그의 손에는 촛불이 하나 들려 있었습니다. 그의 입술에서 예수님의 이름이 흘러나온 것을 마지막으로 하비에르 신부님의 영혼은 주님께로 조용히 돌아갔습니다."[26]

복음을 전하는 자의 발은 썩지 않는다

1552년 12월 3일 오후 2시. 프란치스코 하비에르는 상천도에서 임종을 맞이했다. 하비에르의 임종을 지킨 중국인 청년 안또니오는 산타크루즈 호로 가서 시신을 덮을 천과 장례식에 쓸 몇 가지 물건들을 구해 왔다. 선원 중의 일부가 하비에르의 임종 소식을 듣고 함께 육지로 달려왔다. 만약을 위해 준비해 간 깨끗한 사제복으로 갈아입히고 임시로 만든 나무로 된 관에 하비에르의 시신을 정성스럽게 모셨다. 안또니오와 선원들은 하비에르의 시신이 든 관을 나룻배에 태워 배가 정박한 곳 맞은편 언덕에 묻기로 했다. 네 명이 땅을 판 다음 시신이 든 관을 내리려는 순간, 한 사람이 관 안에 생석회(生石灰)를 함께 뿌려서 매장하자고 제안했다. 생석회를 뿌리면 시신이 빨리 썩을 것이고, 그렇게 해야 나중에 유골만 추려서 인도로 가져갈 수 있으리라 판단한 것이다. 그 말을 한 선원이 다시 산타크루즈 호로 가서 네 포대의 생석회를 가져왔다. 그들은 다시 관을 열고 생석회 두 포대는 시신 밑에, 나머지 두 포대는 시신 위에 뿌렸다. 그리고 땅 속 깊이 관을 묻은 다음 매장을 마쳤다. 차후에 다시 돌아와서 유골을 수습하기 쉽게 그들은 시신이 매장된 곳에 간단한 표시를 해두었다.

산타크루즈 호로 돌아온 선원들은 하비에르의 임종을 알리기 위해 말라카로 돌아가기로 했다. 남아 있던 중국 상인들과 거래상의 문제를 해결하고 다시 언덕 위 매장지를 찾은 때는 간단한 장례식을 거행한 지 두 달 남짓 지난 뒤였다. 기록에 의하면 그날은 1553년 2월 17일이다. 선원들과 포르투갈 상인들은 하비에르의 유골을 수습하여 인도로 가져가기 위해 무덤을 파고 관을 열었다. 그런데 놀랍게도 그의 시신은 임종 때와 전혀 달라지

고아에서 구입한 엽서. 하비에르의 썩지 않은 손이 보인다.

지 않았고, 머리카락과 피부색까지 살아 있는 사람과 거의 같았다. 놀란 상인들은 산타크루즈 호의 선장에게 이 사실을 보고하기 위해 시신의 살을 조금 떼어 다시 배로 돌아갔다. 선장도 놀라움을 금치 못하며 절대로 시신이 든 관을 다시 열지 말고 그대로 못질을 해서 배로 가져오도록 지시했다.

산타크루즈 호가 말라카에 도착한 것은 1553년 3월 22일이다. 성자의 죽음이 말라카에 알려지자 온 도시가 큰 슬픔에 빠졌다. 말라카 사람들은 그의 시신이 썩지 않고 그대로 있다는 소문을 이미 전해 들었다. 그들은 의심에 찬 눈으로 말라카에서 열린 장례식에 참석했지만 정말로 썩지 않은 시신을 보고는 감격하며 눈물을 흘렸다. 마치 살아서 잠든 것 같은 그의 시신 앞에서 사람들은 큰 충격과 감동을 느꼈다. 그러나 말라카 사람들은 그의 시신을 관에서 꺼내 정식 절차에 따라 대성당 중앙 제단 아래에 묻었다. 중국 땅에 한 번 묻힌 그의 시신을 다시 말레이 반도에 묻은 것이다.

당시 몰루카 제도에서 선교를 하던 후안 디 베이라(Juan de Beira)는 하비에르 신부가 임종했다는 소문을 듣고 급히 말라카로 돌아왔다. 하비에르의 시신이 썩지 않는 기적이 일어났다는 소문도 들었다. 그는 하비에르의 오랜 친구이자 중국 선교를 함께 계획했던 디오고 페레이라 대사와 시신을 다시 확인키로 한다. 교회의 허락을 받은 그들은 다시 무덤을 개봉하고 하비에르의 시신을 두 눈으로 확인했다. 놀랍게도 하비에르의 시신은 그 모습 그대로였다. 상천도에서 매장하고 또 말라카로 이동하는 동안, 그리고 다시 매장하는 과정에서 시신에 약간의 상처가 생겼을 뿐이었다. 코가 일부 손상되었고, 얼굴에 약간 멍이 들었으며, 몸 왼쪽 부분이 돌에 눌려 약간 훼손되었을 뿐, 잠들어 있는 사람의 모습과 똑같았다. 디오고 페레이라는 친구의 시신을 몰래 빼돌려 그의 집으로 가져갔다. 많은 사람이 하비에르의 썩지 않은 시신을 훔쳐 가려 한다는 것을 알고 그는 성자의 시신을 지켜야 할 의무감을 느낀 것이다. 그는 후안 디 베이라와 함께 하비에르의 시신을 인도로 가져갈 계획을 세웠다.

1553년 11월, 말라카에서 고아로 출항하는 무역선을 마련한 디오고 페레이라는 하비에르의 시신을 싣고 출발했다. 지금은 시신이 되어 누워 있지만 하비에르가 살아생전에 복음을 들고 무수히 오가던 바로 그 항로를 따라 고아로 돌아갔다. 마지막 가는 길까지 폭풍의 위협으로 좌초의 위기를 넘기며, 그 무역선은 이듬해 수난절 기간에 인도의 고아에 무사히 도착했다.

하비에르의 귀환은 고아를 뒤흔들어 놓는 일대 사건이었다. 모든 고아 사람들이 항구로 나와 깃발을 흔들며 시신으로 돌아온 성자를 환영했다. 정박해 있던 모든 함선에서 예포가 발사되었으며, 성바울 신학교 학생들의 찬양이 길게 뻗은 고아 항구를 가득 메웠다. 인도 총독을 위시한 모든 포르투갈 대표부가 일렬로 도열한 채 성자의 귀환에 경의를 표했고, 프란체스코 수도회 신부들은 성자의 귀환을 환영하는 찬양을 올렸다. 그들의 노래는 하비에르를 위한 장송곡이 아니라 위대한 성자를 위한 환희와 감사의 찬송이었다.

하비에르가 마지막으로 고아를 떠나면서 성바울 신학교 교장이자 인도 전체의 부관구장으로 임명했던 가스빠흐 베르제는 이미 6개월 전에 하늘나라로 가고 없었다. 인도에서 다시 열린 하비에르의 장례식에서 도미니코 수도회 신부가 설교를 했지만 사람들의 흐느끼는 소리에 아무 것도 들리지 않았다. 당시 고아에서 하비에르의 장례식을 지켜본 페르나옹 디 멘디시 뻰또가 그 사건 이후 예수회에 입회했다. 그는 일본의 후나이 성에서 하비에르를 만났으며, 일본을 떠나 말라카로 귀환할 때 같은 배를 타고 왔다. 복음을 위해 평생을 바친 성자의 시신 앞에서 뻰또는 부와 명예만을 꿈꾸던 자신의 삶을 돌아보고 성직의 길을 자청했다. 하비에르는 죽어서까지 사람들의 인생 항로를 바꾼 것이다.

최초로 하비에르의 생애에 대한 기록을 남긴 초기 예수회의 역사가 마누엘 테이셰이라(Manuel Teixeira)는 1554년 3월 15일 고아 항구에 도착한 하비에르의 시신을 최초로 확인한 사람이다. 그는 하비에르의 썩지 않은 시신에 대해 상세한 검증과 기록을 남겼다.

"그는 마치 조각같이 보였습니다. 우리가 알던 모습 그대로 그는 누워 있었습니다. 입고 있던 사제복까지 똑같아서 마치 한 시간 전에 매장된 것처럼 보였습니다. 사제복 아래에는 장식이 많이 달린 옷을 입고 있었는데, 그 복장은 중국 황제를 알현할 때 입으려고 고아에서 가져간 것이었습니다. 땅에 묻은 지 무려 일년이 더 지났지만 옷까지 너무나 깨끗하고 완벽하게 보존되어 있어 누니스 신부는 다음에 일본 왕을 방문할 때 입어도 되

인도 문화성이 공개한 하비에르의 시신 모습.

겠다고 할 정도였습니다. 수난절 목요일 밤, 성바울 신학교에서는 아무도 잠자리에 들지 않았습니다. 모두 밤을 새우며 다음날 거룩한 분의 시신을 영접하기 위해 꽃과 깃발로 장식했습니다."[27]

하비에르의 썩지 않는 시신은 두 명의 의사들에 의해 다시 확인되었다. 고아에서 포르투갈 무역 상인들을 돌보던 의사 꼬스메 사라이바(Cosme Saraiva)와 인도 총독 관저에서 주치의로 일하던 암브로지오 리베로(Ambrosio Ribero)는 하비에르의 시신을 점검한 뒤 단순히 미라 처리가 된 것이 아니라 실제로 피와 살이 썩지 않은 상태로 보존되어 있음을 증언했다.[28] 심지어 시신의 왼쪽 가슴 아래에 손가락을 집어넣어서 묻어 나온 피의 색깔과 냄새까지 그대로임을 증언했다.

늦게 도착한 이냐시오의 편지

하비에르가 상천도에서 임종했다는 소식이 로마로 전해지기 전에 먼저 로마에 도착한 것은 하비에르가 1552년 1월 코친에서 보낸 편지와 1551년 12월 12일에 쓴 가스빠흐 베르제의 편지였다. 하비에르가 이미 임종했다는 사실을 전혀 알지 못했던 이냐시오는 두 통의 편지를 함께 읽은 다음 중요한 결정을 내린다. 살아생전에 이냐시오를 다시 만나 보고 싶다는 하비에르의 편지와, 하비에르를 중국이나 일본 선교를 위해 파송할 것이 아니라 인도에서 사역하도록 해야 한다는 가스빠흐 베르제의 편지를 읽은 이냐시오는 하비에르의 유럽 귀환을 지시한다. 1553년 6월 28일, 하비에르에게 보낸 이냐시오의 편지에는 이런 내용이 적혀 있었다.

"우리는 하비에르 신부님의 헌신적인 사역 덕분에 일본과 중국에 복음이 전파되고, 일본인들과 중국인들의 개종을 위한 문이 열렸다는 소식을 전해 들었습니다. 우리는 모두 크게 기뻐하고 있습니다. 만약 당신이 중국으로 가서 복음을 전하겠다면 이를 승인하겠습니다만, 하나님께 지혜를 간구하셔서 현명하게 결정하시기 바랍니다. 내 생각에는 당신이 가는 것보다 가스빠흐 베르제나 다른 사람을 중국으로 보내는 것이 좋을 듯합니다. 그러나 모든 상황을 검토해 볼 때, 당신은 인도에 남아서 사역하는 것이 하나님을 가장 효과적으로 섬기는 일이 될 것입니다. 당신이 이루어 낸 그 모든 일에서 벗어나 이제는 적절한 사람을 찾아서 그곳으로 파송하는 역할을 해야 합니다. 그렇게 하는 것이 당신이 지금까지 미친 영향력을 여러 나라로 확산시킬 수 있을 것입니다.

더 중요한 것이 있습니다. 그것은 하나님을 더 열심히 섬기고, 더 많은 영혼을 구원하기 위해 정말 많은 것이 포르투갈에 달려 있다는 것을 염두에 두고 하는 말입니다. 나는 언제나 순종하는 마음을 가진 당신에게 명령을 내리기로 결심했습니다. 많은 길이 당신 앞에 놓여 있지만 포르투갈로 돌아가십시오. 가능하면 최대한 빨리 출발하는 배편을 알아보십시오. (일본에서) 인도로 돌아온 지 얼마 되지 않는다 해도, 그리스도 우리 주님의 이름으로 이것을 명령합니다."[29]

하지만 이냐시오 로욜라의 편지는 너무 늦게 인도에 도착했다. 포르투갈로 귀환할 것을 지시했지만 하비에르는 이미 고아에서 영원한 안식을 취하고 있다.

프란체스코 하비에르는 교황 바오로 5세에 의해 1619년 10월 25일 시복되었으며, 1622년 3월 12일 교황 그레고리우스 15세에 의해 시성되었다. 그토록 보고 싶어 하던 이냐시오 로욜라와 함께 성자의 반열에 오른 것이다.

나가는 말

하비에르를 찾아서

2008년 여름, 장대 같은 장맛비가 세찬 바람에 휘날리며 악명 높은 인도의 몬순(雨期)이 절정에 달했을 때, 나는 인도 뭄바이 역에서 고아로 가는 밤기차를 기다리고 있었다. 동행했지만 이제 겨우 열 살 난 아들에게 여름철 인도 여행은 정말 무리였다. 날씨는 무더웠고, 하늘에 구멍이라도 난 듯 거침없이 쏟아지는 비는 절대로 그치지 않을 것 같았다. 고아 행 밤기차를 기다리는 인도인은 아시아에서 제일 크다는 뭄바이 역사(驛舍)를 모두 메우고도 길거리까지 넘쳐흐를 만큼 엄청난 인파를 이뤘다. 빗물에 땅바닥은 완전히 젖어 있었지만 사람들은 개의치 않는 듯 여기저기 주저앉거나 아예 땅바닥에 벌렁 누워서 당연히 연착하는 기차를 불평 없이 기다렸다. 뭄바이에서 자정에 출발하는 밤기차가 고아에 도착하는 시각은 다음날 오후 2시였다. 연착하지 않는다 해도 열네 시간이 걸리는 여행이었다. 서울에서 뭄바이까지 가는 비행 시간보다 더 긴 여행이다.

긴 것이 기차라는데, 정말 뭄바이에서 출발하는 고아행 밤기차는 길었다. 인구 11억의 나라 인도에서 가장 승객이 붐빈다는 뭄바이-고아행 기차는 정말로, 정말로 길게만 보였다. 80량에 가까운 긴 몸집의 검은 기차가 뭄바이 역으로 슬금슬금 기어 들어왔고, 어린 아들과 나는 이른바 '특실 침대칸'이 있는 예약된 차량을 찾아 걷고 또 걸었다.

애초에 낭만적인 기차 여행이 될 것이라고 기대하지는 않았지만 '특실 침대칸' 치고는 정말 경악할 만한 수준이었다. 어두컴컴한 조명 아래서 확인한 우리의 좌석은 사진에서 본 유대인의 아우슈비츠 난민 수용소를 방불케 했다. 우리는 이집트와 중국에서 유적지를 찾아 떠나는 침대 기차 여행을 한 적이 있다. 우리 부자(父子)가 인도에서 기대한 것도 그런 류의 기차 여행이었다. 그렇지만 막상 우리가 발견한 것은 거의 포로 수용소에서 운영하는 죄수 이송 차량 수준의 침대 열차였다. 위칸 침대에 탄 인도 승객의 땀이 흘러 그 아래에 누워 있는 내 침대로 떨어졌다. 그 사람의 땀이 아니라 아까 맞았던 빗물일 거라고 스스로 위로하면서 냄새를 맡아 보니, 영락없는 사람 몸에서 난 땀 냄새였다. 환기를 시키려고 창문을 여니 여전히 억수같은 비가 쏟아지고 있었다. 빗물에서도 땀 냄새가 나는 듯했다.

자정이 넘은 시각, 흔들거리며 뭄바이를 벗어나는 긴 기차의 한구석에서 하비에르를 생각했다. 그의 유해가 모셔진 고아로 가면서 줄곧 그 생각을 했다. 왜 그랬을까? 21세기에도 위 침대칸에서 다른 사람의 냄새나는 땀이 떨어지는 인도에 그는 도대체 무엇을 위해 왔을까? 왜 그는 이곳까지 왔을까? 그는 나바레 왕국의 재무장관이자 내각 대표였던 귀족의 아들이었다. 그는 유럽 최고의 명문 파리 대학에서 학위를 마치고 파리의 한 대학에서 향기 나는 와인을 마시며 대학 교수로서 평생을 우아하게 살 수 있었던 사람이다. 그런 그가, 동료이자 스승인 이냐시오 로욜라의 "떠나라"는 한마디에 모든 것을 포기하고 인도로 가는 배에 오른 것이다. 그는 이미 이탈리아에서 말라리아에 걸려 죽을 고생을 했다. 흔히 말라리아는 선교사의 풍토병으로 알려져 있는데, 하비에르는 선교사가 되기 전에 이미 선교사의 병을 앓았던 것이다. 선교사가 되기 위해 미리부터 선교사 병인 말라리아에 걸린 것인지도 모르겠다. 그는 가장 약한 모습으로 아시아를 향한 장도에 오른다. 그리고 다시는 고향으로 돌아오지 못했고, 그의 유해는 그가 그토록 사랑했던 도시 고아에 모셔져 있다. 나는 유해로 남아 있는 하비에르를 만나 보기 위해 아들과 함께 고아행 야간 열차를 탔다.

예상대로 기차는 연착했다. 나는 빗속을 달리던 기차가 늦게 도착한 것을 원망하기보다 오히려 내 생명이 연장된 것에 감사드리지 않을 수 없었다. 달리는 기차 안에서 내내 신기했던 것은, 약 한 달 동안 이렇게 밤낮으로 장맛비가 거침없이 내리는데도 철로가 유실되거나 기차가 지나다니는 위태로운 다리가 무너지지 않았다는 것이다. 물론 그것은 정교한 설계와 철저한 시공으로 인도 철도를 개통시킨 식민지 시대 영국 사람들의 공헌일 가능성이 크다. 현재 인도 전역을 오가는 철도(세계 최장의 철도망이다)는 모두 영국 사람들의 공학적 솜씨를 반영한다. 아직도 영국 회사의 상표가 문틀이나 의자 한구석에 붙어 있다. 문제는 영국 사람들이 인도를 떠난 뒤 단 한 번도 먼지를 닦지 않았는지, 남아 있는 영국 상표에 너무 많은 먼지와 짙은 얼룩이 찌들어 있다는 것이다.

드디어 기차의 종착역인 마드가온(Madgaon) 역에 도착했다. 언제나 가이드 없이 여행을 하는 나는 이번에도 현지에서 실수를 했다. 마드가온 역 전 정거장인 올드 고아(Old Goa) 역에서 내렸으면 시간이 절약되었을 텐데 그만 지나치는 바람에 종착역까지 온 것이다. 계획대로라면 마드가온 역에서 바로 올드 고아로 가서 하비에르의 유해가 모셔진 봄 지저스(Bom Jesus) 대성당을 방문하고 호텔로 가려고 했지만 예상보다 늦게 도착하여 바로 호텔로 가서 체크인을 해야 할 형편이었다. 열차 안에서 판매하는, 기름에 튀긴 음식을 사먹기가 마뜩잖아 아침과 점심을 걸렀더니 우선 식당부터 들러야 했다. 마드가온 역에서 리베리아 드 고아(Riveria de Goa) 호텔까지 가는 데 무려 한 시간이 넘게 걸렸다. 프리페이드(Pre-paid) 택시를 이용했지만 800루피를 지불해야 할 만큼 먼 거리였다. 여행지에서 이런 필요 이상의 지출이 발생하는 것은 사전 조사가 소홀했기 때문이다. 불평할 수도 없다. 이왕 실수를 했으니 느긋하게 고아 주 전역을 돌아보자는 심정으로 차창 밖을 유심히 살펴본다. 인도의 고아 주는 매우 독특한 이력과 매력이 있는 작은 지방이다.

일본의 나가사키가 그렇고, 중국의 마카오가 그렇고, 말레이시아의 말라카가 그렇듯이 인도의 고아 역시 16세기부터 서쪽 유럽에서 도래한 포르투갈 사람들의 유적지가 남아 있는 곳이다. 아시아 속의 작은 유럽이라 불러도 좋다. 1498년 아프리카의 남단 희망봉을 돌았던 바스꼬 다 가마가 인도에 첫발을 내디딘 곳은 캘리컷(Calicut)이지만 그들이 처음 인도와 무역을 시작한 도시는 코친(Cochin)이다. 그러나 코친의 원주민들이 외국인의 출입을 완강히 거부하여 포르투갈은 다른 항구 도시를 물색해야 했다.

일본 나가사키 박물관에 소장되어 있는 하비에르의 친필 서신.

유럽과 연결될 아라비아 해로 접근성이 좋은, 강과 연결되는 도시를 찾았다. 고아가 바로 적격의 도시였다. 포르투갈 개척자들은 고아의 모습에서 자기 나라 수도 리스본을 떠올렸을 것이다. 대서양과 인접한 타호 강이 흐르는 리스본과 만도비(Mandovi) 강을 끼고 있는 고아의 지리적 모습이 흡사하게 느껴졌다.

마드가온 역에서 40분쯤 북쪽으로 작은 마을을 거쳐 올라가 빤짐에 도착했다. 올드 고아와 인접한 행정 수도지만 규모는 그리 크지 않다. 아라비아 해의 항구 도시인 빤짐에서 만도비 강을 따라 동쪽으로 20킬로미터쯤 가면 올드 고아의 유적지가 있고, 우리가 묵을 호텔은 강을 건너 조금 더 북쪽에 있다. 마드가온 역에서 출발한 지 1시간 반이 지나서야 겨우 호텔에 도착했다.

나가는 말 333

호텔에서 샌드위치로 점심과 저녁을 겸해 대충 때우고 급히 교통편을 마련해 올드 고아로 갔다. 5시 반에 대성당과 박물관의 문을 닫는다 하니 한 시간 정도밖에 남지 않았다. 만도비 강의 강변 도로를 따라 좁은 길로 30분쯤 질주하여 마침내 올드 고아에 도착했다. 엄청나게 쏟아지던 폭우가 잠시 소강 상태를 보이고 있었다. 한때 포르투갈의 아시아 전초기지였던 올드 고아는 현재 도시로서의 기능을 반쯤으로 넘겨주고 관광지로서만 명맥을 유지하고 있다. 올드 고아의 옛 유적지에 들어서면 이곳이 인도라기보다는 포르투갈의 도심 광장이란 생각이 들 정도다. 하비에르의 유해가 모셔진 봄 지저스 대성당을 비롯하여 수많은 로마 가톨릭교회 성당이 광장을 중심으로 몰려 있다. 성당과 박물관이 문 닫을 시간이 임박하여 성당 안으로 뛰어갔다.

유네스코 세계문화유산에 등재된 인도 유일의 기독교 관련 유적지 봄 지저스 대성당. 마침 성당 안은 저녁 미사를 드리는 30~40명의 신도들이 모여 있었다. 잠시 앉아 함께 미사를 드리며 하비에르를 다시 떠올렸다. 성당 중앙 제단 오른쪽으로 하비에르의 유해가 모셔진 작은 채플이 보였다. 하지만 나는 지금도 썩지 않고 있는 하비에르의 유해를 볼 마음의 준비가 되어 있지 않았다. 그 앞에서 미사를 드리고 있는 사람들을 방해하고 싶지도 않았다. 나는 아들과 성당에 앉아서 하비에르에 대해 다시 생각에 잠겼다. 모든 일정을 다음날로 미루기로 했다. 대성당 문을 잠그는 수사들과 밖으로 나왔다. 다시 폭우가 쏟아지고 있었다.

다음날 아침, 우리는 다시 올드 고아로 갔다. 경건한 마음으로 다시 봄 지저스 대성당 안으로 들어갔다. 두 번째 방문이라 친근한 느낌마저 들었다. 날씨가 좋아서인지 많은 관광객이 몰려 있었다. 관광버스도 몇 대 보이고, 성당 나들이에 나선 인도 가족의 모습이 다정스럽게 보였다. 봄 지저스 대성당 건물은 예수회가 1585년에 건축한 것이다. 인접한 다른 대성당들의 구조가 고딕이나 르네상스 양식인데 비해 예수회의 건물은 바로크 양식이다. 홍토(紅土, laterite)로 만든 건물이라 붉은색이 감돈다. 봄 지저스란 말은 '선한 예수' 혹은 '아기 예수'란 뜻이다.

한데 모여 사진을 찍고 있는 관광객들의 틈을 헤집고 봄 지저스 대성당 안으로 들어서면 왼쪽 입구에 하비에르의 기념 동상이 있다. 왼손에 십자가를 들고 신비로운 표정을 짓고 있으며, 오른팔은 허공으로 뻗어 있다. 중앙 제단 상단에는 예수회를 상징하는 'IHS'라는 이니셜이 태양의 문양을 배경으로 새겨져 있다. 그 아래에 예수회의 창립자 성 이냐시오 로욜라 상이 두 팔을 벌린 모습으로 전시되어 있고, 그 아래에 '아기 예수'가 보좌

하비에르의 시신이 모셔진 인도 고아의 봄 지저스 대성당 전경.

위에 서 있다. 성당의 이름은 '아기 예수'이지만 이 성당의 실질적인 주인공은 하비에르다. 사람들이 가장 많이 몰리는 곳도 그의 유해가 안치된 '성 프란치스코 하비에르 채플'이다.

하비에르의 영묘는 중앙 제단 오른쪽 채플에 안치되어 있다. 1696년 메디치 가문의 코시모 3세가 기증한 석관이 작은 채플을 꽉 메우고 있다. 석관의 설계자는 조반니 바티스타 포기니(Giovanni Battista Foggini)로, 무려 10년의 제작 기간을 거쳐 고아로 운송된 다음 1698년에 현장에서 조립되었다. 대성당 채플 크기를 염두에 두고 이탈리아에서 제작하다 보니 채플에 비해 석관의 크기가 너무 큰 느낌이 든다. 석관을 둘러싼 네 개의 청동 부조는 하비에르가 몰루카 제도에서 십자가를 들고 설교하는 장면, 모로(Moro) 섬에서 식인종을 피해 헤엄치며 도피하는 장면, 중국 상천도에서 세상을 떠나기 직전의 마지막 모습 등이 조각되어 있다. 유리로 개봉되어 있는 그의 유해가 멀리 보였다. 임종한 지 450여 년이 지났지만 여전히 그 모습 그대로 보존되어 있다. 사람들은 이것을 기적이라고 말하고, 실제로 그 썩지 않은 유해 앞에서 기적을 체험했다는 사람도 많다.

아시아 선교의 아버지, 프란치스코 하비에르가 그곳에 누워 있었다. 나바레, 파리, 베네치아, 볼로냐, 리스본, 모잠비크, 소코트라, 고아, 코친, 진주해변, 실론, 말라카, 암보니아, 테르나테, 모로타이, 가고시마, 히라도, 야마구치, 후나이 그리고 중국의 상천도를 오가며 아시아에 복음을 전하던 그가 그곳에 잠들어 있었다.

하비에르는 자신의 기적에 대해 언급하지 않았고, 그가 겪은 시련에 대해서도 과장하지 않았다. 그는 값싼 영광을 취하려 하지 않았으며, 그렇다고 해서 시련을 회피하는 편안한 삶도 추구하지 않았다. 고통이 오

봄 지저스 대성당 안에 모셔진
하비에르의 영묘.

면 묵묵히 감내했으며, 시련이 다가오면 한밤중에 일어나 기도할 뿐이었다. 그의 지치지 않은 낮의 열정은 모두 밤에 이루어진 것이다. 밤의 기도가 낮의 그를 열정적인 선교의 사람으로 만들었다. 그는 진주해변의 뜨거운 뙤약볕 아래서, 몰루카 제도의 식인종이 노려보는 가운데서, 야마구치의 혹한을 헤치며 눈길을 걸어갈 때도, 상천도에서 임종을 맞이하면서도 일과 사역 때문에 영적인 순결을 해치거나 간과하는 오류를 범치 않았다.

하비에르는 걷고 또 걸었다. 그는 평생 동안 30여 개 국을 걸어서 다녔다. 포르투갈 무역선이나 중국인 선장이 지휘하는 배를 타고 일본으로 이동할 때 말고는 늘 걸어 다녔다. 하비에르는 인내와 끈기의 믿음을 가진

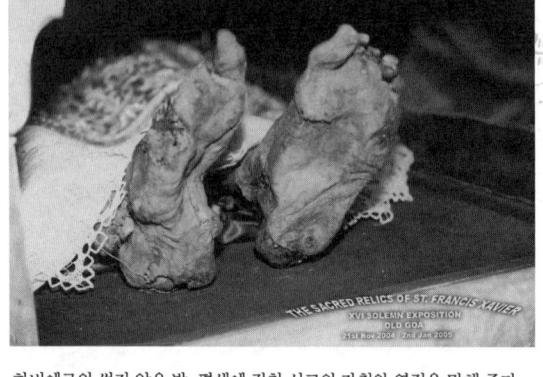

하비에르의 썩지 않은 발. 평생에 걸친 선교의 자취와 열정을 말해 준다.

사람이었다. 그는 한번 정한 목표를 향해 쉬지 않고 매진했으며, 한 번도 좌우를 돌아보지 않았다. 어느 한 지역에서 개종자가 많이 나오면 그 지역에서 안주하고 싶은 것이 선교사들의 일반적인 생각이지만, 그는 절대로 한 곳에 머물지 않았다. 인도 고아에서 중국의 상천도에 이르기까지 그는 어딘가에 정주하는 모습을 한 번도 보인 적이 없다. 그는 끊임없이 이동했으나 그 방향은 언제나 한결같았다. 아직 그리스도의 복음을 듣지 못한 백성과 나라가 있다면 어디든지 가겠다는 굳건한 결의를 잃지 않았던 것이다. 상천도에서 그렇게도 소망하던 중국 선교의 꿈을 접으면서도 그는 중국 다음으로 타타르에 가야 한다고, 또 타타르 다음에는 천축국으로 가야 한다고 생각했다. 당시 제한적이었던 유럽인들의 아시아에 대한 지리적 정보 때문에 하비에르는 천축국이 자신이 묻히게 될 인도인 줄도 몰랐다. 아니, 그는 그토록 가고 싶어 했던 천축국, 즉 인도로 돌아왔다. 영광된 순교자의 모습으로. 그리고 그는 지금 그 천축국, 인도 고아에 유해로 남아 있다. 그토록 가고 싶었던 나라에 와서 지금 그는 이렇게 내 눈앞에 누워 있다. 더 해야 할 일이 남아 있는 듯, 천축국에 남아 있는 그의 유해는 썩지 않고 살아생전의 모습을 그대로 유지하고 있다. 아시아에 복음을 전하기 위해 그 먼 길을 걸어 다닌 그의 발이 유리관 아래로 보였다. 그렇다. 정말, 복음을 전하는 자의 발은 썩지 않았다.

프란치스코 하비에르 연표

스페인 시대 (1506-1525년)

1506년 4월 7일	스페인 나바레(Navarre)의 하비에르 성채에서 출생
1512년	나바레 왕국이 카스티야 왕국으로 편입
1515년	아버지 후안 디 하수 사망
1516년	나바레 왕국의 반란이 시스네호스 추기경에 의해 진압
1520년	왕자 엔리케가 주도한 나바레 왕국의 반란 발생
1521년 5월	이냐시오 로욜라가 팜플로나 전투에서 부상을 당함

프랑스 파리 시대 (1525-1536년)

1525년 9월 초	고향을 떠나 파리 대학으로 유학을 감(18세)
1528년 2월 2일	이냐시오 로욜라가 파리에 도착함
1530년	파리 대학 졸업
1534년 8월 15일	몽마르트르 언덕의 서원
1535년 3월	이냐시오, 스페인으로 출발
1537년 1월 15일	성지 순례 항구인 베네치아를 향해 파리를 출발

이탈리아 시대 (1537-1540년)

1537년 1월 6일	베네치아 도착
1537년 4월 3일	로마에서 교황 바오로 3세를 알현
1537년 6월 24일	동료들과 베네치아에서 사제 서품
1538년 1월 6일	예수회라는 신흥 수도회의 방향을 결정. 볼로냐로 파송
1538년 4월 21일	보바디야와 로마에 도착
1539년 4월 19일	예수회 조직의 결성을 공식 의결
1539년 9월 3일	교황 바오로 3세가 예수회 설립 승인을 구두로 통보
1540년 5월 14일	이냐시오가 하비에르를 아시아 선교의 책임자로 결정. 로마 출발

포르투갈과 아프리카 항해 시대 (1540-1542년)

1540년 7월	리스본 도착
1540년 9월 29일	예수회의 설립이 정식으로 공인
1541년 4월 7일	리스본 출발
1541년 8월	모잠비크 항구에 도착
1542년 2월	모잠비크에서 현직과 신임 인도 총독 간에 분쟁이 일어남. 케냐와 소코트라를 거쳐 인도로 항해

제1차 인도 시대 (1542-1545년)

1542년 5월 6일	고아에 도착
1542년 9월 말	고아를 출발해 코친을 거쳐 진주해변으로 이동. 선교 시작
1543년 10월	고아로 귀환
1543년 12월	고아를 출발해 코친 도착
1544년 초	다시 진주해변으로 돌아가 선교 활동 전개
1544년 1월 15일	유럽으로 선교자 지원을 호소하는 유명한 편지를 씀

1544년 7월	바다가스족이 코모린 곶의 파라바 개종자 공동체를 공격
1544년 9월	이니퀴트리베림이 하비에르를 궁정으로 초청
1544년 말	'만나르의 순교' 사건 발생. 600여 명 사망
1545년 1월 초	총독에게 개종자 보호를 요청하기 위해 코친 도착. 총독이 체류하던 캄바이아에서 면담하고 코친으로 귀환
1545년 3월 29일	코친을 출발하여 진주해변을 거쳐 산토메로 이동
1545년 8월	산토메를 출발하여 말라카로 향함

제1차 말라카 - 몰루카 시대 (1545-1547년)

1545년 9월 말	말라카 도착
1546년 1월 1일	말라카 출발하여 몰루카 제도로 향함
1546년 2월 14일	암보니아 항구 도착, 선교 활동 시작
1546년 7월	테르나테 도착, 선교 활동 시작
1546년 말	모로타이 섬에서 3개월간 선교 활동
1546년 12월 말	테르나테로 귀환
1547년 부활절	테르나테를 출발하여 암보니아를 거쳐 말라카로 항해
1547년 12월	말라카에서 일본인 안지로를 만남, 인도로 출발

제2차 인도 시대 (1548-1549년)

1548년 1월 13일	코친 도착. 급히 유럽으로 편지를 쓰고 마나파드로 이동. 진주해변의 선교사들과 회동
1548년 2월 말	코친으로 귀환했다가 고아에 도착. 총독 면담을 위해 바세인 방문
1548년 5월	고아에서 안지로가 세례를 받음
1548년 6월 6일	인도 총독 사망
1548년 9월 3일	대규모 선교사 충원 인력이 고아에 도착
1548년 9월 말	고아를 출발하여 코친에 도착

1549년 3월	코친을 출발하여 고아에 도착
1549년 4월 25일	고아를 출발하여 말라카-일본으로 향함

제2차 말라카-일본 항해 시대 (1549년)

1549년 5월 31일	말라카에 도착
1549년 6월 24일	말라카에서 출발하여 일본 항해 시작
1549년 7월 21일	일본 항해 도중 태풍을 만남

일본 시대 (1549-1551년)

1549년 8월 15일	가고시마 도착, 일본 선교 시작
1550년 9월	가고시마를 출발하여 히라도에 도착
1550년 10월	히라도를 출발하여 미야코로 향함
1550년 말	야마구치 도착, 선교 활동 개시
1550년 12월 말	야마구치를 출발하여 미야코에 도착. 11일간 머물다가 히라도로 귀환
1551년 3월	히라도를 출발하여 다시 야마구치로 이동, 영주와의 면담 후 활발한 선교 활동 전개
1551년 9월	후나이 성으로 이동, 선교 활동 전개
1551년 11월 20일	후나이 성을 출발하여 말라카-고아로 향함

제3차 말라카-인도-말라카 시대 (1551-1552년)

1551년 12월 7일	말라카 항해 도중 중국 해안의 상천도를 1차 방문. 중국 선교의 필요성을 확신함
1551년 12월 27일	말라카 도착
1552년 1월 24일	인도 코친 도착. 선교사 간의 갈등과 분쟁을 해결함
1552년 2월	고아에 도착. 아시아에서 활동하는 선교사 재배치

1552년 4월	중국을 향해 인도 고아 출발. 코친을 거쳐 말라카 도착
1552년 7월 21일	말라카 수비대장의 방해를 받았으나 말라카를 출발하여 중국 항해
1552년 10월	상천도에 도착하여 중국 입국을 시도
1552년 11월 21일	장례 미사 집전 후 열병으로 쓰러짐
1552년 12월 3일	상천도에서 임종함

임종 이후

1553년 2월 17일	상천도에서 시신을 수습함
1553년 3월 22일	하비에르의 시신을 호송하던 산타크루즈 호가 말라카에 도착
1553년 11월	하비에르의 시신을 싣고 말라카에서 고아로 출발
1554년 3월 15일	고아 도착
1619년 10월 25일	교황 바오로 5세에 의해 시복(諡福)
1622년 3월 12일	교황 그레고리우스 15세에 의해 시성(諡聖)

프란치스코 하비에르에 대한 연구사와 연구 자료

현재까지 확인된 하비에르의 편지는 총 109통이다. 이중에서 하비에르가 직접 쓴 것으로 판명된 것은 9통이며, 25통은 하비에르가 구술한 것을 받아 쓴 것이고, 나머지 편지는 모두 후대 사람들이 옮기거나 번역한 글이다. 하비에르 연구는 현존하는 이들 편지를 중심으로 추진되어 왔다. 물론 하비에르에 대한 당대의 기록과 특별히 하비에르에게 쓴 이냐시오 로욜라 등의 편지도 중요한 연구 자료다.

하비에르의 편지가 제일 처음 편집, 출간된 것은 1544년 1월 15일 코친에서 쓴 것이다. 이 편지는 이듬해에 각각 프랑스어와 독일어로 번역, 출간되었다. 하비에르의 편지가 모두 모여져서 처음으로 출간된 것은 1596년의 일이다.

Orazio Torsellini, *De Vita Francisci Xaverii…Quibus accesserunt eiusdem Xaverii Epistolarum Libri quatuor* (Rome, 1596)

17세기에 접어들면서 하비에르의 편지는 두 차례에 걸쳐 다시 편집, 출간되었다.

> Pierre Poussines, *Sancti Francisci Xaverii e Societate Iesu Indiarum Apostoli Epistolarum Liber Quintus sive Epistolae, Novae XVIII* (Rome, 1661)
>
> Pierre Poussines, *Sancti Francisci Xaverii e Societate Iesu Indiarum Apostoli Novarum Epistolarum Libri Septem* (Rome, 1667)

18세기에는 스페인어 판본이 출간되었다.

> Francisco Cutillas, *Cartas de S. Francisco Xavier* (Madrid, 1752)

19세기 말 영국에서도 출간되었다. (필자가 고아에서 구입)

> Henry Coleridge, *The Life and Letters of Saint Francis Xavier*, 2 Vols. (London, 1872) 이 책은 하비에르가 쓴 대부분의 편지가 완역되어 있으나 다른 사람이 쓴 편지가 제한적으로 인용되어 있다는 문제가 있다. 인도 부분은 상세하지만 몰루카 제도에서의 연구가 부족한 것도 흠이다.

하비에르 연구는 20세기 초반에 집대성된다. 예수회 역사를 편찬하기 위해 만든 연구 시리즈인 '*Monumenta Historica Societatis Iesu*'의 16~18권이 하비에르의 편지와 주변 연구 자료를 모은 것이다. 여기 포함되지 않은 자료는 같은 시리즈의 67~68권에서 보충되었다. 이 시리즈는 하비에르 연구의 결정판으로, 대표 연구자가 다시 4권의 전집으로 출간하였다.

    Georg Schurhammer, *Francis Xavier: His Life, His Times*, 4 Vols. (Rome, 1973-1982).

이 책의 방대한 내용과 학술적인 논의 때문에 일반 대중이 이용할 수 있는 두 권의 책이 출간되었다.

    James Brodrick, *Saint Francis Xavier* (1881, 1927). 이 책은 연도에서 약간의 혼란이 있다.

    M. Joseph Costelloe, ed., *The Letters and Instructions of Francis Xavier* (St. Louis: The Institute of Jesuit Resources, 1992). 하비에르의 중요한 편지를 일목요연하게 정리한 책이다.

한국 독자를 위해서는 두 권의 책이 번역되었는데, 성인열전의 수준을 벗어나지 못할 뿐 아니라 사실과 다른 내용도 다수 보인다.

    앙드레 라비에 저, 엘렌 르브렝·김지수 역, 《성 프란치스코 사베리오의 생애》(서울: 가톨릭출판사, 1987)

하비에르 선교의 배경이 된 포르투갈의 외교, 경제, 정치적 환경을 살펴보는 것도 하비에르와 예수회의 아시아 선교를 이해하는 데 도움이 된다.

    Dauril Alden, *The Making of an Enterprise: The Society of Jesus in Portugal, Its Empire, and Beyond, 1540-1750* (Stanford: Stanford University Press, 1996). 689쪽에 이르는 방대한 분량으로, 포

르투갈의 대외 무역 정책과 예수회의 상호 협조, 상호 견제에 대한 연구가 발군이다.

다이니치 문제를 포함하여 하비에르가 일본 선교에서 봉착했던 번역상의 문제를 다룬 고전적인 연구가 있다.

Georg Schurhammer, *Das Kirchliche Sprachproblem in der Japanischen Jesutenmission des 16. und 17. Jahrhunderts* (Tokyo: Deutsche Gesellschaft für Natur-und Volkerkunde Ostasiens, 1928)

아직 미개척 분야로 남아 있는 몰루카 제도의 예수회 선교에 대한 기초 연구도 있다.

John Villiers, "Las Yslas de Esperar en Dios: The Jesuit Mission in Moro, 1546-1571," *Modern Asian Studies*, Vol. 22, Iss. 3 (1988), 593.

주

들어가는 말

1. 차례대로 Sangkeun Kim, *Strange Names of God: The Missionary Translation of the Divine Name and the Chinese Responses to Matteo Ricci's Shangti in Late Ming China, 1583-1644* (New York: Peter Lang Publishing, 2004); 김상근, 《카라바조: 이중성의 살인미학》(서울: 평단문화사, 2005); 김상근, 《엘 그레꼬: 지중해의 영혼을 그린 화가》(서울: 연세대학교출판부, 2009); 김상근, 《티치아노》(서울: 예경출판사, 근간); 최선미·김상근 공저, 《르네상스 창조경영》(서울: 21세기북스, 2008); 김상근, 《르네상스 명작 100선》(서울: 연세대학교출판부, 2007).

1부 파리에서의 만남

1. Georg Schurhammer, *Francis Xavier: His Life, His Time*, Vol. I, Europe, 1506-1541 (Rome: The Jesuit Historical Institute, 1973), XV. 이하 FXI. 이 시리즈의 2권(India), 3권(Indonesia), 4권(Japan)은 각각 FXII, FXIII, FXIV로 줄여서 표기하기로 한다.

2. 아라곤 왕국의 왕 페르디난드는 카스티야의 이사벨라와 결혼하여(1479년), 스페인(에스파냐)을 통합시켰다. 이들은 1492년 그라나다 왕국에서 무어(이슬람) 세력을 축출함으로써 스페인을 완전히 제패했다.
3. 르네상스 시기의 교황 율리우스 2세는 미켈란젤로에게 자신의 영묘(靈廟)를 제작하게 하고 시스티나 예배당의 천장화를 그리게 한 인물이다.
4. 당시 프랑스의 루이 12세는 교황 율리우스 2세와 전쟁을 개시하여 나바레 왕국을 지원할 형편이 못 됐다. 이 틈을 노려 카스티야는 나바레 왕국을 접수했다(1512년).
5. 추기경 시스네호스는 선왕 페르디난드가 죽고(1516년) 다음 왕 카를 5세가 즉위(1517년)할 때까지 스페인을 통치했다.
6. 하비에르의 어머니는 스페인 정부에 항의 서한을 보내 시스네호스 추기경의 군대가 자기 성채를 파손한 것에 대한 배상을 요구했다. 그러나 스페인 정부는 반란을 획책한 곳이었으므로 배상 책임이 없다는 공식 결정을 내렸다. FXI, 51 참조.
7. 교장 디오고 디 고베아(Diogo de Gouvea)는 포르투갈 출신으로 베하(Beja)에서 태어났다. 하비에르가 입학했을 때 학장의 나이는 55세였으며 1522년부터 학장으로 재임하고 있었다. FXI, 101-103.
8. MHSI, *Monumenta Xavieriana*, II, 947-948.
9. 파브르는 예수회 초기 3인 멤버의 한 사람이지만 이냐시오나 하비에르에 비해 덜 알려져 있다. 40세밖에 살지 못한 그가 남긴 일기(Memoriale)가 최근 영역되었다. 파브르는 주로 독일 지방을 중심으로 선교 활동을 펼치다가 교황 바오로 3세의 지시로 트렌트 공의회에 신학자로 참석할 예정이었다. 그러나 갑작스런 질병으로 공의회에 참석하지 못하고 1546년에 운명하고 만다. Brian O'Leary, *Pierre Favre and Discernment: The Discernment of Spirits in the Memoriale of the Blessed Peter Favre* (Oxford: Way Books, 2006).
10. FXI, 245-246; LIFX1: 3-5; LLFX, Vol. I, 30-35. LLFX에는 1535년 3월 24일, LIFX에는 1535년 3월 25일. 파리에서 작성됨.
11. 인큐라빌리(Incurabili)로 불리는 이 병원은 대운하(Grand Canal)를 끼고 산 마르코 성당의 건너편인 산타 마리아 델라 살루테 대성당(Basilica di Santa Maria della Salute) 뒤쪽에 있다.
12. MHSI, *Epistolae PP. Broeti… et Rodricii*, 475. 디오고 라이네스 신부도 비슷한 내용의 기록을 남겼는데, 여기서는 한센병이 아니라 일명 '프랑스병'으로 불리던 매독 환자로 기억하고 있다.
13. *Monumenta Xaveriana*, II, 115-17, 824.
14. 교황 바오로 3세는 1540년 9월 27일, 교황 교서 '레기미니 밀리탄티스 에클레시아

(Regimini militantis Ecclesiae)'를 통해 예수회 설립을 공인한다. 당시 리스본에 있던 하비에르는 이 소식을 알지 못했다가 인도 고아에서 이 소식을 전해 듣는다.
15. 각 편지의 내용은 FXI, 554-555. LIFX 2-4번 문서.
16. 코임브라 대학에서 그는 출신 이름을 따 나바르누스(Narvarnus)로 불렸다.
17. 하비에르는 코임브라 대학의 삼촌에게 두 통의 편지를 보냈다. 리스본에서 쓴 이 편지는 1540년 9월 28일과 11월 4일에 발송되었다. LIFX10; LLFX, Vol. I, 76-9.
18. 이 교서에서 예수회 조직은 최대 60명이 넘지 않도록 제한을 받았다. 이 제한 규정은 1550년 7월 21일에 내려진 교황 율리우스 3세의 교서에 의해 취소되었다.
19. FXI, 716-719(Schurhammer, *Epistolae S. Francisci Xaverii*[이하 ESFX라 표기함], I, 80-2); LIFX11; LLFX, Vol. I, 92. 1541년 3월 18일 리스본에서 쓴 편지. 수신자는 로마의 예수회다. 하비에르는 같은 날짜에 루 제이(Le Jay)와 라이네스 신부에게 보내는 편지도 발송했다. 이 편지는 LIFX12에 있다.
20. James Brodrick, *Saint Francis Xavier*, 97 재인용.

2부 인도로 가는 길

1. 포르투갈 왕은 명성이 자자했던 하비에르와 시몽 로드리게스가 모두 자기 나라에 남아서 예수회를 발전시켜 나갈 것을 교황에게 간청했다. 교황 바오로 3세는 이 문제를 이냐시오에게 위임했고, 이냐시오는 시몽 로드리게스를 포르투갈과 그 속지의 관구장(Provincial)으로 임명하고 하비에르를 아시아 선교의 책임자로 임명했다.
2. FXI, 23; *Monumenta Xaveriana*, II, 187-8.
3. 리스본에서 고아에 이르는 항로에 대한 기록은 1542년 9월 18일에 쓴 편지에 상세히 설명되어 있다. 수신자는 로마의 예수회이며, 고아에서 쓴 편지다. LLFX, Vol. I, 114-122. 하비에르가 인도 남단의 코모린으로 가기 직전에 쓴 편지다. 성 도마 그리스도인이란 사도 도마에 의해 복음을 전해 받았다는 아시아의 자생적인 그리스도인들을 말한다. 이들은 시리아어를 예배 언어로 사용하고 있었다. 중국이나 중앙아시아 일대에서는 네스토리우스파로 불리며, 인도 남부에서 발견된 무리들은 성 도마 그리스도인으로 불린다.
4. FXII, 131.
5. 당시 인도 고아의 주교는 총독과 마찬가지로 아프리카 희망봉에서 인도네시아의 몰루카 제도에 이르는 광대한 지역을 책임졌다.
6. LIFX, 15; FXII, 271-273. 1542년 9월 20일, 고아에서 쓴 편지. 수신자는 로마의 예수

회다.
7. LIFX, 15; MX, II, 842, 843-844.
8. FXII, 272. 1542년 9월 20일 고아에서 쓴 편지의 기록.
9. FXII, 273; LIFX 15; EFX, I, 126-128. 1542년 9월 20일 진주해변으로 떠나기 전, 고아에서 쓴 편지. 수신자는 로마의 예수회다.
10. 김호동 역, 《마르코 폴로의 동방견문록》(서울: 사계절, 2000), 442-443.
11. S.Vanatius Ferdnado, "The Portuguese Patronage (Padroado) and the Evangelization of the Pearl Fishery Coast," *Indian Church History Review*, Vol. 11 (1977), 94-105.
12. LIFX 15. 1542년 9월 20일, 고아에서 쓴 편지. 수신자는 로마의 예수회다.
13. LIFX 16; EFX, I, 132-4. LLFX, Vol. I, 133-138. LLFX에는 1543년 10월 18일에 쓴 것으로 되어 있지만 LIFX에서는 1542년 9월 20일에 쓴 것으로 되어 있다. 고아에서 쓴 것이다.
14. 김호동 역, 《마르코 폴로의 동방견문록》(서울: 사계절, 2000), 442-443.
15. 미겔 바스(Miguel Vaz)가 공무로 포르투갈로 귀환하자 하비에르는 포르투갈 국왕에게 하루속히 그를 인도로 다시 파견시켜 달라는 편지를 쓴다. 하비에르는 이것도 모자라 시몽 로드리게스에게 또 편지를 보내면서, 왕을 설득하여 미겔 바스를 다시 인도로 파견하도록 청원을 올리라고 부탁한다. LLFX, Vol. I, 278-279.
16. LIFX 18; EFX, I. 147-148. LLFX, Vol. I, 146-150. 투티코린에서 쓴 편지다. LLFX에는 1543년 봄에 쓴 편지로 되어 있지만 LIFX에서는 1542년 9월 21일에 쓴 편지로 기록되어 있다.
17. LIFX 18; LLFX, Vol. I, 147. LLFX에는 1543년 봄에 쓴 편지로 되어 있지만 LIFX에서는 1542년 9월 21일에 쓴 편지로 기록되어 있다.
18. 예를 들면 인도 동남부 마두라이(Madurai) 지역 선교를 이끌었던 예수회 선교사 로베르토 데 노빌리(Riberto de Nobili)는 산스크리트어와 타밀어를 습득하고 인도 종교에 숨겨진 자연 계시적 측면을 부각시킨다. 김상근, 《동서문화의 교류와 예수회 선교역사》(서울: 한들, 2006), 175-223.
19) LIFX 20; EFX, I. 170-171. 1544년 1월 15일 코친에서 쓴 편지. 수신자는 로마의 예수회다.
20. LIFX 20. 1544년 1월 15일, 코친에서 쓴 편지. 수신자는 로마의 예수회다.
21. LIFX 20의 편지 내용이 이어진다. 그러나 LLFX, Vol. I, 161에 의하면 이 편지는 코친에서 1543년 12월 31일에 기록되었다고 한다. 그러나 1544년 1월 15일에 쓴 것이 정확한 추정이다.

22. LIFX 20의 편지 내용이 이어진다. LLFX, Vol. I, 161에 의하면 이 편지는 코친에서 1543년 12월 31일에 쓴 것으로 되어 있지만 사실은 1544년 1월 15일에 작성된 것이다.
23. 하비에르가 신랄하게 비판한, 피부색이 검은 신은 쉬바(Shiva)나 남성 성기의 모습을 한 링가였을 가능성이 높다. 그렇다면 하비에르는 쉬바 신앙보다 비쉬누 신앙이 그리스도교의 초월자 신앙에 더 가깝다고 판단한 것이다. 이것은 20세기 종교학자들이 밝혀 낸 쉬바 신앙과 비쉬누 신앙의 차이점과 일치한다. 쉬바 신앙의 내재성과 비쉬누 신앙의 초월성을 비교 분석한 종교학자는 하버드 대학의 존 칼만 교수다. John B. Carman, Majesty and Meekness: *A Comparative Study of Contrast and Harmony in the Concept of God* (Grand Rapids: Eerdmans, 1994).
24. LIFX 20의 편지 내용이 이어진다. 그러나 LLFX, Vol. I, 161에서 이 편지는 코친에서 1543년 12월 31일에 쓴 편지로 나온다. 1544년 1월 15일에 쓴 것이다.
25. LLFX, Vol. I, 157. 이 편지에서 하비에르는 파울로 데 카메리노를 학장(Rector)으로 임명했다고 밝힌다. 역시 같은 편지에서 당시 성바울 신학교의 학생이 500여 명이라고 기록하고 있다.
26. 이 내용은 만실랴스에게 보낸 1544년 6월 16일 편지에 기록되어 있다. LIFX, 30; LLFX, Vol. I, 209-210. 포르투갈로부터 더 이상 실익을 챙길 수 없다고 판단한 이니퀴 트리베림의 정치적 계산에 의해 외부 세력이 동원되었다는 설도 있다.
27. 만실랴스에게 보낸 1544년 6월 30일자 편지의 내용이다. LIFX, 31; LLFX, Vol. I, 212.
28. 1544년 8월 1일에 쓴 편지의 내용. LIFX, 32; LLFX, Vol. I, 217.
29. LLFX에 의하면 이 내용은 만실랴스에게 보낸 1544년 3월 24일자 편지에 기록되어 있다. LLFX, Vol. I, 191-195. 그러나 LIFX 41의 기록에 의하면 1544년 9월 11일에 쓴 편지 내용이다.
30. LLFX, Vol. I, 193. LIFX 41의 기록에 의하면 1544년 9월 11일에 쓴 편지 내용이다.
31. LLFX에는 이 편지가 1543년 12월 31일에 쓴 것으로 나온다.
32. LLFX, Vol. I, 151-163. LIFX 20. 1544년 1월 15일에 쓴 편지. 코친에서 썼다.
33. EFX, I, 166-168. LLFX, Vol. I, 155. 코친에서 쓴 편지. LLFX에는 1543년 12월 31일에 쓴 편지로 나오지만 사실은 1544년 1월 15일에 쓴 편지다. 수신인은 로마의 예수회다.
34. 신체가 건강하고 귀족 출신의 엘리트만을 선별적으로 신입 회원으로 받는다는 것은 예수회의 공식 입장이었다. 용모, 학식, 부모의 교회에 대한 공헌 등이 고려의 대상이었다. 유대인은 예수회 입회가 허가되지 않거나 대부분 중요하지 않은 직책이나 지역을 맡았다. Dauril Alden, "The Making of an Elite Enterprise: The Jesuit in the Portuguese Assistancy, 16th to 18th Centuries," *The James Ford Bell Lectures*, Number 30

(University of Minnesota, 1992).
35. 1545년 1월 22일에 쓴 편지. 코친에서 썼고, 수신자는 이냐시오 로욜라다. LLFX, Vol. I, 271-274. LIFX, 47(113-115)에서는 1545년 1월 27일에 쓴 편지로 나온다.
36. LIFX, 48(116-120); LLFX, Vol. I, 280-281. 1545년 1월 27일, 코친에서 쓴 편지. 수신자는 로마의 예수회다.
37. LIFX, 48(116-120); LLFX, Vol. I, 283.
38. 이 편지에 등장하는 마카자르 왕국은 마카사르라고도 불린 셀레베스 섬(자바 섬 오른쪽에 있는 섬)의 작은 토호 부락을 말한다. 지금의 우중판당 시 인근 지역에 이 왕국이 존재했을 것으로 추정된다.
39. LIFX 48; LLFX, Vol. I, 283.
40. LIFX 51; LLFX, Vol. I, 298. 1545년 5월 8일 산토메에서 쓴 편지. 수신자는 고아에 있던 디오고 디 보르바(Diogo de Borba)와 파울로 데 카메리노다.
41. LIFX 50; EFX, I, 284-288. 네가파탐에서 쓴 편지. 1545년 4월 7일에 썼다.
42. LLFX에 의하면 하비에르는 만실랴스에게 총 27통의 편지를 보냈다. 첫 번째 편지는 1544년 2월 22일에 썼고, 마지막 27번째 편지는 1545년 4월 7일에 썼다. 27통의 편지는 LLFX, Vol. I, 184-295. LIFX에는 총 25통의 편지가 수록되어 있다. 1544년 2월 23일부터 1544년 12월 18일까지 LIFX 21-45가 수록되어 있고, 약간의 시차를 두고 LIFX 50(1545년 4월 7일)이 포함되어 있다.
43. 이 내용에 대한 기록은 LIFX, 51(126-128); LLFX, Vol. I, 298. 1545년 5월 8일, 산토메에서 쓴 편지에 설명되어 있다. 수신자는 고아에 있던 디오고 디 보르바와 파울로 데 카메리노다.
44. 이때 시리아로 성 도마의 유해를 옮겨 가도록 허락한 인도의 왕은 'Mazdai'로 기록되어 있으며, 각각 그리스어로 'Misdeos', 라틴어로는 'Misdeus'로 표기된다. 고대 인도 표기법에서 M과 B의 혼용이 많이 발생하므로 쿠샨 왕조의 Vasudeva 1세를 지칭한다는 설이 있다.
45. 김호동 역, 《마르코 폴로의 동방견문록》(서울: 사계절, 2000), 460.
46. 김호동 역, 《마르코 폴로의 동방견문록》(서울: 사계절, 2000), 463.
47. MHSI, *Monumenta Xavieriana*, II, 947-948.
48. MHSI, *Monumenta Xavieriana*, II, 946-947.
49. LIFX 53(130); Schurhammer, ESFX, I, 300, 320-321. LLFX, Vol. I, 353. 1545년 11월 10일 말라카에서 쓴 편지다. 수신자는 유럽의 예수회다. 주아옹 데이호의 생애에 대해서는 James Brodrick, *Saint Francis Xavier*, 227, 각주 참조. 그는 프란체스코 수도

회의 회원이 되었고, 하비에르 임종 후 성자 추대를 위한 조사 보고서를 작성했다(1557년). 그는 이 공식 조사 보고서에서 하비에르가 실론 섬으로 갔다는 기록을 남겼는데, 실제로 하비에르가 실론 섬에서 활동했는지는 확인할 수 없다. 그의 조사 보고서에만 하비에르의 실론 섬 체류가 기록되어 있기 때문이다.

50. LLFX, Vol. I, 304.

3부 말라카 해협으로

1. LIFX, 51(128); LLFX, Vol. I, 299. 1545년 5월 8일 산토메에서 쓴 편지.
2. 하비에르는 이때의 긴박했던 경험을 시간이 지난 다음 상세한 편지글로 남겼다. LIFX, 55(140). 암보니아에서 쓴 편지. Schurhammer, ESFX, I, 326-327에도 기록이 있다.
3. 포르투갈 군대가 건축한 성곽과 성당들은 1641년 이 도시를 차지한 네덜란드 군대에 의해 개신교 스타일로 개조되었다.
4. 이 어린이들 중에서 훗날 예수회 신부가 되어 하비에르의 말라카 항구 도착 과정을 증언한 파울루 고미스(Paulo Gomes)가 있었다. 그는 하비에르가 말라카에 도착한 날 기적을 보여 주었다고 증언한다. 하비에르가 처음 보는 소년들의 이름을 이미 모두 알고 있었으며, 소년 한 사람 한 사람을 이름으로 부르고 축복해 주었다고 한다. MHSI, *Monumenta Xavieriana*, II, 483.
5. LIFX, 52(129-130). 1545년 11월 10일 말라카에서 쓴 편지. 수신자는 유럽의 예수회다.
6. 알레산드로 발리냐노는 이탈리아 출신 예수회 선교사로 1573년부터 아시아 선교를 이끌던 인물이다. 일본에서 토착화 선교 방향을 결정지은 인물로 알려져 있으며, 1583년부터 중국에서 활동했던 마테오 리치의 선교 정책을 감독했다. 1606년 마카오에서 사망했다.
7. *Monumenta Xaverina*, I, 67-69.
8. *Monumenta Xaverina*, II, 236-237.
9. LLFX, Vol. I, 353. 1545년 9월경 말라카에서 쓴 편지의 내용이다.
10. 사제 왕 요한은 중세 유럽인들의 상상의 산물이다. 이슬람의 위협이 심각한 수위에 이르자 유럽인들은 아시아 어느 지역에 그리스도교 왕국이 존재하고 그 왕국을 통치하는 왕이 사제 왕 요한이라고 믿었다.
11. 이 두 사람의 결혼으로 태어난 고딩뉴 드 에레디아(Godhino de Eredia)가 쓴 글은 말라카에 대한 상세한 정보를 담고 있다. J. V. Mills, "Eredia's Description of Malacca," *Journal of the Malayan Branch of the Royal Asiatic Society*, Vol. 8(1930).

12. LLFX, Vol. I, 359. 말라카에서 1545년 12월 16일에 쓴 편지.
13. 정향은 정향나무의 꽃봉오리를 건조시킨 향신료로, 맛이 달면서도 맵기 때문에 인기가 높았다. 정향나무는 몰루카 제도에서만 자란다. 역시 몰루카 제도에서만 자라는 네트메 그는 갈아서 사용하는데, 단맛과 함께 매우 강한 맛이 나서 비릿한 느낌을 없애 주는 향신료다. 육두구라고도 부른다.
14. 포르투갈의 해상권이 강해지기 전 유럽의 향신료 시장은 베네치아를 중심으로 한 이탈리아 무역상들이 독점하고 있었다. 인도와 동남아시아에서 생산된 향신료는 육로로 아랍 상인들의 중개무역을 거쳐 베네치아로 유입되었다. 1453년 비잔틴 제국의 수도 콘스탄티노플이 오스만 투르크에게 함락당하면서 베네치아와 이탈리아의 향신료 시장 독점 시대가 막을 내렸다. 포르투갈은 아프리카 항로와 희망봉을 개척하며 인도와 향신료 시장을 연결시켜 막대한 이득을 얻었다. 인도 케랄라 주의 코친이 인도-포르투갈의 핵심 무역항이었다.
15. John Villiers, "Las Yslas de Esperar en Dios: The Jesuit Mission in Moro, 1546-1571," *Modern Asian Studes*, Vol. 22, Iss. 3 (1988), 593.
16. 하비에르는 한 번도 필리핀 제도를 방문한 적이 없지만 필리핀 남단의 민다나오 섬에서는 하비에르가 그곳에 복음을 전해 주었다고 믿고 있다. 민다나오의 가톨릭교회는 하비에르를 필리핀 선교의 아버지로 부른다.
17. LLFX, Vol. I, 368. 암보니아에서 1546년 5월 8일에 쓴 편지. 수신자는 고아의 예수회다. LIFX 56(145). LIFX에 의하면 이 편지는 1546년 5월 10일에 기록되었다
18. 1546년 5월 10일에 쓴 편지에는 7개 마을에 개종자들이 거주하고 있다고 밝혔다. LLFX, Vol. I, 372.
19. LLFX, Vol. I, 369. 암보니아에서 1546년 5월 8일에 쓴 편지. 수신자는 고아의 예수회다. 모로는 '무어(무슬림)의 섬'이란 뜻으로 지금의 할마헤라(Halmahera) 섬의 북쪽 지역을 말한다.
20. 그는 예수회 탈퇴 이후에도 선교에 매우 우호적이며 적극적인 후원을 아끼지 않다가 1565년 코친에서 사망했다.
21. *Monumenta Xaveriana*, II, 316-317.
22. Schurhammer, ESFX, I, 325-326; LIFX, 55(142). 1546년 5월 10일 암보니아에서 쓴 편지. 수신자는 유럽의 예수회다.
23. 하비에르는 모로타이 섬을 오모로(Omoro)로 표기했다. 그는 이 섬이 할마헤라 섬 북쪽에 있다고 했지만, 북쪽으로 가면 팔라우 섬이나 민다나오 섬이 있을 뿐이다. 하비에르는 지금의 뉴기니 섬을 모로타이(오모로)로 부른 것으로 추정된다.

24. Schurhammer, ESFX, I, 325-326. LIFX 55(139). 1546년 5월 12일 암보니아에서 쓴 편지. 수신자는 유럽의 예수회다.
25. 코친에서 쓴 장문의 편지는 1548년 1월 21일에 기록되었다. LLFX, Vol. I, 385-391, 417-421. LIFX 59(169-180). 1548년 1월 20일자 코친에서 쓴 편지로 나온다.
26. 이 동작은 폭풍을 진정시키기 위해 십자고상을 물속에 담그고 기도드리는 것이다.
27. Francisco de Sousa, *Oriente Conquistado a Jesu Christo pelos Padres da Companhia de Jesus*, I. 370-371.
28. James Brodrick, *Saint Francis Xavier*, 264-266.
29. Schurhammer, ESFX, I, 377-378.
30. LIFX, 58(150-160).
31. 모로타이 섬은 제2차 세계대전 당시 일본군에 의해 점령(1942년)되었다가, 2년 뒤 미군의 의해 탈환되었다. 어때 일본과 미국이 벌인 모로타이 전투(Battle of Morotai)가 유명하다.
32. Schurhammer, ESFX, I, 384-385. LLFX, Vol. I, 389-390.
33. 실제로 하비에르가 1547년에 테르나테 섬을 떠난 뒤 1571년, 무슬림 토호 영주는 예수회 선교사를 지역에서 몰아내고 원주민 개종자 공동체를 완전히 파괴시켰다.
34. Schurhammer, ESFX, I, 384-385. LLFX, Vol. I, 389.
35. 이때 처음으로 일본에 상륙한 포르투갈 상인들은 Francisco Zeimoto, Antonio da Mota, Antonio Peixoto 등이다. 하비에르가 말라카에서 가고시마로 항해할 때 먼저 타네가시마를 방문했다는 설이 있다. *Diego Pacheco*, "Xavier and Tanegashima," *Momunenta Nipponica*, vol. 29, Iss. 5 (Winter, 1974), 477-480. 저자는 16세기 후반에 제기된 가설은 하비에르가 일본에서 말라카로 돌아올 때 잠시 타네가시마를 방문했기 때문에 생긴 혼선이라고 밝힌다.
36. Schurhammer, ESFX, I, 392. LLFX, Vol. I, 417-418.
37. 이 기록은 1948년 11월 29일, 인도의 고아에서 안지로가 남긴 것이다.
38. LLFX, Vol. I, 420.
39. 이 보고서의 전문은 Georg Schurhammer, *Francis Xavier: His Life, His Times*, Vol III (Rome: The Jesuit Historical Institute, 1997), 273-281에 있다. 이 보고서는 포르투갈어로 기록되었는데, 1894년 스페인어로 번역 출간되었다. 1902년에 출간된 독일어 번역본도 있다.
40. Georg Schurhammer, *Francis Xavier: His Life, His Times*, Vol III (Rome: The Jesuit Historical Institute, 1997), 278-281.

41. Schurhammer, ESFX, I, 390-2.
42. 니콜로 난실로토는 안지로의 정보를 이용하여 모두 세 번에 걸쳐 보고서를 작성한다. 첫 번째 보고서는 16항목으로 세분화되어 있고, 두 번째 보고서는 10개 항목이 추가되었으며, 마지막 세 번째 보고서는 기존 26개 항목에 1개 항목이 추가되어 재편집되었다. 현존하는 보고서는 이탈리아어로 작성된 마지막 세 번째 보고서다.
43. 여기서 난실로토가 강조한 삼위일체는 인도 힌두교의 트리무르티(Trimurti)와 연관이 있다. 힌두교는 브라마, 비쉬누, 쉬바가 세 가지 모습으로 현현하지만 실제는 한 몸이라는 트리무르티의 교리를 가지고 있다. 또 일부 쉬바 신앙에서는 쉬바가 세 가지 각기 다른 얼굴로 등장하지만 실제로는 한 몸에서 나왔다는 쉬바 삼위신 신앙을 가지고 있다.
44. LLFX, Vol. I, 419.
45. 하비에르는 마지막 임종의 기도를 올리면서 1546년 8월 1일 사망한 것으로 알려진 동료 파브르와 천국에서 다시 만날 것을 기대했다는 기록을 남겼다.
46. 1548년 1월 20일 코친에서 쓴 편지. LLFX, Vol. II, 17.
47. LLFX, Vol. II, 6-15. 1548년 1월 20일 코친에서 쓴 편지.
48. LLFX, Vol. II, 20. 1948년 1월 20일 코친에서 쓴 편지.
49. LLFX, Vol. II, 18. 위와 같은 편지.
50. Manuel de Marais로 표기하기도 한다. 그는 나중에 무슬림 노예 상인에게 잡혀 노예로 팔려 간다.
51. 엔히끼 엔히끼스(Henrique Henriques)는 유럽인으로서는 최초로 타밀어에 능통한 선교사였다. 선교 현지 언어에 대한 그의 연구와 노력은 17세기 초반 같은 지역에서 전설적인 선교 활동을 펼친 예수회 선교사 로베르토 데 노빌리(Roberto de Nobili)의 선구자가 되었다. 데노빌리의 인도 선교에 대해서는 김상근, 《동서문화의 교류와 예수회 선교역사》 (서울: 한들, 2006), 175-223 참조.
52. LLFX, Vol. II, 23-31. 1548년 2월에 쓴 편지. 수신자는 진주해변에서 사역하던 예수회 신부들이다.
53. 바세인(Bassein)은 1534년 포르투갈에 의해 거점 항구로 개발되었으며 1739년까지 운영되었다. 지금도 포르투갈의 성채 유적이 남아 있으며 세 곳의 성당이 있었던 것으로 확인되고 있다.
54. 가스빠흐 베르제(Gaspar Berze)는 이미 모잠비크에서 명설교가로 알려져 있었기 때문에 하비에르는 고아에 도착한 그에게 강론을 맡겼다. 그러나 목소리가 너무 작아 청중을 휘어잡지 못하는 것을 보고 하비에르는 나중에 편지로 그를 격려하면서 밤에 성당에서 혼자 목소리 연습을 하라고 조언한다. LLFX, Vol. II, 54-55.

55. 후안 페르난데즈는 코르도바 출신의 멋쟁이 귀족 출신이지만 코임브라 대학에서 예수회 입단을 결심한다. 시몽 로드리게스는 그의 허영심을 시험하기 위해 정장 차림으로 당나귀를 타고 시내를 활보하되 대신 안장을 거꾸로 놓고 당나귀를 탈 것을 지시한다. 그는 이런 굴욕을 참으며 자신을 내려놓고 정식으로 예수회 회원으로 인정받게 된다. LLFX, Vol. II, 57.
56. LLFX, Vol. II, 84. 1548년 1월 29일 코친에서 쓴 편지. 수신자는 시몽 로드리게스다.
57. LLFX, Vol. II, 63-64. 1548년 10월 19일 푸니칼(Punical)에서 쓴 편지.
58. LLFX, Vol. II, 80. 1549년 1월 26일 코친에서 국왕에게 쓴 편지.
59. LLFX, Vol. II, 67-75. 1549년 1월 14일 코친에서 쓴 편지.
60. LLFX, Vol. II. 68.
61. LLFX, Vol. II, 74-75.
62. LLFX, Vol. II, 93.
63. 이 문제는 로베르토 데 노빌리에 의해 본격적으로 거론되어 유명한 말라바르 전례 논쟁(Malabar Rites Controversy)을 일으키게 된다.
64. Wicki, Documenta Indica, II, 170-171.
65. LLFX, Vol. II, 140. 1549년 4월에 쓴 편지.
66. LLFX, Vol. II, 141.
67. LLFX, Vol. II, 109, 113-114. 1549년 3월 고아에서 쓴 편지.

4부 일본을 향해

1. 김호동 역, 《마르코 폴로의 동방견문록》(서울: 사계절, 2000), 416. 용어를 약간 수정함.
2. 안지로와 하비에르 모두 아시아 지리에 대해 정보가 미흡했음을 보여 주는 대목이다. 일단 안지로는 천축국으로 불리던 인도에 와 있음에도 천축국이 중국과 타타르 너머에 있는 미지의 나라라고 믿었다. 이러한 혼돈은 당시 유럽 사람들이 갖고 있던 왜곡된 동아시아 지리 정보에서 비롯한 것이다. 당시 유럽인들은 마르코 폴로와 프란체스코 수도사들의 중국 여행 기록을 바탕으로 타타르 혹은 카타이(Cathay)가 중국과 다른 나라라고 믿었다. 16세기 말엽까지 유럽인들은 타타르 혹은 카타이가 중국 북동쪽(지금의 만주 지방)에 있는 나라라고 믿었다. 타타르 혹은 카타이가 중국과 같은 나라라는 사실은 마테오 리치와 벤토 데 고에스 수사의 탐험을 통해 17세기 초반에 확인된다. 김상근, 《세계지도의 역사와 한반도의 발견》(서울: 살림, 2004) 참조.

3. Schurhammer, ESFX, II, 10-12. LLFX, Vol. II, 71. 1549년 1월 14일 코친에서 쓴 편지의 내용임.
4. LLFX, Vol. II, 86. 1549년 1월 28일 코친에서 쓴 편지.
5. Schurhammer, ESFX, II, 15-16.
6. 바스꼬 다 가마의 둘째 아들 슈테봉은 알폰소 디 소자 총독의 전임 인도 총독이었다. 다섯째 아들인 알바로 디 아따이드(Alvaro de Ataide)는 장차 하비에르의 중국 선교에 치명적인 타격을 입히고 하비에르에게 파문당하게 된다.
7. Schurhammer, ESFX, II, 117-119. LLFX, Vol. II, 150-153.
8. Michael Cooper, "The Mechanics of the Macao-Nagasaki Silk Trade," *Monumenta Nipponica*, Vol. 27, Iss. 4 (Winter, 1972), 424-433.
9. 포르투갈이 마카오-나가사키 비단 무역을 독점하자 네덜란드 상인들이 군대를 동원하여 마카오를 공격하는 사건이 벌어지기도 했다(1622년). 영국은 자국에서 생산되는 면직물을 일본에서 판매하려는 계획을 세웠지만 실패로 그친다.
10. LLFX, Vol. II, 154-164. 1549년 6월 20일 말라카에서 쓴 편지.
11. LLFX, Vol. II, 164.
12. LLFX, Vol. II, 167-172. 1549년 6월 20일 말라카에서 쓴 편지.
13. LLFX, Vol. II, 181. 1549년 6월 22일 말라카에서 쓴 편지. 수신자는 코임브라 대학의 예수회다.
14. 예수회와 하비에르의 기록에 대선(大船)은 '정크'로 표기되어 있다.
15. LLFX, Vol. II, 155. 1549년 6월 20일 말라카에서 쓴 편지. 수신자는 파울로 데 카메리노와 안또니오 고미스 그리고 발타자 가고(Baltasar Gago)다.
16. 중국 도교에서 '뽀에'라 부르는 의식을 말한다. 신의 뜻을 분별하기 위해 앞과 뒤가 표시된 막대기 등을 던져 나타난 결과를 보고 판단하는 종교 의식이다.
17. 이 편지는 하비에르 일행이 가고시마에 무사히 도착한 후 그 해 겨울을 나면서(1549년 11월 11일) 쓴 내용이다. LLFX, Vol. II, 227.
18. LLFX, Vol. II, 228-229. 1549년 11월 11일 가고시마에서 쓴 편지. 수신자는 고아의 예수회다.
19. Schurhammer, ESFX, II, 179-88. LLFX, Vol. II, 237-238. 1549년 11월 11일 가고시마에서 쓴 편지.
20. LLFX, Vol. II, 241-242. 1549년 11월 11일 가고시마에서 쓴 편지.
21. 이 글은 하비에르가 일본에 도착한 지 25년이 지난 다음, 예수회 아시아 선교 관찰사(Visitor) 알렉산드로 발리냐뇨가 쓴 것이다. James Brodrick, *Saint Francis Xavier*,

363-364 재인용.
22. LLFX, Vol. II, 251-252. 1549년 11월 11일 가고시마에서 쓴 편지.
23. 당시 일본 열도는 260여 명에 이르는 다이묘(大名)가 분할 통치하던 전국시대였다. 시마즈 다카히사는 당시 일본에서 패권을 장악하던 6대 다이묘의 하나였다.
24. LLFX, Vol. II, 251. 1549년 11월 11일 가고시마에서 쓴 편지.
25. James Brodrick, *Saint Francis Xavier*, 379.
26. 하비에르의 편지에서 표기된 닌지츠(Ninxit)의 정확한 일본어 표기는 알 수 없다. 여기서는 발음대로 '닌지츠'로 표기한다.
27. LLFX, Vol. II, 241. 1549년 11월 11일 가고시마에서 쓴 편지.
28. 후안 페르난데즈의 증언은 루이스 프로이스가 1586년에 남긴 기록으로 보존되어 있다. James Brodrick, *Saint Francis Xavier*, 383-384 재인용.
29. James Brodrick, *Saint Francis Xavier*, 383-384 재인용.
30. James Brodrick, *Saint Francis Xavier*, 385 재인용.
31. James Brodrick, *Saint Francis Xavier*, 387 재인용.
32. LIFX 91; LLFX, Vol. II, 262-263. 1549년 11월 5일 가고시마에서 쓴 편지.
33. LLFX, Vol. II, 264. 1549년 11월 5일 가고시마에서 쓴 편지.
34. LLFX, Vol. II, 269. 1549년 11월 5일 가고시마에서 쓴 편지.
35. LIFX 94; LLFX, Vol. II, 280. 1549년 11월 5일 가고시마에서 쓴 편지.
36. James Brodrick, *Saint Francis Xavier*, 398.
37. James Brodrick, *Saint Francis Xavier*, 406 재인용. 본문은 Schurhammer, *Kagoshima in Die katholischen Missionen*, 48 Jahrgang, nr. 3, December, 1919, 45-46 참조.
38. Schurhammer, ESFX, II, 258-259. LLFX, Vol. II, 295. 1551년 7월 야마구치에서 쓴 편지. 수신자는 고아의 예수회다.
39. 1543년부터 1549년까지 유럽인들은 가고시마를 무역항으로 이용하다가 1550년부터 1562년까지 히라도를 주 거점 무역항으로 이용했다. 1564년부터는 히젠을, 1571년부터는 나가사키를 이용했다. John Hall, ed., *The Cambridge History of Japan*, Vol. 4 (Cambridge: Cambridge University Press, 1991), 304.
40. James Brodrick, *Saint Francis Xavier*, 344 재인용.
41. 이 내용은 하비에르에 대한 안지로의 논평을 하비에르가 재구성하여 설명한 것이다. LLFX, Vol. II, 165.
42. 이 인물은 장차 하비에르와 중국 선교에 나서게 되는 디오고 페레이라(Diogo Pereira)와

다른 인물이다.

43. Frois, Die Geschichte Japans, 8-10. James Brodrick, Saint Francis Xavier, 414 재인용.
44. Frois, Die Geschichte Japans, 8-10. James Brodrick, Saint Francis Xavier, 414-415 재인용.
45. Schurhammer, ESFX, II, 260-261. LLFX, Vol. II, 297.
46. James Brodrick, Saint Francis Xavier, 421 재인용.
47. 야마구치와 큐슈 북부 지방의 패권을 차지하고 있던 치쿠젠(筑前)의 쇼우니(少貳) 가문과 분고의 오오토모(大友) 가문은 1530년대부터 새로 등장한 오우치(大內) 가문에 굴복했다. 하비에르가 야마구치를 방문할 당시 이미 오우치 가문은 쇼니 가문을 패퇴시키고 분고의 오토모 가문과 경쟁하고 있었다.
48. Frois, Die Geschichte Japans, 10-11.
49. LLFX, Vol. II, 298.
50. James Brodrick, Saint Francis Xavier, 427.
51. LLFX, Vol. II, 298.
52. 1552년 1월 29일자 편지. James Brodrick, Saint Francis Xavier, 433-435 재인용.
53. 당시 기록에는 'Rorensu'로 표기되어 있고, 'Lourenco'란 표기도 보인다.
54. Arimichi Ebisawa(海老澤有道), "Irmao Lourenco: The First Japanese Lay-Brother of the Society of Jesus and His Letter" Monumenta Nipponica (1942) 5, 225-233. 에비사와 아리미치는 1521년생 혹은 1522년생으로 추정한다. 일본 역사에는 등장하지 않는 인물이다.
55. Ryuichi Abe, The Weaving of Mantra: Kukai and the Construction of Esoteric Buddhist Discourse (New York: Coumbia University Press, 1999).
56. Frois, Die Geschichte Japans, 15-6.
57. 오토모 요시시게는 소린(宗麟)으로도 불렸다.
58. LLFX, Vol. II, 323-330.
59. 이 일본 대사는 고아에서 세례를 받고 그리스교로 개종했다. 세례명은 로렌조 페레이라(Lorenzo Pereira)지만 일본 이름은 알려져 있지 않다. 그는 하비에르가 1552년 4월 고아에서 중국으로 떠나는 배에 함께 타고 일본으로 귀환했다.

5부 중국을 찾아서

1. LLFX, Vol. II, 331-350.
2. LLFX, Vol. II, 338-339.
3. *Momunenta Xaveriana*, II, 262.
4. LLFX, Vol. II, 363-364.
5. 갈레가(Gallega) 호의 선장 안또니오 페레이라(Antonio Pereira)는 1556년 11월에 남긴 공식 증언에서 하비에르가 말라바르어(인도), 몰루카어(말레이) 그리고 일본어를 능통하게 구사했다고 밝혔다. 일종의 초자연적 능력이라고 강조함으로써 또 하나의 하비에르 전설이 바로 이 선장 때문에 만들어졌다. 그의 공식 증언은 *Monumenta Xavieriana*, II, 418에 기록되어 있다.
6. Schurhammer, ESFX, II, 279. 앞에서 언급한 일본 선교 현황들은 대부분이 이때 쓴 것을 인용한 것이다. 이 편지는 총 783행으로 되어 있다.
7. Schurhammer, ESFX, II, 286-8. LLFX, Vol. II, 365-366. 1552년 1월 29일 코친에서 쓴 편지.
8. LLFX, Vol. II, 375-378. 1552년 1월 20일 코친에서 쓴 편지.
9. LLFX, Vol. II, 393-395.
10. James Brodrick, *Saint Francis Xavier*, 461 재인용.
11. Wicki, Documenta Indica, II, 242-243.
12. LLFX, Vol. II, 458-459. 1552년 4월 고아에서 쓴 편지.
13. 마누엘 디 모라에스(Manuel de Moraes)는 몰루카 제도에서 선교지를 이탈하여 예수회에서 추방당한 인물이다. 인도 선교의 부관구장으로 임명된 마누엘 디 모라이스(Manuel de Morais)는 다른 사람이다. 'Morais'의 이름도 'Marais'로 표기할 수 있는데, 혼동을 피하기 위해 여기서는 부관구장의 이름을 'Morais'로 표기했다. 추방당한 사람을 'Manuel de Moares, the Younge'라고 표기하고, 부관구장으로 임명된 사람은 'Manuel de Moraes, the Older'라고 표기하기도 한다.
14. LLFX, Vol. II, 494. 1552년 4월 9일 고아에서 쓴 편지.
15. Schurhammer, ESFX, II, 393-434.
16. James Brodrick, *Saint Francis Xavier*, 471 재인용.
17. Wicki, Documenta Indica, II, 494-495.
18. LLFX, Vol. II, 496-497. 1552년 4월 10일 고아에서 쓴 편지.
19. 위의 편지.

20. Wicki, Documenta Indica, II, 453-455.
21. Schurhammer, ESFX, II, 454-456.
22. Schurhammer, ESFX, II, 470.
23. LIFX 90.
24. Schurhammer, ESFX, II, 493-495.
25. Schurhammer, ESFX, II, 498-501. 1552년 10월 22일에 쓴 편지.
26. MHSI, *Monumenta Xaveriana*, II, 894-896.
27. James Brodrick, *Saint Francis Xavier*, 531 재인용.
28. James Brodrick, *Saint Francis Xavier*, 532-533.
29. MHSI, *Monumenta Ignatiana*, Vol. V. (Madrid, 1907), 149.